__________ 님께 드립니다.

사랑의 의미

Meaning of Love

사랑의 의미

김중술

서울대학교출판문화원

Meaning of Love

Zoung-Soul Kim

Seoul National University Press

머리말

사랑의 의미와 사랑의 방법은 시대와 환경에 따라 다소 변하는 것 같다. 그래도 사랑의 깊은 본질은 변하지 않는다.

사랑하는 행동에 초점을 맞추어 젊은 세대를 염두에 두고 새롭게 준비한 이 책은 연구 중심의 학술서적은 아니다. 임상심리학적 지식과 이론을 바탕으로 사랑 행동에 도움을 주고자 쓴 책이다. 역시 정신건강과 연관되는 부분이 많고 결국은 정신건강을 위한 글이기도 하다. 한 가지 크게 달라진 점은 초판에 있었던 "결혼은 어떻게 이루어지는가"를 빼고 실제로 사랑의 대상을 찾는 사람들에게 생각을 정리할 수 있는 기준을 제공하기 위해 "다시, 사랑이란 무엇인가"를 넣었다.

책이 처음 출판되었을 때부터 여러 대학에서 강의교재와 추천교재로 채택되어 큰 보람을 느꼈다. 예나 지금이나 서울대학교출판부의 많은 격려와 관심에 깊이 감사드리며, 특히 기획편집2과의 곽진희 과장과 정승아 씨 덕분에 훨씬 읽을 만하고 아름다운 책이 만들어졌다. 원고

작성 과정에서는 성신여자대학교 대학원 김희성 양의 도움이 매우 컸다. 모든 분들에게 다시 한번 감사드린다.

사랑이 하고 싶은 사람, 사랑 때문에 고민하는 사람, 그리고 사랑에 상처받은 사람들에게 조금이라도 도움이 된다면 책을 쓴 큰 보람이 있겠다.

2007년 가을에

김중술

차례

LOVER

또 기다리는 편지

정호승

지는 저녁해를 바라보며
오늘도 그대를 사랑하였습니다.
날저문 하늘에 별들은 보이지 않고
잠든 세상 밖으로 새벽달 빈 길에 뜨면
사랑과 어둠의 바닷가에 나가
저무는 섬 하나 떠올리며 울었습니다.
외로운 사람들은 어디론가 사라져서
해마다 첫눈으로 내리고
새벽보다 깊은 새벽 섬기슭에 앉아
오늘도 그대를 사랑하는 일보다
기다리는 일이 더 행복하였습니다.

01

사랑의 의미

사랑은 주는 사람도 받는 사람도 같이 치료하는 묘약이다

- Dr Karl Augustus Menninger

사랑이란 무엇인가?

사랑을 해 본 사람이면 이 물음을 몇 번씩 되씹으며 가슴앓이를 하고 잠을 못 이루거나 때로는 신나게 웃기도 하고 희열에 푹 빠져 보기도 했을 것이다. 어느 노래 가사처럼 사랑은 눈물의 씨앗일 수도 있고 사랑은 사람을 철학자로 만들기도 한다. 아무리 책을 찾아봐도 사랑의 의미는 한 가지가 아니다. 그것은 심리학자, 철학자, 소설가에 따라서도 다를 뿐만 아니라 일반 사람들 사이에서도 조금씩 혹은 많이 다르다. 그러니까 사랑싸움도 하고 헤어지기도 하지 않겠는가.

꽃을 사들고 가서 정중하게 사랑을 고백하는 사람이 있는가 하면, 인터넷에서 만나 대화를 나누다가 결혼하는 사람도 있다. 첫날부터 육체적으로 돌진해서 사랑을 키워 가는 사람이 있는가 하면, 결혼할 때까지 순결을 고집하는 사람도 있다. 동성끼리 결혼해서 사는 사람도 있고 성전환수술을 받고 결혼하는 사람도 있다. 한참 연하의 남자와 결혼하는 여성이 있는가 하면, 딸 같은 나이의 여성과 결혼하는 남자도 있다.

이렇게 오늘날의 사랑은 아주 다양하다.

사랑이란 무엇인가? 가장 적절한 답은 각자가 사랑이라고 생각하는 것이 사랑이라는 것이다. 에리히 프롬Erich Fromm은 『사랑의 기술The Art of Loving』에서 사랑이란 첫째로 상대방의 인생과 성장에 대한 적극적인 관심이며, 둘째로 상대방으로부터 표현되거나 표현되지 않은 욕구에 대한 자발적인 반응이며, 셋째로 상대방을 있는 그대로 수용하고 그의 개성을 존중하는 태도이며, 넷째로 이심전심으로 상대방이 어떻게 느끼며 무엇을 원하는지 아는 것이라고 했다.

어떻게 하는 것이 사랑인가? 행복한 사랑을 하려면 이 물음에 대한 해답을 알아야 한다. 그 해답은 사람, 성별, 나이 혹은 문화권에 따라 다르다. 아침저녁 나가고 들어올 때마다 입 맞추고 껴안으며 '사랑해'라고 말해야 사랑이라고 생각하는 사람들이 있는가 하면, 평생 사랑한다는 말 한마디 안 하지만 마음과 마음으로 따뜻한 정을 주고받으며 다정한 눈길로 마주보는 것만으로도 사랑이라고 생각하는 사람들도 있다.

이렇게 사랑의 기준은 사람과 나이, 성별, 문화 등에 따라 다르기 때문에 사랑하는 사람들은 서로가 가지고 있는 사랑의 기준에 대해 알고 있을 필요가 있다. 그런데 흔히 그것을 무시하고 자기가 사랑의 표현이라고 생각하는 방법으로 사랑을 표현하다가 상대방으로부터 무심하다는 소리만 듣게 되는 경우가 있다. 그 기준이 왜 다를까? 그건 각자의 성장과정, 교육, 환경, 성격 등이 다르기 때문이다. 특히 어렸을 때 부모가 나에게 사랑을 표현한 방법과 부모 사이의 사랑이 가장 중요한 영향을 미치며, 드라마나 영화 혹은 소설이나 잡지에서 본 것, 친구들이 하는 사랑의 모습 등으로부터 영향을 받을 수 있다.

우리는 주변에서 사랑의 감정이 일다가 그치면 친구 사이로 지내자고 하는 사람들을 보게 된다. 이성 간에 친구가 가능할까? 가능하다면 이성 간의 사랑과 친구관계는 어떻게 다를까? 사랑에는 우정의 요소가 얼마나 들어 있는가?

그러면 심리학에서는 사랑의 핵심요소란 어떤 것이며, 우정과 어떤 점에서 다르다고 말하는지 알아보자.

사랑의 세 가지 요소

심리학자들은 우정이나 친밀감, 애착행위 같은 주제에 관해서는 많은 연구를 해 왔으나 사랑에 관해서는 비교적 최근에 와서야 관심을 가지기 시작했다. 지능 연구의 대가인 예일대학의 스턴버그Robert Sternberg 박사가 그의 제자 그레이젝Susan Grajek과 함께 「사랑의 본질」이라는 논문을 1984년에 발표했을 때, 사랑이 기초심리학자의 관심대상이 될 수 있을 뿐만 아니라 매우 현대적 연구방법을 사랑 연구에 적용했다는 이유 등으로 사람들을 깜짝 놀라게 했다.

스턴버그와 그레이젝은 적어도 한 번 이상 사랑을 해 본 경험이 있는 18~70세의 남자 35명과 여자 50명을 대상으로 사랑과 단순히 좋아하는 감정, 대인관계형성능력 등을 중심으로 연구했다. 그 결과 남자들은 애인을 가장 좋아하고 사랑하며, 자기 형제를 가장 적게 사랑하거나 좋아하는 것으로 나타났다. 한편 여자들은 애인 및 가장 친한 친구를 비슷하게 사랑하지만, 좋아하는 감정에서는 애인보다 가장 친한 친구를 더 좋아하는 것으로 나타났다.

그 이유에 대해 스턴버그는 여자들은 남자보다 친밀감 형성에 더 능숙할 뿐만 아니라 그것을 더 소중히 여기며, 만일 남자와의 관계에서 그들이 바라는 친밀감을 얻지 못했을 경우 가장 친한 친구에게서 그것을 찾으려 하기 때문이라고 풀이했다. 여자들은 친밀한 우정을 매우 소중히 여길 뿐만 아니라 남자에게 말할 수 없는 것도 여자 친구에게는 말할 수 있다는 것이 스턴버그의 해석이다.

스턴버그는 이 연구를 보완한 「사랑의 삼각이론」(1986)에서 사랑은 '친밀감 요인', '열정 요인', '약속/책임감 요인' 등으로 구성된다고 결론지었다.

친밀감

친밀감이란 사랑하는 관계에서 느끼는 가깝고, 서로 연관이 있으며, 서로 맺어져 있다고 느끼는 상태(정서적 속성)를 말한다. 흔히 사랑할 때 느끼는 따뜻한 감정의 체험이 바로 그것이다. 친밀감의 대표적인 속성으로 다음과 같은 열 가지를 들 수 있다.

1. 사랑하는 사람의 행복을 증진시키고자 하는 욕망
2. 사랑하는 사람과 함께 있을 때 행복을 느낌
3. 사랑하는 사람에 대해 존중하는 마음
4. 어려울 때 사랑하는 사람에게 의지할 수 있음
5. 사랑하는 사람과의 상호이해
6. 자기 자신 및 자기가 가진 것들을 사랑하는 사람과 함께 나누어 갖고 싶은 것
7. 사랑하는 사람으로부터 정서적 지원을 받음
8. 사랑하는 사람에게 정서적 지원을 보냄
9. 사랑하는 사람과 친밀한 의사소통을 함
10. 자신의 생활에서 사랑하는 사람을 소중히 여기는 마음

친밀감은 두 사람 사이가 가까워짐에 따라 처음에는 꾸준히 상승한다. 그러나 어느 정도에 이르면 점차 속도가 줄어들어 한계점에 도달하게 되며, 궁극에 가서는 있는지 없는지도 모르는 상태가 되어 버린다. 초기에 친밀감이 증가하는 것은 주로 '불확실성' 때문이다. 서로가 상대방을 잘 모르는 상태에서는 상대방이 하는 행동들이 모두 새로운 경험이며

사랑은,

상대방의 인생과 성장에 대한 적극적인 관심이며,

상대방으로부터 표현되거나 표현되지 않은

욕구에 대한 자발적인 반응이며, 상대방을

있는 그대로 수용하고

그의 개성을 존중하는 태도이며,

이심전심으로 상대방이 어떻게 느끼며

무엇을 원하는지 아는 것이다.

새로운 학습이 된다. 이러한 불확실성 때문에 우리는 상대방에게 새로운 호기심을 느낄 뿐만 아니라 새로운 수준의 정서적 관계와 친밀감을 형성하게 되는 것이다. 상대방을 차차 알아가고 그의 행동을 예측할 수 있게 되면 점차 친밀감을 덜 느끼게 되고 그 표현도 줄어든다.

친밀감을 잘 느끼지 못하게 되는 때에도 친밀한 관계가 시들어 가는 경우와 친밀감이 잠재적인 형태로 계속 남아 있는 경우가 있다. 후자의 경우는 서로의 관계가 계속 깊어지고 있어서 그들이 서로 의존하고 있다는 사실을 의식하지 못할 정도로 순탄한 상태가 된 것을 말한다. 그러다가 어떤 사건이 생길 때, 가령 얼마 동안 떨어져 있게 되거나 가족 중에 누가 죽게 된다거나, 혹은 이혼이라도 하게 될 때 비로소 그들은 자신들이 상대방에 대해 얼마나 따뜻한 감정을 갖고 살아왔는지를 새삼 발견하게 되는 것이다. 그래서 어떤 연인이나 부부들은 헤어지거나 이혼을 하고 나서야 서로가 얼마나 친밀했고 얼마나 서로 의지하고 있었던가를 깨닫기도 한다.

열정

열정이란 로맨틱한 감정을 일어나게 하거나 신체적 매력을 느끼게 하고 성적(性的) 결합을 이루게 만드는 등 사랑하는 관계에서 있을 수 있는 일들을 생기게 하는 욕망(동기적 속성)을 말한다. 열정에서는 성적 욕구가 주된 역할을 하지만 자기 존중 욕구, 다른 사람과의 친애 욕구,

다른 사람들에 대한 지배 욕구, 다른 사람에의 복종 욕구, 자아실현 욕구 등도 열정을 불러일으키는 데 중요한 역할을 한다.

친밀감과는 달리 열정은 매우 빠른 속도로 생겨나 금방 뜨겁게 달아오르지만, 얼마 못 가서 그것에 익숙해지고 습관화되어 그 열기는 식어 버리게 된다. 이런 점에서 열정은 중독과도 같다. 중독현상을 설명할 때 심리학자들은 거기에는 '긍정적 동기의 힘'과 '부정적 동기의 힘'이라는 두 가지 상반되는 힘이 작용한다고 말한다Richard Solomon's opponent process theory of motivation. 긍정적 동기의 힘은 자기 자신을 그 사람에게 끌리게 만드는 힘으로 매우 빠르게 생겨나 곧 한계점에 도달한다. 부정적 동기의 힘은 자신을 그 사람에게 끌리지 않게 하는 힘으로 서서히 생겨나 서서히 없어진다. 이런 원리에 의해 열정은 초기에 급속히 커지지만 서서히 발달하는 부정적 힘이 자리를 잡게 되면 얼마 못 가서 습관화 현상이 뒤따르게 되는 것이다. 이렇게 되면 전에는 많이 끌리던 물질이나 사람이 이제는 접촉시간을 아무리 증가시켜도 더 이상 그런 힘을 발휘하지 못한다. 끌리는 힘은 사라지고 끌리지 않게 하는 힘만 남아 있기 때문이다. 이것이 열정의 속성이다.

이런 의미에서 열정은 끊으면 금단증상을 일으키는 중독물질과 비슷하다. 열정의 태풍이 일단 지나가면 한동안 허탈감 속에서 신경질이 늘고 의욕을 일체 상실하며 식욕마저 잃게 된다. 열화처럼 타오르던 두 사람의 사랑은 이미 끝났어도 서서히 시작하여 서서히 끝나는 부정적 동기의 힘은 아직 남아 있기 때문이다.

약속/책임감

약속/책임감은 인지적 속성으로서 두 가지 측면으로 구성되어 있다. 단기적 측면으로는 누구를 사랑하겠다는 약속이며, 장기적 측면으로는 그 사랑을 계속 지키겠다는 책임감이다. 약속과 책임감이 언제나 함께하는 것은 아니며 사랑하겠다는 약속이 그 사랑을 계속 지키겠다는 책임감을 수반하지 않는 경우도 있다. 대개 약속이 책임감보다 선행하게 되는데, 때에 따라서 사랑하겠다는 약속은 없고 책임감만 있는 경우도 있다. 이것은 과거 우리나라에서 선만 보고 먼저 결혼부터 한 후에 사랑이 생기는 경우와 비슷한 현상이다.

약속/책임감 요인이 생기고 커지는 과정은 비교적 직선적이며, 친밀감이나 열정의 경우처럼 그렇게 복잡하지는 않다. 원칙적으로 약속/책임감 요인은 두 사람이 처음 만났을 때 제로 상태에서 시작하여 서로가 점차 가까워지게 되면서 정비례로 커진다. 관계가 장기적으로 발전함에 따라 이 요인도 점차 가속화되며, 그와 같은 상태가 계속될 때 책임감 요인은 대개 한계점에 도달한다.

사랑이란 친밀감, 열정, 약속/책임감으로 구성되며, 사랑의 크기는 이 세 요소의 크기로 결정된다는 것이 심리학자 스턴버그의 '사랑의 삼각형 이론'이다. '사랑의 삼각형'의 세 부분이 같은 크기일 때 가장 바람직한(완전한) 사랑이라 할 수 있다. 또한 약속/책임감, 친밀감, 열정

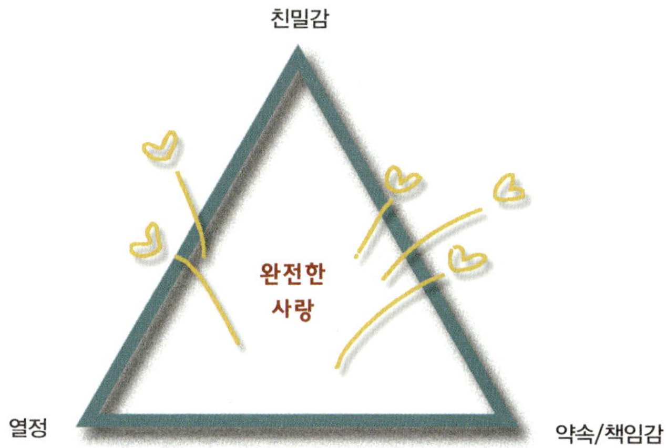

〈사랑의 삼각형 이론〉

이 많을수록 삼각형은 더 커지고 사랑도 더 크고 깊어진다. 이 세 요소의 상대적 크고 작음에 따라 우정 같은 사랑, 정열적인 사랑, 숭늉처럼 미지근하지만 그런 대로 일생을 함께 늙어 가며 이루어 가는 사랑 등 사랑의 형태도 결정된다는 것이다.

사랑과 우정은 어떻게 다른가

우리가 살아가면서 가장 행복한 때는 언제일까? 행복의 순간이나 행복의 조건은 다소 다를지라도, 누군가와 사랑을 주고받을 때가 가장 행복한 순간이라는 것을 부정할 사람은 없을 것이다. 물론 사랑을 받을 때도 행복하지만 누군가에게 깊고 따뜻한, 순수한 사랑을 느낄 때 우리를 이 세상에 태어나게 한 조물주의 축복을 느끼게 되고, 이 세상 모든 것이 나를 위해 존재하는 것 같은 황홀한 착각에 빠지게 된다.

친구 간의 우정 역시 조건 없는 사랑이며 받는 것보다 주는 것이 더 좋은 사랑이다. 우리는 때로 우정을 과소평가하는 경향이 있는데, 사람의 정신건강을 도모하는 데는 '사회적 지지social support'(사람으로 하여금 사랑받고 존중받으며, 돌봐 주는 사람이 있고, 의사소통이나 상호책임, 같은 조직에 속해 있다고 생각하게 하는 정보)[2]가 대단히 중요한 역할을 한다. 이것이 부족할 때 정신적 장애나 신체적 질병이 생길 수 있다. 이런 현상은 동물 세계에서도 마찬가지인데, 고립된 쥐는 여럿이 함께 있는 쥐보다 신경질적 행동이 증가할 뿐만 아니라 건강상태도 나빠지고 활기가 없어지는 것으로 나타났다.

이처럼 사랑은 신체적·정신적 건강에 절대적으로 필요한 영양소라 할 수 있다. 사랑이 부족할 때 사람은 쉽게 병에 걸리거나 깊은 불행감 혹은 우울감에 빠지게 되며, 심하면 스스로 목숨을 끊기도 한다. 그런데 사랑은 혼자서는 할 수 없으며, 반드시 대상이 있어야 생기고, 배울 수도 있고 줄 수도 있다. 어렸을 때는 사랑의 대상이 부모나 형제가 되며, 아동기에 들어서면서부터는 친구가 되며, 사춘기 이후에는 애인이 된다. 그러므로 혈연관계를 떠나서 사랑의 대상이 될 수 있는 대표적인 상대는 애인과 친구라 할 수 있다.

그러면 애인과 친구와의 사랑은 어떻게 다른가? 남가주대학의 심리학 교수인 데이비스Keith E. Davis[3]는 토드Michael. J. Todd와 더불어 미혼 또는 기혼의 대학생 및 일반인 250명을 대상으로 우정과 낭만적 사랑의 가장 대표적인 특징에 대해 알아보았다. 이 양자 간에는 공통점도 많이 있었지만 주로 다음과 같은 차이점이 발견되었다.

우정의 특징

함께 있으면 즐겁다 때로 화를 내거나 실망하거나 귀찮을 때도 있지만 대부분의 경우 함께 있는 것이 즐겁다.("나는 무슨 일을 하건 친구와 함께 하면 더 즐겁다." "그는 언제나 나를 웃게 만드는 재주가 있다.")

있는 그대로 받아들인다 서로를 있는 그대로 수용하며, 상대방을 다르게 고치려 하거나, 어떤 새로운 다른 사람으로 만들려고 하지 않는다.("그는 내가 싫어하는 일을 강요하는 법이 없다." "그는 나 같은 성격을 좋아한다.")

서로 깊게 믿는다 서로 깊이 신뢰하고 각자가 상대방에게 최선의 이익이 되는 방향으로 행동하며, 또 그럴 것을 기대한다.("그가 나를 껴안아 줄 때 그것은 진정으로 나를 위한 것임을 느낀다." "나는 그를 믿기 때문에 그는 자기가 말한 대로 할 것이다." "그는 극도로 화난 경우를 빼고는 고의로 나를 아프게 하는 일은 절대로 없다.")

서로 존중한다 서로 존중하여 인생의 선택에서도 최선의 판단력을 행사할 것으로 믿는다.("그는 내가 요청하지 않는 한 충고를 하지 않으며, 그의 충고는 언제나 도움이 된다.")

서로 도와주고 믿을 수 있다 서로 도와주고 이끌어 주며, 특히 어려울 때 서로 믿을 수 있다.("나는 그가 필요로 하는 일을 하고 싶다.")

서로 비밀이 없다 각자의 감정이나 경험을 서로 털어놓는다.("그는 아무에게도 말하지 않는 것을 나에게는 말한다.")

서로 이해할 수 있다 각자에게 무엇이 중요한지를 알며, 친구가 왜 그런 일을 하는지도 알고 있다. 그럴 때 서로 상대방의 행동으로 인해 당황하거나 의아해하지도 않는다.("나는 그가 왜 그렇게 하는지 안다." "그가 고통스러워할 때 나는 무엇이 잘못되었는지 대개 알 수 있다.")

자연스럽다 사귀는 동안 각자가 일부러 어떤 역할을 해 보이려 한다거나, 가면을 쓴다거나, 자신의 성격을 감추거나 하지 않고, 있는 그대로 자유롭게 드러낸다.("나는 그하고 함께 있으면 아주 편하게 느껴진다.")

애정의 특징

낭만적인 관계도 우정과 모든 점에서 같지만 몇 가지 추가적인 특징이 있는데, 그것은 '열정적인 면'과 '보호적인 면'으로 설명할 수 있다.

A. 열정적인 면

너무도 매혹적이다 서로 다른 일을 하고 있을 때에도 생각은 사랑하는 사람에게 가 있다. 사랑하는 사람과 함께 있고 싶고 이야기를 나누고 싶고 쳐다보고 싶고, 그 사람에 대한 생각만 하고 싶어진다.("나는 우리가 함께 무엇을 할까 하는 생각을 하며 잠자리에 들고, 거기에 대한 꿈을 꾸며, 깨어나면 또 그와 함께 있게 된다." "무슨 일을 하건 내 머릿속에는 그만이 자리잡고 있으므로 다른 일에는 전혀 집중이 안 된다.") 매혹의 상태에서는 상대방을 이상화하게 되는데 이 같은 현상은 낭만적 사랑에서 흔히 볼 수 있다.

이런 감정은 그대가 처음이다 애인들 사이에는 결코 다른 사람하고는 가져 본 적이 없는 특별한 관계가 존재한다.("지금 우리 둘의 관계는 과거에 있었던 어떤 다른 사람과의 관계와도 다르다." "우리는 서로 책임지기로 했다.") 이와 같이 낭만적 애정관계에는 그 사람 인생의 어떤 다른 관계보다도 우선권이 주어진다.

성적 욕망을 느낀다 애인들은 상대방과 신체적 접촉을 갖기 원하며, 만지고 싶고 만져 주기를 바라며, 성관계를 가지기 원한다. 그러나 이렇게 서로 원하는 것이 같다 하더라도 항상 욕망대로 행동하는 것은 아니며, 도덕적 · 종교적 · 현실적 문제들로 제한을 받는다.

B. 보호적인 면

그대를 위해 나는 무엇이든 할 수 있다 애인들은 상대방을 위해 아무것도 아끼지 않으며, 상대방이 곤경에 처했을 때 자신을 돌보지 않고 보호하려 하며 극단적인 경우 희생도 서슴지 않는다. 오 헨리O. Henry의 소설 『크리스마스 선물』에서 가난한 남자는 아름다운 머리카락을 가진 아내에게 줄 예쁜 머리핀을 사기 위해 자신이 아끼는 시계를 저당 잡힌다. 한편 아내는 남편의 시계에 달아 줄 시계 줄을 사기 위해 소중하게 가꿔 오던 긴 머리카락을 잘라 판다. 이들은 각자가 상대방에게 기쁨을 주기 위해 자기가 갖고 있는 가장 소중한 것을 준 것이다.

우리는 무조건 한편이다 애인들끼리 아끼는 마음은 서로 상대방의 이익을 위한 적극적인 지지자가 되고 상대방이 성공할 수 있도록 확실하게 뒷받침을 하는 행동에서도 나타난다.("우리 부모가 그에 대해 나쁘게 말할수록 나는 그를 옹호하기 위해 무엇이든 할 수 있다.")

이상이 사랑과 우정에 관한 데이비스와 토드의 연구결과이다. 그들이 예상했던 대로 사랑과 우정에는 공통점과 차이점이 있었는데, 특히 가장 친한 친구와의 전형적인 우정관계는 애인/부부관계와 많은 공통점이 있었다. 이 양자 간에는 수용, 신뢰, 존중이라는 면에서는 매우 같았고 감추지 않음, 이해, 자연스러움, 상호 협력의 측면에서도 유사한 점이 많았다. 일반적으로 이 두 관계에서 나타난 성공 정도(그 관계에 대한 행복감 및 만족도)도 비슷했다. 그러나 열정 면에서 차이가 있었는데, 애인/부부집단은 가장 친한 친구와의 우정관계에서보다 훨씬 더 매혹적이며 서로가 오직 유일한 존재라는 측면에서 높은 강도를 나타냈다.

데이비스와 토드는 다음과 같은 세 가지 영역에서 이 자료들이 그들의 기대와 차이가 난다고 말했다.

첫째, 친한 친구보다 부부나 애인들이 곤란에 처했을 때 더 서로에게 희생적이 되고 상대방의 이익을 위한 지지자 혹은 옹호자가 될 것으로 기대했는데, 실제로는 희생적인 태도 척도에서만 그 같은 차이가 나타났다. 뿐만 아니라 부부/애인과 친한 친구 간에 이 척도에서의 차이는 열정적인 면에서의 차이보다 훨씬 적게 나타났다. 그러나 이 주제가 저자들과의 면담에서 언급된 빈도가 많고 브랜다이스대학의 로빈Zick Robin이나 UCLA의 스테크Loran Steck도 이 차이를 낭만적 사랑의 중심적 특징으로 강조한 점을 고려해 볼 때, 희생적인 태도를 우정과 애정의 차이를 나타내는 중요한 특징으로 생각해도 될 것 같다.

둘째, 서로가 함께 있는 것을 즐긴다는 항목에서 친한 친구와 애인들 간에 별 차이가 없을 것으로 기대했으나 결과는 그렇지 않았다. 애인들은 친구보다 어떤 일을 함께 하는 것을 더 즐겨 했다. 이것으로 보아 전형적인 애정관계에서 충족될 수 있는 인간의 욕구범위가 생각보다 훨씬 넓음을 알 수 있다.

셋째, 친한 친구와의 우정관계가 부부/애인관계보다 불변성이 더 높다(변할 가능성이 적다)는 사실이었다. 부부나 애인들 사이에서 불변성의 정도가 낮다는 것은 그들의 관계가, 특히 미혼상태일 때, 파탄에 이를 가능성이 더 크다는 것을 나타내는 것으로 볼 수도 있다.

이 연구 결과 한 가지 매우 놀랄 만한 사실은 가장 친한 친구들의 대부분은 동성(同性)이었지만 27퍼센트에 달하는 사람들은 이성(異性)을 가장 친한 친구(분명히 이것은 낭만적인 관계가 아님)라고 답한 것이다. 뿐만 아니라 남자들 중 56퍼센트는 가까운(가장 친한 친구가 아닌) 친구가 여자라고 답했고, 여자들 중 44퍼센트는 가까운 친구가 남자라고 답했다. 따라서 동성 간의 우정이 절대적으로 우세하지만 이성 간의 우정도 생각보다 많이 있음을 볼 수 있었다.

동성 간의 우정과 이성 간의 우정은 어떤 차이가 있는가? 데이비스와 토드는 그들의 연구에서 동성 간의 우정에서는 함께 나누는 면(개인적인 비밀이나 실제적인 도움 같은 것)이 더 많고 불변성이 더 높으며, 희생적인 태도에서 더 적극적이라고 보고하고 있다.

지금까지 우리는 우정과 애정의 긍정적인 측면만을 살펴보았는데, 그러면 부정적인 측면은 어떠한가? 우정과 애정은 파괴성, 독점성, '양면 감정ambivalence'(어떤 대상에 대해 동시에 사랑과 미움, 혹은 좋기도 하고 싫기도 한 상반되는 감정을 느끼는 상태)[4] 및 갈등 영역에서 서로 다른 잠재성을 가지고 있는가? 자료를 분석한 결과, 애정관계의 매혹과 유일성 특징에서 주로 기인하는 분명한 차이가 있다.

한 사람이 어떤 사람과 애정관계를 맺는다는 것은 상대방만을 유일하게 사랑하고 다른 사람에게는 결코 관심을 갖지 않겠다는 다짐과 같다. 애인이나 부부가 된다는 것은 매일 일상생활을 서로 연관시켜 맞추어 가며, 다른 어느 누구에게보다도 상대방에게만 최우선권을 부여한다는 의미가 된다. 이와 같은 다짐과 생활양식은 많은 애인이나 배우자로 하여금 때로는 그들이 선택을 바르게 했는지 불안하게 만들며, 만일 자신이 버린 사람에게 아직도 미련이 남아 있다면 더욱 혼란스러워지게 된다. 어떤 새로운 사람에게 매력이라도 느끼게 되면 혼란에서 고민으로 이어질 수 있다. 이와 같은 제반 이유 때문에 애정관계란 양면감정과 갈등의 온상이 될 수도 있는 것이다.

데이비스와 토드는 사람들이 가까운 동성친구보다 부부/애인관계에서 양면감정이나 갈등 및 관계유지활동(관계에 관해 상의하며 그것을 통해 문제점을 해결하는 방법)을 더 많이 경험하는지 조사해 보았다. 뿐만 아니라 이들은 조사과정에서 대상자들에게 성욕이나 성(性)생활에 관해 보다 더 솔직하게 물어보는 기회를 가졌다.

그 결과 부부/애인관계에서는 열정의 수준이 더 높았고 보호의 의지가 더 컸을 뿐만 아니라 매혹, 유일성, 성적 친밀감, 즐거움, 희생적 태도 등의 측면에서 가까운 친구보다 그 정도가 더 높았다. 이와 동시에 부부/애인관계에서는 친구관계에서보다 양면감정, 갈등 및 관계유지활동의 영역에서도 그 수준이 더 높았다.

이 결과에서 볼 수 있는 한 가지 놀랄 만한 현상은, 수용의 정도가 친구관계에서보다 부부/애인관계에서 통계적으로 의미 있게 더 낮았다는 사실이다. 미국 휘튼대학의 랜즈Marglin Rands와 매사추세츠대학의 레빙거George Levinger도 부부와 애인들은 친구관계에서보다 서로를 비난하는 경향이 더 높다는 연구결과를 발표하였다.

이와 유사한 연구를 한 다른 심리학자로는 노스다코다대학의 라이트Paul Wright와 버글로프Paula Bergloff가 있다. 그들은 다음과 같은 네 가지 영역에서 애정관계와 우정은 다르다고 주장한다. 즉 애정관계는 우정보다 유일성이 더 강하고, 정서적 표현의 강도가 더 높으며, 보다 더 영속성이 있고, 사회적 규칙이나 기대의 영향을 더 많이 받는다. 특히 애정관계가 사회적 규칙이나 기대의 영향을 더 많이 받는다는 견해는, 랜즈와 레빙거의 연구에서 애인들은 서로에 대해 더 비판적이라는 결과나, 데이비스와 토드의 연구에서 애인들은 서로 간에 덜 수용적이고 참을성이 적다는 결과들을 설명해 주기도 한다.

이상의 여러 연구결과를 종합해 볼 때, 애정관계와 친한 친구관계의 차이점은 무엇인가? 애정관계에서는 우정관계보다 매혹, 유일성 및 성적 욕망(열정 측면)의 정도가 더 높으며, 보호하려는 의지가 더 강하고(곤란에 처했을 때 희생적으로 도와주려고 하는 의지에서 나타나는 바와 같이), 즐거움이나 기타 긍정적 감정을 일으킬 잠재력이 더 크다. 반면에 애정관계는 양면

감정, 갈등, 상호 비난 및 심적 고통을 일으킬 잠재성도 더 많이 가지고 있다고 할 수 있다.

이와 같은 차이가 우리들의 생활에 던지는 한 가지 커다란 의미가 있다. 그것은 애정관계가 인간의 기본적 욕구를 만족시키거나 좌절시키는 데 더 큰 영향력을 가지고 있다는 사실이다. 애정관계는 우정의 경우보다 우리들의 신체적·정신적 건강에 더 큰 변수로 작용할 수 있는 것이다. 이것은 매우 중요한 사실로서, 이혼한 사람들의 정신적·신체적 건강상태가 행복한 결혼생활을 하거나 결혼을 한 번도 해 보지 않은 사람의 경우보다 더 나쁘다는 여러 연구를 뒷받침해 주는 결과이기도 하다.

보다 넓은 견지에서 볼 때, 사랑과 우정관계 모두에서 사람들은 공통적으로 상대방을 수용하고 존중하며 신뢰하고, 서로 이해하고 숨기는 것이 없으며, 서로 돕고 편하게 느낄 뿐만 아니라, 그 관계에 대해 행복하고 만족해한다. 이것은 사랑이란 무엇인가, 사랑의 구성요소가 무엇인가 하는 앞에서의 물음에 대한 또 하나의 대답이 될 수도 있을 것이다.

맺으면서

각자가 사랑이라고 생각하는 것이 사랑이며, 사랑은 감정만이 아니라 인지적 인식이다. 앞에서 사랑은 친밀감, 열정, 약속/책임감의 세 가지 요소로 결정된다고 했으나, 필자는 여기에 관용과 용서를 네 번째로 추가하고 싶다. 필자가 부부 상담을 해 오면서 이 네 번째가 매우 중요하고 필요하다는 것을 느끼게 된다. 인간은 원래 부족한 점이 많은 존재인 만큼 그 결함을 관용으로 용서하지 않으면 사랑도 어렵다. 사랑하기 때문에 용서할 수 있고, 용서를 통해서 사랑이 깊어지게 된다.

사랑과 우정은 수용, 신뢰, 존중 같은 면에서 유사하나 헤어지게 만드는 요인인 양면감정, 갈등, 상호비방, 심적 고통을 유발할 잠재성 등이 우정보다 사랑에 더 많다. 역시 이것에 대한 해결방법도 서로 존중하고 이해하는 것이 가장 중요하며, 그러면 용서도 가능해진다. 한 가지 용서의 대상이 될 수 없는 것은 폭력이다. 폭력에는 치료방법이 없으며, 가장 좋은 방법은 헤어지는 것뿐이다. 폭력은 사랑을 죽이는 독약이다.

---

1. R. J. Sternberg and S. Grajek (1984), "The nature of love," *Journal of Personality and Social Psychology* 47: 312-329.
2. B. M. Newman and P. R. Newman (1987), *Development Through Life: A Psychosocial Approach*, Chicago: Dorsey Press.
3. K. E. Davis (1985), "Near and dear: Friendship and love compared," *Psychology Today*, February, 22-31.

02

사랑의 유형

남자의 경우 사랑의 첫 증상은 소심함으로,
여자의 경우에는 대범함으로 나타난다.
- Victor Hugo

우리는 자기가 생각하는 사랑방식에 따라 행동하며, 상대방에게도 그렇게 해 주기를 기대한다. 이런 기대는 그 사람이 생각하는 사랑의 의미에 따라 결정되며, 성장과정에서 부모가 보여 준 사랑의 방식에 따라 결정되기도 한다. 뜻밖에도 내가 생각하는 사랑의 의미와 상대방이 생각하는 그것이 다르고, 서로 기대하는 바도 다를 때가 많다. 이 차이가 너무 심하면 행복한 사랑을 이루기 어렵다. 행복한 사랑을 키우기 위해서 서로가 가지고 있는 사랑의 의미와 사랑에 대한 기대를 알 필요가 있고, 거기에 맞추어 내가 변화할 수 있는 범위를 결정하고 행동에 옮겨야 한다. 그러기 위해 먼저 사랑의 종류를 알아보자.

사랑의 측정

사랑을 구성하는 책임감, 친밀감, 열정 등 세 가지 요소를 각각 측정하면 사랑의 양을 알 수 있을까? 그것은 대단히 어려운 작업이다. 왜냐하면

사랑의 의미와 사랑을 표현하는 양식은 사람에 따라 너무나 다르기 때문이다. 내가 알기로는 사랑의 양을 계량적으로 측정하는 도구(방법)는 아직 없다. 사실 사랑의 양에 집착하는 것은 얻는 것보다 잃는 것이 더 많은 매우 피곤한 일이다. 오히려 상대방이 사랑하는 방식을 알아내고 나와 잘 맞는지 생각해 보는 것이 훨씬 더 실제적이며 현명한 일이다.

상대방의 사랑이 얼마나 순수한가? 이것 역시 확인하기 어렵다. 왜냐하면 사랑이란 각자가 사랑이라고 생각하는 바로 그것이 사랑이기 때문이다. 사랑은 여러 의미와 표현방식, 그리고 여러 모양을 가지고 있는 요술상자와도 같다. 결국 중요한 것은 각자가 생각하고 있는 사랑의 의미이며, 각자가 표현하는 사랑의 행동이다.

사랑의 양식을 분류하려고 시도했던 최초의 사람인 캐나다의 사회학자 존 리John Lee는 『사랑의 색깔Colors of Love』이라는 저서에서 마치 세 가지 원색에서 여러 가지 색채의 조합이 이루어지듯, 사랑도 세 가지 원형이 있어 거기에서 여러 가지 조합이 이루어진다고 설명했다.[1]

이와 같은 연구를 보완해 보다 광범위한 자료를 바탕으로 사랑의 척도를 만든 사람이 사회학자인 래스웰Thomas E. Lasswell과 햇코프Terry Hatkoff이다.[2] 그들은 척도문항을 만들기 위해 사랑의 경험이 있는 사람들을 대상으로 광범위한 면담을 하고, 사랑을 주제로 한 문학작품에 나타난 사랑의 표현방식과 행동을 광범위하게 수집하여 분류했다. 이렇게 하여 만들어진 50개 문항의 애정유형검사를 수천 명의 남녀를 대상으로 실시하고 분석한 결과, 여섯 가지 기본적인 사랑양식을 발견할 수 있었다.

검사문항에 응답하기 전에 잠시 시간을 내서 사랑이란 어떤 것이며 사랑은 어떠해야 된다고 생각하는가, 사랑할 때의 감정은 어떤 것인가 등에 대한 자신의 생각을 간단히 적어 두기 바란다. 현재 자신이 하고 있는 사랑이라든가 과거에 경험했던 사랑을 참고로 하면 된다. 또한 실제로 자신이 애인에 대해 느꼈던 감정이나 행동, 애인이 해 주기 바라는 행동이나 감정 등에 관해 솔직하게 적으면 된다.

검사문항에 답할 때는 '예', '아니오'로만 답해야 되며, '때때로'라든가 '아마도'와 같은 중간단계는 허용되지 않는다. 가급적 순서대로 답하고, 중간에 빠뜨리는 문항이 있어서는 안 된다. '예', '아니오'로 도저히 대답할 수 없는 경우에는, 평소에 자신이 갖고 있던 생각이나 태도에 가장 가까운 것을 답으로 하는 것이 좋다.

애인과 함께 이 검사를 할 때는 서로 미리 상의하거나 상대방의 대답에 어떤 영향을 주어서는 안 되며, 각자가 따로따로 하는 것이 좋다.

이 검사 결과는 자신의 사랑에 대한 어떤 윤리적 판정을 내리는 것이 아니며, 다만 자신이 생각하는 사랑의 의미나 자신이 좋아하는 사랑의 형태를 나타내는 것에 불과하다.

채점방법은 매우 간단하다. 각 척도별로 '예'라고 대답한 문항 수를 합치기만 하면 된다. 그 합친 수를 척도별로 계산하여 백분율 값이 가장 높은 척도가 자신의 애정형을 나타내는 것이다. 즉 '예'라고 대답한 문항의 번호를 적어 답안지에서 세로(척도)별로 그 번호들을 맞춘다. 그런 다음 척도별로 '예'라고 대답한 문항의 수를 세어 백분율을 계산하는 것이다. 예를 들어, '가장 좋은 친구' 척도에서 80퍼센트가 나오고 '논리적' 척도에서 60퍼센트가 나왔다면, 당신은 애인을 가장 좋은 친구로 삼는 사람인 동시에 사랑을 하는 데 있어서도 매우 실제적(혹은 현실적)인 사람이라고 해석하는 것이다.

이와 같은 질문지형 검사에 응답할 때 흔히 검사문항과 직접 관계가 없는 그 사람의 성격적 특성이 큰 역할을 할 때가 있다. 이것을 심리학에서는 '반응경향성response set'이라고 부른다. 예를 들어, 이 애정유형검사의 거의 모든 척도에서 높은 점수를 받는 사람이 있는가 하면, 반대로 거의 모든 척도에서 낮은 점수를 받는 사람이 있을 수 있다. 그렇다고 하여 반드시 전자의 사랑은 특징이 없는 혼란된 양상이라든가, 후자는 전혀 사랑할 줄 모르는 사람이라는 의미는 결코 아니다. 그보다도 전자에 속하는 사람들은 성격 특성이 어느 일부에서만 그렇다거나 가끔만

애정유형검사

나의 애정유형은 무엇인가?

설문에 '예' 혹은 '아니오'로 대답해 보자. '예', '아니오'로 도저히 대답할 수 없는 경우에는 평소에 자신이 갖고 있던 생각이나 태도에 가장 가까운 것을 고르도록 한다.

번호	항목	예	아니오
01	나는 첫눈에 반하는 것이 가능하다고 생각한다.		
02	나는 한참 지난 다음에야 비로소 내가 사랑하고 있음을 알았다.		
03	둘 사이의 일이 잘 풀리지 않으면 나는 소화가 잘 되지 않는다.		
04	현실적인 관점에서, 나는 사랑을 고백하기 전에 나의 장래목표부터 생각해 보지 않으면 안 된다.		
05	먼저 좋아하는 마음이 얼마 동안 있은 다음에 비로소 사랑이 생기는 것이 원칙이다.		
06	애인에게 나의 태도를 다소 불확실하게 해두는 것이 언제나 좋다.		
07	우리가 처음 키스하거나 볼을 비볐을 때 나는 성기에 뚜렷한 반응(발기, 축축함)이 오는 것을 느꼈다.		
08	전에 연애 상대였던 사람들 거의 모두와 나는 지금도 좋은 친구관계를 유지하고 있다.		
09	애인을 결정하기 전에 인생설계부터 잘 해두는 것이 좋다.		
10	나는 연애에 실패한 후 너무나 우울해져 자살까지도 생각해 본 적이 있다.		
11	나는 사랑에 빠지면 흥분되어 잠을 이루지 못하는 때가 있다.		
12	애인이 어려운 처지에 빠지면 설사 그가 바보처럼 행동한다 하더라도 힘껏 도와주려고 노력한다.		

번호	항목	예	아니오
13	애인을 고통스럽게 하기보다는 차라리 내가 고통을 받겠다.		
14	연애하는 재미란 두 사람 간의 관계를 발전시키면서 동시에 내가 원하는 것을 거기서 얻어내는 재주를 시험해 보는 데 있다.		
15	사랑하는 애인이라면 나에 관해 다소 모르는 것이 있다 하더라도 그것 때문에 그렇게 속상해하지는 않을 것이다.		
16	비슷한 배경을 가진 사람끼리 사랑하는 것이 가장 좋다.		
17	우리는 만나자마자 서로가 좋아서 키스를 했다.		
18	애인이 나에게 관심을 보이지 않으면 나는 온몸이 쑤시고 아프다.		
19	애인이 행복하지 않으면 나도 결코 행복해질 수 없다.		
20	대개 제일 먼저 나의 관심을 끄는 것은 상대방의 외모이다.		
21	최상의 사랑은 오랜 우정으로부터 싹튼다.		
22	나는 사랑에 빠지면 다른 일에는 도무지 집중하기 어렵다.		
23	그의 손을 처음 잡았을 때 나는 사랑의 가능성을 감지했다.		
24	헤어지고 나면 나는 그의 좋은 점을 발견하려고 무진 애를 쓴다.		
25	나의 애인이 다른 사람하고 같이 있는 것 같은 생각이 들면 도저히 견딜 수 없다.		
26	내가 사귀는 두 애인이 서로 알지 못하도록 교묘하게 재주를 부린 적이 한 번은 있었다.		
27	나는 사랑했던 관계를 매우 쉽고 빠르게 잊어버릴 수 있다.		
28	애인을 결정하는 데 가장 고려해야 할 점은 그가 우리 가정을 어떻게 생각하는가 하는 것이다.		
29	사랑에서 가장 좋은 것은 둘이 함께 살며, 함께 가정을 꾸미고, 함께 아이들을 키우는 일이다.		
30	애인이 원하는 것을 위해서라면 기꺼이 내가 원하는 것을 희생할 수 있다.		

번호	항목	예	아니오
31	배우자를 결정하는 데 가장 먼저 고려해야 할 점은 그가 좋은 부모가 될 수 있겠는가 여부이다.		
32	키스나 포옹, 성관계를 서둘러서는 안 된다. 그것들은 서로 충분히 친밀해지면 자연스럽게 이루어지는 것이다.		
33	나는 매력적인 사람들과 바람피우는 것을 좋아한다.		
34	나와 다른 사람들 사이에 있었던 일을 애인이 알게 된다면 매우 속상해할 것이다.		
35	나는 연애를 시작하기 전부터 내 애인이 될 사람의 모습을 분명히 정해 놓고 있었다.		
36	만일 내 애인이 다른 사람의 아기를 갖고 있다면, 나는 그 아기를 내 자식처럼 키우고 사랑하며 보살펴 줄 것이다.		
37	우리가 언제부터 서로 사랑하게 되었는지 정확히 알 수 없다.		
38	나는 결혼하고 싶지 않은 사람하고는 진정한 사랑을 할 수 없을 것 같다.		
39	나는 질투 같은 것은 하고 싶지 않지만, 나의 애인이 다른 사람에게 관심을 가진다면 참을 수 없을 것 같다.		
40	내가 애인에게 방해물이 된다면 차라리 나는 사랑을 포기하겠다.		
41	나는 애인의 것과 똑같은 옷, 모자, 자전거, 자동차 등을 갖고 싶다.		
42	나는 연애하고 싶지 않은 사람하고는 데이트도 하고 싶지 않다.		
43	서로의 사랑이 이미 끝났다고 생각될 때도, 그를 다시 보면 옛날 감정이 되살아나는 때가 한 번쯤은 있었다.		
44	내가 가지고 있는 것은 무엇이든 나의 애인이 마음대로 써도 좋다.		
45	애인이 잠시라도 나에게 무관심해지면, 나는 그의 관심을 끌기 위해 때로는 정말 바보 같은 짓을 할 때도 있다.		
46	깊이 사귀고 싶지는 않아도 어떤 상대가 나의 데이트 신청에 응하는지를 시험해 보는 것도 재미있는 일이다.		

번호	항목	예	아니오
47	상대를 택할 때 고려해야 할 한 가지 중요한 점은 그가 자기 직업을 어떻게 생각하는가 하는 것이다.		
48	애인과 만나거나 전화한 지 한참 되었는데도 아무 소식이 없다면 그에게 그럴 만한 이유가 있기 때문일 것이다.		
49	나는 누구와 깊게 사귀기 전에 앞으로 아기를 가지게 될 경우 유전적 배경이 서로 잘 맞는지부터 먼저 생각해 본다.		
50	가장 좋은 연애관계란 가장 오래 지속되는 관계이다.		

답안지

각 문항별로 '예'라고 응답한 문항에 표시한다.

가장 좋은 친구		이타적		논리적		소유적		낭만적		유희적	
02		12		04		03		01		06	
05		13		09		10		07		14	
08		19		16		11		17		15	
21		24		28		18		20		26	
29		30		31		22		23		27	
32		36		38		25		33		33	
37		40		42		39		35		34	
50		44		47		43		41		46	
		48		49		45					
합계 :		합계 :		합계 :		합계 :		합계 :		합계 :	

그렇다고 해도 '그렇다'로 대답하는 반응경향성을 가지고 있는 사람이며, 후자에 속하는 사람들은 자신의 행동이나 정서적 반응에 대해 매우 조심스럽고 분석적인 사람이어서 질문지 문항에 대답할 때에도 그런 성격적 태도가 작용한 경우라고 볼 수 있다. 따라서 모든 척도에서 높거나 낮은 사람들도 그 나름대로 의미가 있다. 특히 독특하게 낮은 척도들도 높은 척도와 마찬가지로 의미가 있으며, 그것들은 그 사람이 사랑이라고 생각하지 않는 것을 나타낸다고 볼 수 있다.

사랑의 종류

애정유형검사 결과 가장 좋은 친구로서의 사랑, 이타적 사랑, 논리적 사랑, 유희적 사랑, 낭만적 사랑, 소유적 사랑 등 여섯 가지 사랑 가운데 가장 높은 순위에 속하는 것이 자신이 선호하는 사랑의 방법 혹은 의미가 되며, 가장 낮은 순위에 속하는 것은 자신이 아니라고 생각하는 사랑의 방법 혹은 의미가 된다.

이 여섯 종류의 사랑에 대해서 이제부터 간단히 설명할 것이다. 한 가지 알아 둘 것은 이들 중 어느 것은 다른 것보다 더 가치 있다거나 혹은 더 성숙한 것이라고 쉽게 결론지을 수 없다는 사실이다. 대개의 경우 우리는 여러 종류의 성질들이 혼합된 사랑을 하고 있으며, 그중에서 우세한 것과 열세한 것이 있을 뿐이다.

가장 좋은 친구로서의 사랑

우리는 주변에서 오랫동안 친구로 지내다가 결혼하게 된 사람들을 보게 된다. 그중에서 내가 아는 한 사례를 소개하고자 한다.

최 양과 김 군은 같은 학교, 같은 동아리에서 함께 공부하며 활동해 온 오랜 친구였다. 취미가 비슷한 둘은 늘 그림자처럼 붙어 다녔다. 그러던 어느 날 최 양은 부모의 성화에 못 이겨 맞선을 보러 나갔다. 상대는 크게 흠잡을 데가 없는 좋은 신랑감이었으나 그녀는 자신도 모르게 그 남자와 김 군을 자꾸 비교하고 있는 자신을 발견하게 되었다. 그녀는 그 남자와 함께 앉아 있는 시간이 길어질수록 마치 자신이 김 군을 배신하고 있는 듯한 생각이 들었고 그제야 자기가 김 군을 깊이 사랑하고 있음을 깨달았다. 실제로 사랑이 언제부터 시작되었는지는 두 사람 중 어느 누구도 정확히 모르는 상태였다.

이것은 좋은 친구로서의 사랑의 전형적인 예이다. 함께 가까이 지내다 보니 서로 편하고, 좋고, 취미도 비슷하고, 말을 하지 않아도 통하고, 서로 감추는 것 없이 털어놓을 수 있는, 그래서 그들은 친구이자 서로 사랑하는 애인인 것이다. 이들의 사랑은 화끈하게 뜨겁고 낭만적이지는 않지만 온돌처럼 은근히, 그리고 사려 깊고 정답게, 서로를 진심으로 위한다.

이들 사이에 갈등이 생기는 경우에는 서로 양보하고 합리적인 해결을 위해 평화롭게 타협하며, 그것 때문에 사랑에 손상이 생기거나 끝나는 예는 극히 드물다. 따라서 이런 부부들의 이혼율은 매우 낮으며, 설사 이혼하더라도 그들의 우정은 남아 있어서 가끔 만나기도 하고 어려운 일이 생기면 도움을 주기도 한다. 한때 애인 사이였던 사람들이 그 관계가 깨졌다고 해서 서로 원수처럼 지낼 필요는 없다는 것이 이들의 태도이다. 이 같은 사고방식은 다른 종류의 사랑에서는 찾아보기 어렵다.

이런 사랑을 하는 사람들은 대개 정서적으로 안정되고, 가족 간에 긴밀한 유대를 형성하고 있는 가정에서 자란 사람들이다. 그들은 부모나 형제들로부터 항상 사랑과 지지를 받아 왔으며, 서로 깊은 신뢰감을 주고받을 수 있었던 사람들이다. 그러므로 이들의 사랑관계는 각자가 자신의 가정에서 체험한 형제관계와 유사성을 갖고 있다. 서로 의견이 다르더라도 그런 대로 받아들이며, 때로 일시적으로 떨어져 살게 되더라도 그것은 정상적인 삶의 현상이라 생각하며, 그러한 일들로 인해 친밀감이 손상을 받는 경우는 없다. 대체적으로 좋은 친구로서의 사랑을 하는 사람들은 배우자에 대한 질투나, 떨어져 있을 때 불안감 같은 것을 별로 느끼지 않는다. 그렇기 때문에 이런 부부들은 배우자가 출장을 가거나, 심지어 군복무와 같이 장기간 떨어져 있게 되는 경우에도 상대방의 행동에 대해 어떤 의심이나 불안감을 갖지 않을 뿐만 아니라, 편안한 마음으로 자신의 삶에 열중하며 항상 그동안의 소식을 전화나 편지로 서로 주고받는다.

깊은 우정과 깊은 사랑 사이에는 공통점이 많으며, 유아기와 아동기에 걸쳐 기본적 신뢰감과 친밀감 형성의 기반이 튼튼할수록 성장한 후에도 깊은 신뢰감을 수반한 남녀 간의 애정관계가 가능하다.

논리적 사랑

논리적 사랑을 하는 사람들은 현명하게 사랑을 하려는 사람들이다. "나는 내가 생각하는 남편과 아버지(혹은 아내와 어머니)의 조건을 만족시키지 못하는 사람하고는 결코 연애를 하지 않을 것이다"라는 것이 이런 사랑을 하는 사람들의 전형적인 태도이다. 뿐만 아니라 그들은 매우 현실적이기도 해서, 자신이 어떤 유형의 상대를 좋아하며 필요로 하는지도 대개 정확히 알고 있다. 그러므로 그러한 조건을 가장 많이(전부는 아니라도) 만족시키는 사람이 나타날 때까지 참고 기다린다. 그들은 원하는 바가 이루어지지 않을 경우에 대비해 가능한 대안적 방법까지도 충분히 생각해 놓고 있다.

이와 같은 실용주의적 태도를 가지고 있는 사람들은 확실하게 오래 지속될 가능성이 없어 보이는 관계는, 그것이 아주 일시적인 것이라 하더라도, 처음부터 회피해 버린다. 그런 것은 시간 낭비라고 생각하는 것이다. 이 사람들은 자기가 원하는 배우자의 외모, 교육수준, 가정배경, 성격 등에 관해 구체적으로 기준을 정해 놓고 있을 뿐만 아니라, 자신의 장점과 약점까지도 충분히 고려하고 있다. "나는 부자도 아니고 미남도 아니다. 그러나 나는 근면하고 믿을 만하며 생활이 안정되어 있다. 이런 조건을 평가할 줄 알고 자기도 여기에 부응할 만한 사람이라면 틀림없이 나를 좋아할 것이다"라는 것이 이 부류에 속하는 사람들이 갖고 있는 사고방식이다.

논리적 사랑을 하는 사람이라 해서 낭만의 가치를 전혀 인정하지 않는 것은 결코 아니다. 다만 그들은 사랑이란 우선 두 사람의 실제적 양립성에 기초해야 하며, 또한 그것을 튼튼하게 하는 데 도움이 되는 것이어야 한다고 주장하는 것이다. 그렇기 때문에 논리적 사랑을 하는 사람들은 일정 액수의 돈을 저축할 때까지 또는 대학원을 졸업할 때까지, 아니면 직장에서 어느 정도의 위치에 오를 때까지 사랑을 아예 하지 않는다거나 유예하는 경우도 있다.

논리적 애인들은 사랑을 각자의 시장가에 기초한 최상의 거래처럼 여기기 때문에, 그들 간의 관계가 공정한 거래라고 인정되는 한 사랑이 지속되고 있다고 생각한다. 그러나 만일 그렇지 못하다고 생각될 때나 상대방이 의미 있게 변했다고 생각될 때는 대개 다음과 같은 두 가지 단계의 반응을 보인다.

첫째 단계에서는 상대방으로 하여금 그가 원래 갖고 있는 소질을 충분히 발휘할 수 있도록 도와준다. 다음은 어느 부인의 이야기다.

"우리는 한국에서 내가 대학을 졸업하자마자 결혼하고 곧 미국으로 떠났다. 남편은 나의 학업을 계속하게 하기 위해 학위과정이 비교적 짧은 학과로 바꾸겠다고 했다. 그러나 나는 내가 직업을 얻어 돈을 벌 테니 남편은 원래 목적했던 전공분야의 학위과정을 계속하고, 남편의 공부가 끝난 다음에 나의 학위과정을 시작하겠다고 했다. 그때까지 우리는 아기도 갖지 않고 성생활도 자제하며, 어느 정도 제한된 부부생활을 했다. 결국 우리 두 사람은 모두 처음에 계획했던 대로 원하는 전공분야의 학위를 획득할 수 있었다."

만일 이런 노력이 좋은 결실을 맺지 못하게 되면, 논리적 애인들은 그 관계를 끝내 버린다. 이것이 그들이 취하는 두 번째 단계의 반응이다.

논리적 애인의 인내력은 정말 대단하다. 그들은 만족스런 상대를 발견하는 과정에서뿐만 아니라 심지어 사랑이 끝났다고 판단되어 그 관계를 합리적이고 논리적인 방법으로 종결하기 위한 시기를 택하는 과정에서도 가공할 인내력을 발휘한다. 예를 들어, 몇 년 뒤에 이혼할 것을 미리 계획하고 아이들이 다 성장할 때까지 혹은 경제적 사정이 이혼을 가능하게 할 때까지 기다렸다가 이혼하는 부부가 있는가 하면, 상대방이 이혼의 충격을 이겨낼 만한 정서적 안정성을 갖출 때까지 기다렸다가 그때 가서 관계를 청산하는 사람도 있다.

논리적 사랑을 하는 사람이 모두 이렇게 철저한 것은 아니다. 여기서 예로 든 경우들은 아주 극단적인 경우에 속하며, 이렇게 백 퍼센트 순수한 논리적 사랑을 하는 사람은 실제로 매우 드물다. 물론 논리적 사랑을 하는 사람들에게도 열정이나 깊은 애정이 있긴 하지만 그들의 강박적 성격은 이성(理性)으로 하여금 열정의 고삐를 꽉 쥐고 있게 하는 것이다. 사람이 살아가는 과정에서 실수나 실패는 불가피할 뿐만 아니라, 그것들이 오히려 우리로 하여금 어떤 교훈을 배우게 하는 좋은 기회나 성장하게 하는 계기가 되기도 한다. 그러나 강박적 성격을 가진 사람들은 예측 불가능한 일은 통제 불가능한 일이라고 생각하며, 통제력의 상실은 그들에게 굉장한 불안감을 가져온다.

이런 관점에서 극단적으로 논리적 사랑을 하는 사람들은 그만큼 잠재적인 불안감이 많고 자신감이 부족하며 성격적 성숙의 정도가 다소 낮은 사람이라고 볼 수도 있다. 문제는 정도의 차이로서, 아주 극단적인 경우만 아니라면, 이와 같은 사람들이 성실하고 책임감 있으며 열심히 노력하는 좋은 배우자가 될 수도 있다.

낭만적 사랑

만나자마자 마치 강한 전류에 감전된 것처럼 금방 사랑의 불꽃이 일기 시작했다는 표현이 바로 낭만적 사랑의 특징이다. 이것은 어떻게 보면 애인에 대한 사랑이라기보다 사랑 자체에 대한 사랑이라고 말할 수도 있다. 이런 사랑을 하는 사람들은 첫눈에 황홀한 사랑에 빠지며, 일단 사랑에 빠지면 한 순간의 이별도 견딜 수 없게 된다. 춘향과 이 도령의 사랑이 그렇고, 로미오와 줄리엣의 사랑이 그렇다.

낭만적 사랑에 빠지면 우선 온몸과 마음으로 두 사람이 하나가 되기를 원하며, 특히 이 같은 사랑에서는 상대의 외모가 가장 중요한 요인이 된다. 처음 만났을 때의 모습, 훤칠한 키, 오뚝한 콧날, 반짝이는 눈빛,

촉촉한 입술 등 모든 것이 오랜 시간이 지난 뒤까지도 기억에 생생하다.

그들은 자기의 감정, 생각, 지난날에 겪었던 경험 등 모든 것을 알리고 싶어 하며, 또 알고 싶어 한다. 자기가 좋아하는 것, 희망사항, 그리고 때로는 비밀까지도 서로 털어놓는다. 이런 모든 정보가 그들에게는 서로를 더욱 단단히 묶어 주는 사랑의 사슬 역할을 한다. 뿐만 아니라 낭만적 애인들은 이 같은 정보에 기초하여 서로를 즐겁게 하는 말이나 선물을 주고받으며, 똑같은 스웨터를 입는다거나 선물에 자기 이름의 첫 글자를 새겨 넣는 등 서로를 동일시하려 한다.

낭만적 사랑은 마치 건초더미에 당긴 불꽃과 같아서, 만나자마자 서로 껴안고 신체적 애무에 탐닉하게 되는데, 물론 이와 같은 처음의 매력과 열정의 강도가 영원히 지속되는 것은 아니다. 사랑이 식으려 할 때면 낭만적 애인들은 현실 대신에 공상으로 대처하거나, 인간이란 결국 완전한 존재가 아니라는 사실을 점차 받아들인다. 그렇다고 해서 그들의 사랑의 불꽃이 영영 꺼져 버리는 것은 결코 아니며, 언제나 마음속에 고요한 불씨로 남아 있다가 가끔 상대방에게서 옛날의 모습을 볼 때마다 다시 뜨겁게 피어오른다.

낭만적 사랑을 하기 위해서는 먼저 상당한 자기 확신감을 갖고 있어야 한다. 자신을 완전히 드러내 보이고 전적으로 자기를 바치며, 그로 인한 기쁨과 슬픔을 감수할 각오와, 사랑에 실패하더라도 절망하지 않고 이겨 낼 수 있는 용기가 있어야 하는 것이다.

소유적 사랑

사랑한다는 것은 상대방을 완전히 소유하는 동시에 상대방에게 자신이 소유당하는 것이라고 생각할 때, 거기에는 흥분과 깊은 절망, 헌신과 불같은 질투의 두 극단이 존재하게 되며, 이 같은 사랑을 하는 사람은 한시도 편안한 마음을 가질 수 없다. 사랑의 초기에 그들은 너무나 흥분된 나머지 잠을 잘 자지도 먹지도 못하며, 생각마저도 제대로 할 수 없게 된다. 그들은 완전히 사랑의 노예가 되어 상대방의 사랑을 확인하는 일로 모든 시간과 정력을 소모할 뿐만 아니라, 버림받지나 않을까 하는 불안으로 항상 마음 졸이며 산다.

자기가 준 사랑에 대한 확실한 보답이 불충분하다고 생각될 때는 분하고 억울한 마음으로 가슴이 터질 것 같고, 배신의 작은 기미라도 있을 때는 그렇게도 뜨겁던 사랑이 하루아침에 불타는 증오로 돌변해 버린다. 상대방이 데이트 시간에 조금만 늦거나 한 번이라도 약속을 어기게 되면 그 이유를 꼬치꼬치 따지며, 그것은 자신을 그만큼 덜 사랑하기 때문이라고 해석한다. 집안에 일이 있거나 직장일이 바빠서, 혹은 몸이 좀 불편해서 얼마 동안 못 만나게 되면, "당신이 나를 진정으로 사랑한다면 어떻게 그럴 수 있느냐"라고 하면서 사랑의 배신자라고 몰아붙인다.

이렇게 함으로써 상대방을 불편하게 만들고, 때로는 무거운 심리적 부담을 주게 되는 것에 대해 그들은 조금도 양심의 가책을 느끼지 않는다. 오히려 그것은 모두 상대방을 사랑하기 때문이라고 주장한다. 이것은 사랑이라기보다 하나의 중독현상이다. 이런 사람은 참사랑이 무엇인지도 모르며, 상대방을 진정으로 좋아하는 것도 아니다.

소유적 사랑을 하는 사람들은 불행한 아동기를 보낸 경우가 많고, 현재의 생활에서 고독감을 많이 느끼며, 직장생활이 불만족스럽고, 친한 친구가 없는 사람일 경우가 많다. 그들은 상대방이 진정으로 좋아서라기보다는 사랑을 해야겠다는 강한 욕구에 강박적으로 끌려가는 사람이거나, 자기가 주는 사랑에 대한 보답을 받지 못할까 두려워 진정한 사랑을 주지 못하는 사람일 수도 있다. 실제로 그들은 자신이 어떤 종류의 상대를 진정으로 좋아하는지도 잘 모르고 있으며, 때로는 여러 가지 상반된 성질을 한 사람에게서 찾기도 한다.

그들은 자신이 진심으로 좋아하지도 않는 사람과 사랑놀이를 하고 있음을 뒤늦게 발견하고 스스로 놀라기도 하며, 헤어지고 나면 다시는 그 사람과 만나지도 않을 뿐만 아니라 서로 원수처럼 되는 경우가 많다. 그들은 지난날의 애인에 대해 아무런 관심이나 미련도 없을 뿐만 아니라, 사랑에 실패했다는 사실 자체가 너무 괴로워 그 원인이 무엇인지 혼자서 곰곰이 분석해 보기도 한다.

소유적 사랑을 하는 사람은 애인과의 성관계에서도 만족을 느낄 줄 모른다. 그러면서도 그 관계를 자기가 먼저 끊을 용기는 없어서, 많은 경우 상대편에서 먼저 관계를 끊는다. 그 후 결별로 인한 자존심의 상처로부터 회복하는 데에도 오랜 시간이 걸린다. 그들은 자신의 지나친 소유욕과 질투심이 실패의 원인이었음을 어렴풋이 알고 있지만 자기도 어떻게 할 도리가 없는 것이다.

사랑 연구의 대가인 존 리John Lee는 소유적 사랑의 대표적인 예로 서머셋 몸Somerset Maugham의 소설 『인간의 굴레Of Human Bondage』에 나오는 주인공 필립을 든다.[3] 필립은 예쁘지도 않고 이기적이며 늘 불평만 하는, 마음에 드는 곳이라곤 단 한 군데도 없는 마일드레드와 소유적 사랑에 빠져, 그 때문에 자신을 경멸하면서도 거기서 벗어나지 못한다. 그는 상대방에게 심하게 중독되어 있는 희생자에 불과한 것이다.

심리학자 피일Stanton Peele은 이를 '사랑중독증'이라고 말한다.[4] 사랑중독증이란 다른 사람과의 애착관계로 인해 자신 또는 모든 일들을 올바르게 평가하거나 원만히 처리할 수 없게 되며, 그 관계만이 유일한 만족의 근원이 되는 의존현상에 빠지게 되는 상태로, 사랑중독증에 걸린 사람은 강박적으로 사랑 자체에 집착하며 상대방에게 극단적으로 의존한다. 그렇게 함으로써 그는 자기 자신을 상실하게 되고 마치 유아기의 공생관계처럼 과잉밀착상태에 빠진다. 불안감이나 낮은 자긍심으로부터 벗어나기 위한 한 가지 수단으로 약물을 사용하는 것을 '약물중독증'이라고 하는데, 소유적 사랑은 약물 대신에 다른 사람에 의존하고 있다는 점만 다를 뿐, 역시 하나의 중독현상이라 할 수 있다.

그러면 이런 소유적 사랑의 요소가 행복하고 원만한 애정생활을 하는 사람들에게는 전혀 없는가? 반드시 그런 것도 아니다. 정서적으로 건강하고 적절한 애정생활을 하는 사람들에게도 소유적 사랑의 경향이 어느 정도는 있게 마련이다. 누구나 사랑에 빠지면 잠시도 떨어져 있기 싫고 때로는 질투도 느끼지만 그 정도가 이렇게 심하지는 않다.

소유적 사랑을 하는 사람들은 질투란 열렬한 사랑에 수반하는 자연스런 현상이며, 질투를 느낄 줄 모르는 사람은 진정한 사랑도 모르는 사람이라고 주장한다. 그러나 이것은 잘못된 생각이다. 질투란 정서적 미성숙의 한 현상이며, 아주 심할 땐 망상과 궤를 같이한다. 질투는 결코 사랑과 정비례하는 것이 아니며, 소유욕에 눈이 멀어 이성(理性)을 잃는 것은 진정한 사랑의 모습이 아니다.

이타적 사랑

이타적 사랑이란 아무 조건 없이 좋아하고 돌봐 주며, 용서하고 베푸는 자기희생적 사랑이다. 이것을 다른 말로는 '아가페적 사랑'이라고도 하며, 기독교 신앙에서 말하는 무조건적 사랑이나 불교에서 설파하는 관음보살의 대자대비적 사랑이 이에 속한다. 즉 사랑이란 그것을 필요로 하는 사람에게 베풀어 주어야 할 의무와 같은 행위이며, 그것은 가슴보다는 머리로, 감정보다는 의지로 행해지는 것이라고 말한다.

진정한 사랑이란 받는 것이 아니라 주는 것이며, 자기 자신보다는 사랑하는 사람의 행복과 번영을 더 생각하며, 상대방의 희망과 목표를 성취할 수 있도록 하기 위해 자신의 희망이나 목표는 유예하거나 포기하는 것이라는 생각이다. 이런 사랑을 하는 사람들은 상대방을 사랑한다

하더라도, 만일 그가 나 아닌 다른 사람을 더 사랑한다면 나는 기꺼이 물러날 수도 있다고 생각한다.

디킨스Charles Dickens의 소설 『두 도시 이야기A Tales of Two Cities』에서 갈튼과 다아네이는 모두 마네트를 사랑했으나, 갈튼은 그녀가 자기보다 다아네이를 더 사랑하고 있음을 알고 그녀의 행복을 위해 다아네이를 대신해 기꺼이 길로틴의 이슬로 사라진다. 우리나라에서 한때 순정파 연애소설의 으뜸으로 손꼽혔던 박계주의 『순애보』도 이와 같은 맥락의 작품이라 할 수 있겠다.

이타적 사랑을 하는 사람들은 상대방이 자신에게 큰 심리적 고통을 안겨 줄 때에도 너그러운 자비심을 베풀어, 그것은 그 사람이 잘 몰라서 그랬거나, 실수 혹은 어쩔 수 없는 외부적 압력에 의해서 그랬을 것이라고 해석한다. 그래서 어떤 남자는 사랑하는 여자가 다른 남자의 아기를 낳았을 때 기꺼이 그를 자기 호적에 입적시키고, "그래도 나는 이 여자를 사랑한다"라면서 그녀와 결혼하는가 하면, 어떤 여자는 남자가 도박으로 가산을 탕진했는데도 "문제가 있다고 해서 사랑을 포기할 수는 없다"라면서 그를 떠나지 않은 실례도 있다.

진정한 이타적 애인이라면 아무 불평 없이 사랑하는 사람을 위해 뒷바라지를 하며, 오랫동안 기다릴 뿐만 아니라 상대방이 아무리 아픈 상처를 주고 못된 행동을 하더라도 끝까지 참아 준다. 이타적 애인에게는 상대방이 자기를 얼마나 필요로 하느냐가 사랑의 조건이기 때문에, 상대방이 더 이상 자신을 필요로 하지 않는다고 확신할 경우에만 그들의

누군가를 사랑한다는 것은
그 사람을 진정으로 알아가는 것이고,
있는 그대로의 그 사람에 대해 감사하는 것이다.
그 사람의 평범함과 실패
그리고 그 사람이 지닌 장엄함을 이해하고 감사하는 일이다.
그 사람은 세상에 단 하나밖에 없는 존재이다.

- 이주향(수원대학교 교수)

사랑은 끝난다.

이렇게 철저한 자기희생을 바탕으로 할 정도까지는 아니더라도, 역시 사랑은 받는 것보다는 주는 데 더 큰 의미가 있는 것만은 사실이다. 그것은 사랑을 주어 본 사람이 아니면 이해할 수 없는 경험이며, 진정한 사랑에는 역시 아가페적인 요소가 어느 정도 내포되어 있다.

유희적 사랑

유희적 사랑을 하는 사람에게 사랑이란 즐기기 위한 도전이며, 이기기 위한 시합이다. 그 시합에 경험이 많아질수록 재주도 더욱 숙련되고, 시합을 재미있게 하기 위해 다양한 전략과 전술을 개발하게 된다. "이기고 지는 것이 문제가 아니라 시합을 어떻게 하느냐가 문제"이며, 사랑을 하되 시합처럼 재미있고 정당하게 해야 하며, 너무 친밀해지지 말아야 한다는 것이다.

유희적 애인에게 사랑의 약속 같은 것은 서로 간에 금기 사항이며, 동시에 두 사람 혹은 그보다 더 많은 애인들과 사랑을 나누는 것이 보통이다. 그들은 여러 형태의 외모를 골고루 좋아하여 이 사람에게서 저 사람으로 쉽게 옮겨 가며, 어느 사람과도 심각한 사랑에 빠지거나 특별히 흥분하지 않는다. 때로는 현재 하고 있는 사랑을 더 재미(스릴)있게 하기 위해, 실제로는 없는 다른 애인을 거짓으로 꾸며냄으로써 현재 사귀고 있는 애인의 희망을 좌절시키기도 한다.

이런 사람들은 상대방과 장기적인 인생계획 같은 것은 세우려 하지 않으며, 데이트도 순간의 결정으로 정한다. 데이트를 하더라도 같은 상대와 여러 번 혹은 너무 자주 만나지 않는다. 그 이유는 상대방이 현재의 관계에 대해 오래 지속되리라는 기대를 갖거나 너무 깊이 빠져드는 것을 방지하기 위해서이다.

유희적 사랑을 하는 사람들은 자기의 마음속 깊이 들어 있는 생각이나 감정을 결코 드러내지 않으며, 상대방도 그렇게 해 주기를 바란다. 그들은 질투하는 애인을 아주 싫어하며, 질투는 사랑의 재미를 망친다고 생각한다. 그들에게 성행위는 재미로 하는 것이지 책임을 져야 하는 행동이 결코 아니며, 사랑이란 인생에서 대단히 중요한 것도 아니다. 이런 남편은 아내에게 다른 남자가 접근하면 질투를 느끼기보다는 오히려 사랑의 시합에서 자신의 재주에 대한 찬사라고 생각하며, 바람기가 없는 여자에게는 사랑을 못 느낀다고 한다.

이런 사랑을 하는 사람들에게도 지켜야 할 최소한의 규칙은 있다. 가령 상대를 속이기 위해 부당한 거짓말(속여서 함께 자는 일 같은 것)은 하지 않는다거나, 그 시합과정에서 상대방에게 너무 심한 마음의 상처를 주지 않도록 배려하는 것 등이다.

이런 형태의 사랑은 대부분 결혼 전에 배우자와의 관계가 깊지 않을 때 하는 것이 보통이지만, 약혼이나 결혼을 한 후에도 계속되는 경우가 있다. 두 사람 모두가 이와 같은 유희적 사랑을 하는 애인이라면 몰라도, 그렇지 않을 때에는 상대방에게 큰 상처를 줄 수 있다. 이 점을 고려하여 유희적 사랑을 하는 어떤 사람들은 다른 방법으로, 예컨대 사랑이 아니라 경쟁적인 일 같은 분야에서 도전과 다양성에 대한 욕구를 충족시키려 시도하기도 한다.

이상이 주로 라스웰Lasswell과 로브센즈Lobsenz[5] 및 존 리[6]의 저서에서 분류한 사랑의 종류이다. 여기에서 한 가지 유의해야 할 것은 사랑을 하는 사람들이 어느 한 가지 애정형에만 국한된 것은 아니라는 사실이다. 또한 어느 특정형의 사랑을 하는 사람들이라 하더라도 그들의 성격이나 성장배경은 각양각색이다. 앞에서 기술한 사랑의 종류에 대한 설명은 가장 전형적인 경우를 말하는 것으로서, 어느 한 애정형에만 해당되는 사람은 극히 드물며 대개는 두 가지 혹은 그 이상 여러 종류의 성질들이 혼합된 사랑을 하고 있는 것이 보통이다. 특히 통계적으로 처리할 때 이 여섯 가지 사랑의 종류에서 어떤 것들 사이에는 상관관계가 높아서 서로 다른 종류라고 말하기 어려운 경우도 있으므로 독자들은 이 점을 유의하기 바란다.

사랑의 남녀차이

사랑의 종류에 있어서 남녀 간에 어떤 차이가 있는가? 사랑에 관한 여러 연구결과에 의하면 그와 같은 차이가 분명히 있는 것으로 나타나고 있다. 여자들에게는 논리적 사랑, 소유적 사랑 그리고 가장 좋은 친구와 같은 사랑이 훨씬 더 많으며, 남자들에게는 유희적 사랑과 낭만적 사랑이 훨씬 더 많다. 이타적 사랑은 남녀 간에 별로 차이가 없는 것으로 되어 있다.

사랑을 하는 데 있어서 남자보다 여자가 더 이성적이라는 사실이 여러 심리학적 연구를 통해 입증되고 있다. 전통적으로 여자들은 자기가 선택하는 사랑의 대상이 성실하고 유능한 남편감이 될 수 있을 것인가를 신중히 생각해 볼 필요가 있었다. 오늘날과 같이 여성이 경제적으로 독립하여 생활할 수 있는 능력이 향상된 시대에는 안정에 대한 현실적 관심이 이전처럼 크지 않을 수도 있으나, 그럼에도 불구하고 여자들은 남자들만큼 낭만적으로 사랑에 쉽게 빠지지 않는다.

사회학자 케파트William Kephart는 다음과 같은 설문조사를 시행한 바 있다.[7] 18~24세의 대학생 천 명에게 "만일 상대방이 당신이 원하는 모든 조건들을 다 갖추고 있으나 당신이 그를 사랑하지 않는다면, 그래도 그 사람과 결혼하겠느냐"라고 물어보았을 때, 남자 세 사람 중 두 사람은 분명하게 "아니오"라고 대답했으나, 여자 네 사람 중 세 사람 이상은 "예"라고 대답했다.

흔히 사람들은 여자가 낭만적이고 남자들은 현실적이라고 착각하고 있다. 실제로 과거 20여 년 간의 사회학적 연구결과를 보면, 거의 모두가 그와 반대되는 결과를 보고하고 있다. 남자는 여자보다 사랑에 더 쉽게 빠질 뿐만 아니라, 관계가 깨졌을 때도 더 오랫동안 그 사랑을 가슴속에

간직한다. 대개의 경우 사랑을 끝내자고 먼저 나서는 것은 여자 쪽이며, 그것이 끝났을 때 가장 고통을 많이 받는 것은 남자들이다. 연애의 실패로 인해 자살하는 경우는 남자가 여자보다 세 배나 더 많다. 여자들은 여자 특유의 논리적 사고방식에 따라서 하나의 사랑이 끝났다는 사실을 비교적 쉽게 받아들이고 자기의 생활을 재조직한다. 그러나 남자들은 그렇게 쉽게 체념하지 못하고 사랑의 실패를 두고두고 되새기며, 실패의 원인이 어디에 있는가, 자기가 무엇을 잘못했는가, 무슨 말을 잘못 말했을까 하고 몇 번이고 반문해 본다.

소유적 사랑은 남자보다 여자들에서 더 많고 유희적 사랑은 여자보다 남자들에서 더 많은데, 어떤 사람들은 이것을 전통적인 성역할 개념으로 설명하려 한다. 즉 여자들은 질투가 많고 남자들은 '돈 환'적이라는 것인데, 그러나 이 같은 개념도 요즈음에는 달라지고 있다. 근래에 와서는 남녀 간의 성역할이 과거와 같이 어떤 전형(典型)으로 고정되는 것이 아니라 보다 더 다양하고 복잡해졌다. 여성들이 남성과 동등한 사회적 자유와 권리를 주장하게 되면서 여성들의 사랑도 소유적인 것에서 보다 유희적인 방향으로 변하고 있는 것이다. 유교적 전통이 강한 일본이나 중국에서 이혼율이 증가하고 있으며, 놀랍게도 이혼을 먼저 요구하는 쪽이 남편이 아니라 아내인 경우가 점점 더 많아지고 있다는 사실은 여성의 애정형이 변하고 있다는 또 하나의 증거가 될 수 있을 것이다. 이 같은 현상은 최근 우리나라에서도 뚜렷하게 나타나고 있다.

사랑 유형의 혼합 사례

괴테Goethe는 그의 불후의 명작 『파우스트Faust』에서 인간의 내면에는 천사의 기질과 악마의 기질이 공존한다고 했다. 사람들이 하는 사랑의 형태도 상대에 따라 여러 가지 모습으로 나타나게 되는데, 때로는 다른 사람들뿐만 아니라 자기 자신도 그 모습에 깜짝 놀랄 때가 있다. 여기서 사례 하나를 소개하겠다.

바바라는 50대 초반의 산업디자이너로, 두 번 결혼한 적이 있고, 오랫동안 열렬한 연애만 한 적이 한 번 있으며, 현재 세 번째 결혼을 고려중이다. 첫 번째 결혼은 7년간 계속되었고, 열렬한 연애는 3년간 계속되었으며, 두 번째 남편과는 그가 비행기 사고로 사망할 때까지 13년간 행복한 결혼생활을 했다. 그녀는 이 세 남자 모두와 깊은 사랑을 체험했으며, 지금 결혼을 고려중인 남자에게도 똑같이 깊은 사랑을 느낀다. 그 어느 경우에나 바바라는 상대방을 진지하게 사랑했다.

평범한 가정에서 무남독녀로 자란 바바라는 부모의 과보호적 양육방법이 매우 싫었으나, 독립할 만한 돈도 없었고, 자신감도 생계를 해결할 만한 기술도 없었던 그녀는 부모로부터 벗어날 수 있는 최선의 방법은 결혼밖에 없다고 생각했다. 이때 자신보다 나이가 두 배나 많은 빌을 만났는데, 그녀는 빌이 이 같은 독립욕구를 만족시켜 줄 수 있고, 어느 정도 부모처럼 보살펴 줄 수도 있을 것 같아서 그가 좋았다.

빌은 다소 수줍고 의존적인 바바라를 아내로 맞이하면 자기 마음대로 가르치고 다듬어서 그가 원하는 아내로 만들 수 있을 것 같다는 생각에서 그녀가 마음에 들었다. 원래 바바라의 주된 사랑형은 논리적 사랑이었으므로, 이와 같은 쌍방의 조건들을 잘 계산해 본 결과 그녀는 빌과 사랑을 맺기로 쉽게 결정할 수 있었다. 논리적 애인들은 그들의 애정관계에서 신체적·정서적 자산들을 공평하게 서로 주고받는다고 생각되는 때에만 진정한 사랑을 인정하는 것이다.

그러나 결혼 후 여러 해가 지나면서 바바라는 자기가 남편으로부터 얻는 것보다 주는 것이 더 많다는 생각이 들기 시작했다. 산업디자이너로서 그녀의 재능이 널리 알려지고 인정받게 됨에 따라 이제는 경제적으로도 독립이 가능할 정도가 되었다. 또한 자신감도 생기고 대인관계 기술도 많이 향상되어 남편의 뒷받침 없이도 충분히 자기의 할 일을 해나갈 수 있을 정도로 성장했다. 지금까지의 결혼생활을 돌이켜 보니 처음에 기대했던 독립적인 생활이 아니라 다만 의존대상이 바뀐 것에 불과했다. 성생활에서도 50대 후반인 빌은 바바라의 왕성한 욕구를 만족시킬 만큼 정열적이지 못했다. 이런 여러 가지를 고려해 볼 때 바바라는 자신의 결혼생활이 공평한 거래가 아니라는 생각이 들었고, 그것은 곧 사랑이 더 이상 지속되기 어렵다는 의미도 되었다.

이 시기에 바바라는 성적 매력이 넘쳐흐르는 아더라는 미남형의 미술감독을 만나게 된다. 처음에는 호기심으로 접근했으나, 그가 단호하게 거절하자 오기가 발동하여 기어코 그를 자기 남자로 만들고 말겠다는 결심을 하게 되었고, 결국은 그렇게 되고 말았다. 아더는 바바라의 내부에 잠재해 있던 유희적 사랑의 요소에 불을 지른 격이 되어, 그들은 열렬한 사랑에 빠졌다. 이 같은 일은 논리적 사랑을 하는 사람들에게 가끔 있는 현상으로서, 어떻게 보면 서로 상반될 것 같은 현상이 공존하는 경우이다. 여기서 우리는 외견상 서로 다른 여러 종류의 애정형이 때로는 한 사람 속에 공존하고 있음을 보게 된다.

유희적 사랑이 이렇게 불륜의 모험과 은밀한 만족을 즐기고 있는 것에 대해서 논리적 사랑을 지배하고 있는 마음이 불안과 불만을 느끼기 시작한다. 아더와의 사랑은 순간적인 만족 이외에 아무런 정서적 보답도 없는 육감적 도전에 불과했으며, 아더는 그 이상의 어떤 언약이나 장래 같은 것은 단호히 거부했다. 결국 3년에 걸친 아더와의 사랑은 종지부를 찍었다. 아더와의 사랑에 대해서 바바라는 그와 관계를 맺고 있는 동안에는 진심으로 그를 사랑했노라고 분명하게 말한다.

남편과의 사이에서 바바라는 이제는 약간의 고마움 이외의 아무런 애정이나 좋아하는 감정도 느낄 수 없었다. 이런 상태로 더 이상 함께 산다는 것은 별 의미가 없는 일이라 생각되어 이혼을 결심했다. 그녀는 이 결혼생활이 결코 실패라고는 생각하지 않는다. 남편 빌과의 사랑도 당시에 그녀가 느꼈던 진정한 사랑이었으며, 그녀가 스스로 선택한 인생의 일부였다. 이렇게 두 사람과의 사랑을 정리한 후에, 바바라는 조용히 들어앉아 얼마 동안 일만 열심히 하고, 시간 나는 대로 취미인 조류 관찰을 위해 여행을 하던 차에 두 번째 남편인 가레트를 만나게 되었다. 바바라는 두 사람의 감정이 집에 돌아온 후에도 계속되리라고 기대하지 않았으나 결국은 결혼에까지 이르게 되었다.

훗날, 바바라는 가레트와 함께 보낸 13년이 그의 일생에서 가장 만족스럽고 보람 있는 시간이었다고 술회했다. 우선 가레트와 바바라는 각자가 생각하는 사랑의 의미와 사랑하는 스타일에 매우 공통점이 많았다. 가레트는 근본적으로 낭만적 애인이었으나 유희적 애인의 소질도 다분히 가지고 있어서, 그 자신이나 바바라가 서로 심리적으로 얽매이거나 부담을 주지 않으려 노력했다. 두 사람은 서로 깊이 사랑하면서도 각자가 원하는 만큼의 자유를 서로 허용하고, 때로 떨어져 있는 것도 충분히 견딜 수 있을 만한 자신감을 가지고 있었다. 난생 처음 바바라는 자기와 비슷하게 논리적 사랑과 유희적 사랑의 요소를 모두 가지고 있으면서 낭만적 사랑도 할 줄 아는 한 남자를 만나게 된 것이다. 그러나 결혼한 지 13년 만에 둘째 남편 가레트는 비행기 사고로 사망한다. 그로부터 5년 뒤 바바라의 나이가 53세 때, 그녀는 반쯤 은퇴한 57세 된 톰이라는 사업가를 소개받는다.

가레트가 사망한 뒤, 바바라는 더 이상 사랑이나 결혼 같은 것은 기대하지 않고 살았다. 그러나 톰을 만나면서 그녀의 생각이 달라지기 시작했다. 톰은 지적이고 친절하며 이해심이 많았고, 여러 면에서 첫 남편 빌을 연상시키는 사람이었다. 톰도 10년 전에 이혼하고 혼자 사는 사람이었는데, 그러고 보니 두 사람 모두가 얼마 남지 않은 여생을 함께할 마음에 맞는 반려자를 필요로 하고 있었다. 두 사람은 서로가 그런 반려자라고 생각되어 가까워지게 되었는지도 모른다. 바바라는 지금 톰과의 세 번째 결혼을 진지하게 고려중에 있다.

그러고 보니 바바라의 사랑의 여로는 다시 원점으로 돌아온 셈이다. 현실적으로 유희적 사랑이나 낭만적 사랑은 사람이 나이가 들어감에 따라 한계가 있기 마련이다. 꼭 첫 번째 결혼 때처럼 톰은 바바라의 현실적 욕구를 만족시켜 주고 바바라는 톰의 실제적 욕구를 만족시켜 주는 관계가 되어, 논리적 사랑이 다시 이루어지게 된 것이다. 마치 우리나라에서 조강지처를 버리고 떠났던 남편이 다 늙어 버린 뒤에 조강지처를 찾아와 여생을 의탁하려는 모습과 상징적으로 유사한 점이 있어 보인다.

바바라의 이야기에서 우리는 한 가지만의 '순수한' 애정 형태를 가지고 사는 경우는 거의 없다는 것을 알 수 있다. 대부분의 사람들은 두 가지 혹은 그 이상의 애정 형태를 내면에 소유하고 있다. 때로는 그것들 사이에 갈등이 생기거나 서로 보완하기도 하며, 동시에 이루어지기도 하고 시차를 두고 따로따로 이루어지기도 한다. 각자가 내포하고 있는 애정 형태들을 서로 잘 만족시켜 줄 수만 있다면 사랑은 하나뿐이라고 할 수도 있을 것이다. 그러나 현실은 그렇지 못하기 때문에 사람들은 여러 대상을 통해 각각의 애정 형태들을 만족시키려고 시도한다. 그러므로 사랑을 여러 번 하더라도 그 색깔은 각각 다른 것이다.

사랑의 유형과 외도

어느 회사의 한 젊은 과장이 고르고 또 고른 끝에 자신이 원하는 조건들을 가장 잘 만족시켜 주는 여자와 결혼했다. 그는 전형적인 논리적 애인으로서, 일단 자신이 요구하는 기준에 맞는다고 생각되면 그때부터 깊이 사랑하기 시작하는 사람이다. 그의 결혼생활은 행복했고 두 사람 모두가 서로를 진정으로 사랑했다. 그러던 중 최근에 남편에게 새로운 애인이 생겼다. 그 애인은 같은 직장에 근무하는 여직원으로서, 물론 이 남자에게 부인이 있다는 사실도 알고 있었다. 아내 역시 남편의 행동이 최근 들어 좀 이상하게 느껴져 다른 여자가 있는 것 같은 눈치를 채기도 했지만 그 이상의 추궁은 하지 않았다.

이 남자의 애정형 척도 결과는 '논리적' 사랑과 '유희적' 사랑에서 가장 높게 나왔고, 다른 네 가지 척도는 모두 낮게 나타났다. 이것으로 보아 그는 두 가지 애정관계를 성공적으로 해낼 수 있을 뿐만 아니라, 그의 행동과 감정을 철저하게 관리할 줄 아는 사람임을 짐작할 수 있다. 특히 그가 '소유적', '이타적' 및 '낭만적' 사랑 척도에서 낮은 점수를 얻었다는 사실은 그가 이렇게 행동하면서도 정서적 감정에 함부로 휩쓸리지 않는 사람임을 나타내기도 한다. 만일 그가 아내나 애인에 대한 감정에 아주 깊이 빠져 헤어나지 못하는 사람이었다면 이 같은 두 가지 유형의 사랑을 동시에 할 수는 없었을 것이다. 뿐만 아니라 두 여자

중 어느 한 사람이 '소유적' 사랑을 하는 사람이었어도 이런 상황은 오래 지속되지 못했을 것이다. 다행히도 아내가 가장 높은 점수를 받은 애정형태는 '가장 좋은 친구'와 '이타적' 사랑이었으며(실은 이 때문에 그가 그녀를 택한 것이다), 애인이 높은 점수를 받은 형태는 '낭만적' 사랑과 '유희적' 사랑이었다. 이렇게 두 여인 모두가 그들이 원하는 사랑의 종류가 달랐기 때문에 그들은 큰 갈등 없이 이런 생활을 할 수 있었던 것이다.

선호하는 여러 가지 애정 유형이 한 사람에게 동시에 내재해 있다는 사실을 알게 됨으로써 우리는 앞에서 예를 든 것처럼 두 사람을 동시에 사랑하거나, 여러 사람을 연속적으로 사랑하게 되는 경우를 어느 정도 이해할 수 있다. 사랑이란 결코 혼자서는 할 수 없는 일인 만큼, 어떤 시기에 어떤 형태의 사랑이 가장 현실화되는가 하는 것은 서로의 애정형과 두 사람 사이에 생겨나는 관계의 양상에 따라서 결정된다. 이것을 우리는 사랑의 조화라고 하며, 서로 맞지 않는 애정형의 결합은 사랑의 조화를 이루기 어려운 상황이라 할 수 있다.

맺으면서

우리는 가장 좋은 친구로서의 사랑, 이타적 사랑, 논리적 사랑, 소유적 사랑, 낭만적 사랑, 유희적 사랑 등 여섯 가지 사랑의 종류와 그 측정방법을 알아보았다. 중요한 것은 이 여섯 가지 사랑이 혼합해서 나타나며,

가장 우세한 형태가 있을 수 있다는 사실이다.

심리학자들은 여기에 성숙–미성숙 혹은 성격장애라는 잣대를 적용하여 평가하기도 한다. 사랑의 의미는 그 사람의 성격적 성숙도와 많은 관계가 있다. 그와 같은 성숙도는 가변성(유연성)을 의미하기도 하며, 서로의 원만한 화합을 위해 자신이 얼마나 경직성에서 벗어나 생각과 행동의 변화를 가져오고 감정반응을 조절할 수 있는가를 의미한다. 그럴 수 있을 때 상대방에 대한 태도도 달라질 수 있고, 보다 깊은 이해와 너그러운 수용이 가능하다.

사람들은 왜 외도하는가? 여러 이유 중 하나는 사랑의 의미와 관련된 서로의 기대와 그것을 의사소통할 수 있는 방법, 상대방의 욕구를 확인하고 그것에 맞추어 자신을 변화시키려는 마음과 능력이 부족하기 때문이다. 나의 욕구를 모두 만족시킬 수 있는 상대는 이 세상에 없으므로 현실에 맞추어 나의 욕구와 기대를 조절해야 한다.

---

1. J. A. Lee (1975), *Colors of Love*, Toronto: New Press.
2. M. Lasswell and N. M. Lobsenz (1980), *Styles of Loving*, New York: Doubleday.
3. J. A. Lee (1975), *op. cit.*
4. S. Peels and A. Brodsky (1975), *Love and Addiction*, New York: Taplinger.
5. M. Lasswell and N. M. Lobsenz (1980), *op. cit.*
6. J. A. Feeney and P. Noller (1990), "Attachment style as a predictor of adult romantic relationship," *Journal of Personality and Social Psychology* 58(2): 281-289.
7. W. M. Kephart (1967), "Some correlates of romantic love," *Journal of Marriage and the Family* 29: 3.

03

사랑의 뿌리,
애착관계

사랑받길 원한다면, 사랑하라! 그리고 사랑스러워져라!

- Benjamin Franklin

사랑은 누구에게나 저절로 생기는 것인가? 아니면 어렸을 때 말을 배우듯이 배워서 얻게 되는 것인가? 에리히 프롬Erich Fromm은 『사랑의 기술The Art of Loving』이라는 저서에서 사랑은 목공기술이나 기계기술처럼 배워서 얻는 하나의 능력ability이라고 말한다. 따라서 그 능력에는 개인차가 있으며, 그 능력을 잘 습득하지 못한 사람은 사랑(특히 이성 간의 사랑)을 잘 할 수 없고, 특히 양질의 사랑을 받지 못한 경우에는 더욱 그렇다. 인간의 신체적·심리적 성장과정을 연구하는 발달심리학에서는 사랑하는 능력이 저절로 생기는 것이 아니라 유아기에 부모와의 애착관계를 바탕으로 아동기와 사춘기를 통해 부모와 가족, 그 밖의 다른 사람들과의 인간관계에서 발달한다고 본다.

사랑하는 능력은 사랑을 받은 경험과 사랑하는 것을 관찰할 수 있는 모방의 대상을 통해, 그리고 사랑을 주고받을 수 있는 성격적 성숙을 통해 얻어질 수 있는데, 이런 과정을 심리학에서는 '학습'된다고 한다. 알고 보면 우리가 지식만 배우는 것이 아니라 사랑 역시도 배워서 얻는

하나의 '행위능력'이라고 볼 수 있다.

사랑의 시작

사랑할 수 있기 위한 첫 번째 조건은 사랑을 받는 것이다. 사랑하는 능력은 어머니의 자궁 속에 있을 때부터 시작된다. 정신과에서는 환자의 성장력을 조사할 때, 그 사람(환자)이 임신되었을 당시 부모가 임신을 원했었는지 여부부터 알아본다. 원치 않은 임신의 경우 태아기에서부터 어떤 정신적 취약성을 가지고 있을 수 있다.

갓 태어난 아기가 보이는 최초의 행동은 자신의 생물학적 욕구를 만족시켜 주는 대상에 대한 긍정적 반응이다. 이것을 '접근행동'이라 부르는데, 사람뿐만 아니라 다른 모든 신생 동물들에서도 볼 수 있다. 유아의 경우 이것이 돌봐 주는(먹여 주는) 부모에 대해 강하게 끌리는 행동(애착)으로 나타난다.

이런 끌리는 행동은 인간이 최초로 나타내는 가장 원초적 형태의 사랑이라 할 수 있는데, 이것은 조물주가 인간에게 준 살아남기 위한 재주라고 해도 과언이 아니다. 태아가 어머니의 자궁 속에 있을 때는 모든 영양분이 저절로 공급되지만 어머니의 자궁을 일단 벗어나게 되면 상황이 달라진다. 유아는 살아남는 데 필요한 모든 것을 다른 사람(들)의 손에 의해 공급받지 않으면 안 된다.

유아의 생존이 부모의 보호에 완전히 의존하고 있는 이 시기에 만일 부모가 유아를 버린다거나, 적절히 돌봐주지 않는다거나, 오랜 기간 병원에 입원해 있거나, 우울증에 심하게 걸려 있을 경우 유아는 신체적 발육이 늦어질 뿐 아니라 거의 돌이킬 수 없는 정신적(심리적) 장애를 입을 수 있다. 물론 이때는 말도 못하고 알아듣지도 못하지만 그들은 부모가 자기를 사랑하는지 않는지는 피부로 혹은 육감으로 민감하게 느끼고 있다. 이 시기에 유아는 사랑하는 능력의 한 뿌리를 이미 내리고 있는 것이다.

사랑의 능력은 애착관계로부터

사랑을 학습된(혹은 획득된) 하나의 능력이라고 할 때, 그 기초는 '애착관계attachment'에서부터 시작된다. 애착관계이론은 원래 유아의 발육과정을 관찰한 보울비John Bowlby[1]에 의해 창시되었으나, 오늘날에 와서는 유아의 성격발달뿐만 아니라 성인의 우울증이나 불안증 같은 신경증, 성격장애와 같은 비정상적 행동을 설명하는 데 널리 사용되고 있다. 특히 최근에는 결혼생활에서 부부 간의 적응방식이 애착관계 양상과 밀접한 관계가 있다는 연구들이 발표되고 있으며, 부부상담뿐만 아니라 일반적인 심리치료에서 치료자와 환자의 관계 및 예후(치료결과)를 결정짓는 중요한 요인으로 인정되고 있다.

'애착'이란 한 사람이 다른 사람과 특수하고 긍정적인 정서적 유대를 형성하는 것을 말한다.[2] 유아는 세상에 태어나면서부터 주로 생리적·신체적 욕구를 충족함으로써 부모와 긍정적인 정서적 유대를 형성하는데, 이와 같은 애착관계는 부모뿐만 아니라 그를 돌봐주고 애정을 보이는 사람이면 누구하고나 형성될 수 있다.

어머니의 젖을 빪으로써 아기는 성장에 필요한 비타민, 무기물 및 항체를 공급받을 뿐만 아니라, 어머니에게는 자궁의 수축을 자극하여 산후처치물을 처리하게 하고 출혈을 방지하며 산후통을 예방하는 등의 기능을 한다. 이렇게 서로 주고받음으로써 유아와 어머니 사이에는 평생 동안 지속되는 애정의 유대가 형성되기 시작한다. 다시 말하면, 유아와 어머니 사이에는 생물학적으로 사랑을 기초로 한 상호 의존관계가 형성되도록 만들어져 있는 것이다.

이 단계에서 모체와 유아의 피부접촉이 대단히 중요한데, 그 경험은 성장한 후의 대인관계에까지 영향을 미치게 된다. 피부접촉은 친밀감에 대한 욕구를 만족시켜 줄 뿐만 아니라 생물학적 견지에서도 유아에게 절대적으로 필요하다. 신생아의 신체에서 가장 잘 발달된 기관이 피부와 두뇌의 중추신경을 연결하는 신경섬유라는 것은 이러한 이유 때문이라 할 수 있다. 이때 느꼈던 어머니의 촉감과 냄새와 그 따뜻함은 아기가 성장한 후에도 영원한 향수의 원천이 된다. 이와 같은 현상이 비단 사람에게만 국한되는 것이 아님을 심리학자 할로우Harry Hallow[3]가 원숭이 실험을 통해 극적으로 보여 주고 있다.

할로우는 갓 태어난 원숭이 새끼를 어미로부터 떼어 내어 모조 원숭이와 함께 있도록 했다. 이 모조 원숭이 중 하나는 철사 줄로 얽어매어 원숭이 모양으로 만든 것이고, 다른 하나는 푹신푹신한 고무 스펀지에 털이 복슬복슬한 천을 씌운 원숭이 인형이었다. 양쪽 모두에 나무로 만든 머리를 달고 인공 유방을 붙여 놓았다. 실험과정에서 절반의 경우에는 인공유방에서 우유가 나오게 하고, 나머지 절반의 경우에는 젖을 빨아도 우유가 나오지 않게 했다. 일반적으로 생각하기에는 젖을 빨아 배불리 먹는 행위가 유아와 모체 간의 정서적 애착을 생기게 하는 가장 중요한 계기가 될 것이라고 생각할 수 있으나, 할로우의 새끼 원숭이들은 그렇지 않았다. 우유가 나오든 안 나오든 간에 새끼 원숭이들은 복슬복슬한 털로 씌운 모조 원숭이에게 애착행동을 보였다. 즉 새끼 원숭이들은 신체적 접촉의 쾌감만을 위해서 우유가 나오지도 않는 털옷을 입힌 모조 원숭이에게 수 시간씩 매달려 있었고, 우유가 나오는 철사 줄로 된 원숭이에게는 가려고 하지 않았던 것이다. 피부접촉은 애착심 형성에 이렇게 중요한 역할을 한다. 타인에게 애착심(혹은 친애감정affection)을 잘 느끼지 못하는 사람들은 어렸을 때나 성장한 후에나 누가 만지거나 피부접촉을 하면 싫어한다.

어머니와 아기의 상호 교류를 좀 더 살펴보자. 아기가 다가와서 엄마에게 얼굴을 비비며 함께 놀자고 하거나 웃어 주길 바랄 때, 엄마가 딱딱한 태도를 보이거나 무표정한 얼굴을 하여 아기의 반응주기와 보조를 맞추지 않고 아기를 실망시키게 되면, 유아는 처음에는 더 적극적으로 엄마로부터 반응을 얻기 위해 달라붙다가 나중에는 이런 행동을 멈춘 뒤 단념하고 무표정해진다. 이런 상태가 지속되면 유아는 애착행동 일체를 그만두고, 얼굴을 옆으로 돌리고, 몸을 웅크리고, 꼼짝도 하지 않는다. 유아는 이러한 애정반응의 결여로부터 자신을 방어하기 위해 때로는 잠이 들어 버리는 수도 있다. 한 달도 안 된 갓난아기라도 부모로부터 긍정적 정서반응을 기대하며, 긍정적 정서반응이 없을 때에는 실망으로부터 자신을 보호하는 것이다. 이런 과정을 통해 유아는 사랑받는 것과 그것의 한계에 대해서도 배우게 된다.

아기들이 자신의 욕구가 만족되었을 때 행복한 미소를 짓고, 부모들은 아기가 부모를 사랑하고 있다고 느끼며 자신들의 사랑에 반응하고 있다는 행복감을 맛보게 된다. 아기는 부모의 사랑을 무한정 받기만 원하고 빨아들이기만 하는 정서적 스펀지가 아니라 부모에게 사랑을 주기도 하고 사랑이 솟아나게 하는 원천도 되는 것이다.[4]

이와 같은 부모와 자녀 간의 상호 교류를 통해 사람들은 나름대로

사랑이란 어느 날 갑자기 찾아온
하나의 신비스런 경험도, 마술적 힘도 아니다.
그것은 우리가 태어날 때부터 키워 온 능력의 소산이며,
부모를 위시하여 친밀하게 지냈던 사람들과 사이에서
느끼고 배워 온 감정과 행동양식이다.

사랑이란 어떤 것인지를 처음으로 알 수 있게 되며, 그 사랑은 우리의 신체적 · 정서적 욕구를 충족시켜 주는 사람과 가까이 하고자 하는 강한 욕망과 필요도 느끼게 한다.

애착관계의 종류

부모와 유아 간의 애착관계의 질은 가정마다 다르다. 유아를 수용하는 부모의 태도와 유아의 여러 가지 의사전달에 부모가 반응하는 능력은 안정된 애착관계를 형성하는 데 매우 중요하다. 부모가 애정이나 거부를 어떻게 나타내는가에 따라 유아의 안정감과 만족감이 결정된다.[5] 이와 같은 제반 여건에 근거하여 형성되는 애착관계에는 다음과 같은 세 가지 형태가 있다.

첫째는 '안정된 애착관계'이다. 여기에 속하는 유아들은 엄마가 곁에 있을 때면 활발하게 주위를 탐색하고 낯선 사람과도 쉽게 교류한다. 엄마가 잠시 함께 있지 않더라도 크게 불안해하거나 걱정하지 않고 자기가 필요로 할 때면 엄마가 다시 돌아올 것이라고 믿는다. 엄마가 돌아오면 그동안의 불안이 금방 가시고 다시 주위를 탐색하는 작업으로 돌아간다.

둘째는 '회피적 애착관계'이다. 여기에 속하는 유아들은 엄마가 잠시 안 보이면 심하게 불안해지고, 그동안에 엄마를 필요로 하는 일이 생겨도 엄마가 필요한 시기에 나타나지 않을 것 같은 걱정에 사로잡힌다. 유아는 엄마가 돌아오더라도 엄마와의 접촉을 회피하고 엄마가 달래 주고 불안했던 마음을 위로해 주려 해도 이를 외면한다. 유아는 오히려 혼자 있는(노는) 것을 별로 싫어하지 않고, 어른이 되어서도 다른 사람과의 친밀한 교류를 싫어하는 양상을 보인다.

셋째는 '불안-저항적 애착관계'이다. 여기에 속하는 유아들은 엄마가 다시 돌아왔을 때 분노감으로 가득 차 있고, 엄마가 달래 주어도 화가 풀리지 않는다. 그들은 세상에 대해 잠재적으로 적대적인 태도를 가지고 있는 사람처럼 행동한다.

부모와 만족스런 정서적 애착관계를 형성한 유아들은 자기 자신을 사랑받고 보호받을 수 있는 존재라고 자각한다. 따라서 자신이 누군가를 필요로 할 때 그 사람이 나타날 것이라고 생각한다. 이들은 사회환경에 대해 일찍부터 가지고 있었던 긍정적 감정의 경험을 토대로 사람이란 신뢰할 수 있는 존재라는 생각을 갖게 된다.[6] 또한 이들은 어른이 되어서도 자신감과 자긍심이 높을 뿐만 아니라 원만한 대인관계를 형성하며, 이성관계에서도 성공할 확률이 가장 높은 사람들이다.[7]

자신은 다른 사람들로부터 사랑받을 만한 존재도 아니며, 또한 다른 사람들은 믿을 만한 존재가 아니라고 생각하는 자아상(自我像)이 형성되는 원인은 무엇인가? 첫째는 부모가 유아에게 관심이 적거나 그와 친밀한 상호 교류를 하지 않을 때(실제로 원치 않은 임신과 같은 것)이며, 둘째는 유아에 대한 부모의 사랑이 일관적이지 않고 기복이 심할 때(실제로 부부간에 불화가 있다거나 직장과 관련된 어떤 사회적 문제가 있을 때), 셋째로는 부모가 신경증이나 정신병 같은 질환을 앓고 있어서 유아와 적절한 정서적 반응을 충분히 주고받을 수 없는 경우 등이다. 넷째로는 부모가 아동의 행동을 통제하는 수단으로 부모의 말을 안 들으면 버리고 도망가겠다거나, 사랑해 주지 않겠다고 위협할 때 '병적인' 애착관계가 형성될 수 있다. 이러한 경우 만일 무슨 일이 생겨 실제로 부모와 아동이 떨어져 있게 된다거나 하면(부모 중에 누가 병이 나서 병원에 입원한다거나, 부부불화로 부모가 별거한다거나, 직장관계로 떨어져 있게 되는 경우 등), 아동은 이것이 자신을 겨냥하여 생긴 일이라거나 자신 때문에 이런 일들을 일어난 것처럼 지각할 수 있다.

소아정신과의 대가인 러터Michael Rutter는 아동에게 영향을 주는 것은 이별 자체가 아니라 그 이전이나 그 당시, 혹은 그 후에 있었던 아동과 부모 사이의 관계의 질이라고 지적했다.[8]

이런 제반 경험들은 유아로 하여금 자신을 돌봐 주는 사람 중 한 사람을 잃지나 않을까 하는 공포감을 갖게 하며, 일종의 '불안한 애착관계'를 형성하게 한다. 불안한 애착관계의 특징은 유아가 반복적으로, 고정된 행동양식으로, 쉴 새 없이 부모와의 접촉과 부모의 보호를 갈구하는 행위를 하는 것이다. 아동이 이렇게 행동할수록 불안한 애착관계는 점점 더 굳어지고, 갖다 버리겠다거나 사랑을 못 받게 될 것이라는 등의 위협은 아동의 행동을 통제하는 수단으로 그 효과가 더욱 커진다.

유아기의 애착관계 형성이 이후의 사회생활에 어떤 의미가 있으며, 왜 중요한가? 유아기에 어떤 종류의 애착관계를 형성했는가에 따라 그 사람이 성장한 후에 형성하게 되는 대인관계의 양상이 크게 좌우되기 때문이다. 특히 애착관계와 관련하여 그 사람의 머릿속에 형성되는 인지적 표상(혹은 마음속의 모형mental model)은 그 사람이 친밀한 배우자에게서 무엇을 기대할 것인가 하는 것을 결정한다.

어른이 된 후에 하게 되는 사랑의 관계는 유아기의 애착관계와 여러 면에서 공통점이 있다. 대표적인 것으로, 사랑하는 사람과는 서로 신체적인 접촉을 하고 싶은 욕망이 생긴다든가, 사랑하는 사람에게 나를 열어 보이고 싶은 마음이 일어난다든가, 사랑하는 사람과 같이 있으면 위로가 되고 안심이 되어 스트레스가 해소되는 효과가 있다든가, 친구나 친척 혹은 그저 아는 사람과의 경우와는 전혀 다른 독특한 기분 좋은 반응을 사랑하는 사람에게서 느낄 수 있다든가 하는 점 등이다.

유아기에 안정된 애착관계를 형성했던 사람은 성인이 된 후에 앞에서 열거한 욕망이나 행위를 상대방에게 기대할 수 있고, 자신이 그런 욕망이나 행동을 드러내 보였을 때 상대방으로부터 긍정적인 반응이 있을 것으로 기대하게 된다. 그러나 불안한 애착관계를 형성했던 사람은 자기 행동에 자신이 없고, 타인으로부터 긍정적인 반응보다는 부정적인 반응이 있을 것이라고 예측하게 된다. 따라서 상대방을 잘 신뢰하지 못하거나 너무 쉽게 신뢰하여 만족스런 애정관계를 형성하지 못하는 경우가 많다.

결혼하여 부모가 된 뒤에 갖게 되는 자녀와의 관계도 어렸을 때 겪었던 애착관계 표상의 연장이라 할 수 있다. 유아기에 안정된 애착관계를 형성했던 사람은 부모가 된 후에도 자녀의 성장에 도움이 되는 충분한 애정과 정서적 반응을 보여 줄 수 있다. 그러나 그렇지 못했던 사람은 어린 자녀의 정서적 욕구에 적절히 대응하지 못하고, 부모 자신이 사랑과 거부를 언제 어떻게 해야 하는지 잘 모르며, 자녀교육의 일관성을 유지하는 데 어려움을 나타내는 경우가 있다.

물론 성인이 된 후의 애정관계나 부모의 역할이 오로지 아동기 애착관계의 질에 의해서만 결정되는 것은 아니다. 어른이 되는 과정에서 아동기 이후의 여러 가지 경험과 습득된 지식들을 통해 과거 애착관계의 표상을 수정하고, 다른 사람을 사랑하는 능력을 확대할 수도 있다. 그러나 한 가지 확실한 것은 아주 어렸을 때 경험했던 애착관계가 성장한 뒤에 친밀한 관계(친구와의 관계나 직장 동료와의 관계도 되지만, 특히 이성과의 애착관계를 말함)를 형성하는 기본바탕이 된다는 것이다.

그러면 애착관계가 형성되는 결정적인 시기는 언제인가? 발달심리학자들의 견해로는 생후 6개월 전후로 보고 있다. 그렇다고 하여 6개월 이전의 시기가 유아와 부모 간의 애착관계 형성에 중요하지 않다는 것은 아니며, 이 기간 동안에 앞으로 생길 특수한 애착관계의 기틀이 되는 일관성과 애정, 친숙함 등의 배경 경험이 이루어지게 된다.

생후 6개월 전후가 애착관계 형성의 중요한 시발점이라면, 그것이

성인애착유형검사[9]

이 검사는 다른 사람과의 관계에서 스스로 어떻게 느끼는지를 알아보기 위한 것이다. 지금 현재상태가 아니라면, 일반적인 관계에서 자신의 경험을 토대로 응답하면 된다.

전혀 아니다		약간 아니다		약간 그렇다		매우 그렇다
1	2	3	4	5	6	7

번호	항목	1	2	3	4	5	6	7
01	내가 얼마나 호감을 가지고 있는지 상대방에게 보이고 싶지 않다.							
02	나는 버림받는 것에 대해 걱정하는 편이다.							
03	나는 다른 사람과 가까워지는 것이 매우 편안하다.*							
04	나는 다른 사람과의 관계에 대해 많이 걱정하는 편이다.							
05	상대방이 적극적으로 나와 친해지려고 할 때 꺼려하는 나를 발견한다.							
06	내가 다른 사람에게 관심을 가지는 만큼 그들이 나에게 관심을 갖지 않을까 봐 걱정된다.							
07	다른 사람이 나와 매우 가까워지려 할 때 불편하다.							
08	나는 나와 친한 사람을 잃을까 봐 걱정이 된다.							
09	나는 다른 사람에게 마음을 여는 것이 편안하지 못하다.							
10	나는 종종 내가 상대방에게 호의를 보이는 만큼 상대방도 그렇게 해 주기를 바란다.							
11	나는 상대방과 가까워지고 싶지만 생각을 바꾸어 그만둔다.							

번호	항목	1	2	3	4	5	6	7
12	나는 상대방과 하나가 되기를 원하기 때문에 사람들이 때때로 나에게서 멀어진다.							
13	나는 다른 사람이 나와 너무 가까워졌을 때 예민해진다.							
14	나는 혼자 남겨질까 봐 걱정이다.							
15	타인에게 내 생각과 감정을 이야기하는 것이 편안하다.*							
16	지나치게 친해지고자 하는 욕심 때문에 때때로 사람들이 두려워하여 거리를 둔다.							
17	나는 상대방과 너무 가까워지는 것을 피하려고 한다.							
18	나는 상대방으로부터 사랑받고 있다는 것을 자주 확인받고 싶어 한다.							
19	나는 다른 사람과 가까워지는 것이 비교적 쉽다.*							
20	가끔 나는 다른 사람에게 더 많은 애정과 헌신을 보여 줄 것을 강요한다고 느낀다.							
21	나는 다른 사람에게 의지하기가 어렵다.							
22	나는 버림받는 것에 대해 때때로 걱정하지 않는다.*							
23	나는 다른 사람과 너무 가까워지는 것을 좋아하지 않는다.							
24	나는 상대방이 나에게 관심을 보이지 않으면 화가 난다.							
25	나는 상대방에게 모든 것을 이야기한다.*							
26	나는 상대방이 내가 원하는 만큼 가까워지는 것을 원하지 않는다는 것을 안다.							
27	나는 대개 다른 사람에게 내 문제와 고민을 상의한다.*							
28	다른 사람과 교류가 없을 때 나는 좀 걱정스럽고 불안하다.							
29	다른 사람에게 의지하는 것이 편안하다.*							
30	상대방이 내가 원하는 만큼 가까이 있지 않을 때 실망하게 된다.							

번호	항목	1	2	3	4	5	6	7
31	나는 상대방에게 위로, 조언, 또는 도움을 청하지 못한다.*							
32	내가 필요로 할 때 상대방이 거절한다면 실망하게 된다.							
33	내가 필요로 할 때 상대방에게 의지하면 도움이 된다.*							
34	상대방이 나에게 불만을 나타낼 때 나 자신이 정말 형편없게 느껴진다.							
35	나는 위로와 확신을 비롯한 많은 일들을 상대방에게 의지한다.							
36	상대방이 나와 떨어져서 많은 시간을 보냈을 때 나는 불쾌하다.							

* 표시는 역문항이므로 반대로 채점한다(예: 3번 문항에서 2점은 4점으로 1점은 5점으로 바꾸어 채점한다).

답안지

회피				불안			
01		19*		02		20	
03*		21		04		22*	
05		23		06		24	
07		25*		08		26	
09		27*		10		28	
11		29*		12		30	
13		31*		14		32	
15*		33*		16		34	
17		35		18		36	
자신의 평균				자신의 평균			
대학생 평균		M=3.64		대학생 평균		M=3.82	

애착유형	평균 비교
안정형(security)	회피 ↓ 불안 ↓
몰두형(preoccupation)	회피 ↓ 불안 ↑
무시-회피형(dismissing avoidance)	회피 ↑ 불안 ↓
두려움-회피형(fearful-avoidance)	회피 ↑ 불안 ↑

애착유형	특성
안정형	· 비교적 쉽게 다른 사람들과 정서적으로 가까워지는 편이다. · 자신이 남들에게 의지하든 남들이 자신에게 의지하든 간에 편안하게 느낀다. · 혼자 지내거나 남들이 자신을 받아들이지 않는다고 해서 걱정하지는 않는다.
몰두형	· 남들과 정서적으로 완전히 친밀해지기를 원하지만 남들은 자신이 원하는 만큼 가까워지기를 꺼려하는 것 같다. · 누군가와 친밀한 관계를 맺어야 안심이 된다. · 때때로 자신이 남들을 소중하게 생각하는 만큼 남들이 자신을 소중하게 생각하지 않을까 봐 염려스럽다.
무시-회피형	· 가까운 정서적 관계를 맺지 않고 지내는 것이 편안하다. · 독립심과 자기 충족감을 느끼는 것을 중요하게 생각한다. · 자신이 남들에게 의지하거나 남들이 자신에게 의지하는 것을 좋아하지 않는다.
두려움-회피형	· 남들과 가까워지면 왠지 편안하지가 않다. · 정서적으로 가까운 관계를 원하기는 하지만, 남들을 완전히 신뢰하거나 남들에게 전적으로 의지하기 어렵다. · 남들과 가까워지면 자신이 상처를 받을까 봐 걱정된다.

끝나는 시기는 언제인가? 심리학자들의 연구결과에 따르면 그 시기를 2세 전후로 보는 견해가 가장 지배적이다. 생후 6개월에서 30개월 사이가 유아가 안정된 애착관계를 형성하는 데 가장 민감한 시기이며, 이때 모체와의 관계에 어떤 문제가 있을 경우 그 타격이 가장 클 수 있다. 그러나 애착관계의 형성은 2세 혹은 아동기에서 아주 끝나는 것이 아니라 성인기까지도 계속된다는 사실을 강조하고 싶다.

유아가 형성하는 애착관계는 그 대상에 따라서 성질이 다소 다르다. 유아가 아버지와 가지는 관계의 성질은 웃는다거나 쳐다본다거나 미소 짓는 행위 등 주로 장난에 속하는 교류이다. 반면에 어머니와의 관계는 위안이라든가, 스트레스를 감소시키는 종류의 애정교류이다. 이것은 부모 중 한쪽이 결손되었을 때 자녀에게 주는 영향이 다소 다를 수 있다는 의미가 되기도 한다.

어떤 사람이 성격적으로 사회적 적응에 문제가 있다거나, 심하게는 정신과적인 장애가 있을 때, 그것은 그 사람만의 잘못이라기보다는 부모의 성격이나 양육방법에 더 많은 원인이 있다고 말할 수 있다. 이런 견지에서 부모는 자녀에게 건강하지 못한 성격적 유산을 물려주지 않도록 노력해야 한다. 부부 간의 원만한 사랑과 화목은 본인 자신들뿐만 아니라 자녀들의 정신건강을 위해서도 절대적으로 필요한 사항임을 명심할 필요가 있다.

사랑의 본보기는 부모다

다른 사람이 하는 것을 보고 배우는 것을 심리학에서는 '모방학습 modeling' 혹은 '간접학습'이라 한다. 이것은 미국 스탠포드대학의 밴두라 Albert Bandura가 제창한 유명한 사회학습이론이다. 대표적인 예로, 텔레비전에서 폭력장면을 보여 주는 것이 시청자들의 폭력행위를 증가시킨다는 연구 결과가 있다. 우리나라에서도 가끔 텔레비전이나 영화 속 장면을 흉내 낸 범죄 사건이 신문에 보도되는 것을 보게 되는데, 매스컴에서 어떤 범죄행위를 아주 자세히 보도하는 것도 모방범죄를 증가시킬 가능성이 있다.

사랑도 마찬가지이다. 우리가 사랑하는 법을 배우는 데 가장 큰 영향을 주는 것은 부모가 보여 주는 본보기이다. 그들이 우리를 사랑했던 방식대로 우리도 다른 사람을 사랑하게 되며, 우리가 사랑을 받은 대로 우리도 다른 사람에게 사랑을 주게 되는 것이다. 어렸을 때 경험했던 다정한 말들과 사랑스런 접촉들은 어른이 되어 사랑을 주고받을 때 우리의 감정을 표현하는 방법이 된다. 어렸을 때 이런 경험을 하지 못한 사람들은 커서 사랑을 표현하는 행동을 주고받는 것이 매우 어색하거나, 때로는 아주 불가능해질 수도 있다. 손을 잡는 것도 잡히는 것도 힘들뿐만 아니라 사랑한다는 말을 한다거나 껴안고 입 맞추는 것이 맑은 정신에서는 도저히 불가능하여 알코올의 힘을 빌리는 사람도 있다.

여기서 잠깐 미국에서의 상담사례 하나를 들어 보기로 하자.

무슨 일이건 반항행동을 보이는 십대 아들의 문제로 가족들이 상담실을 찾아왔다. 상담자는 냉담해진 아들과 아버지 사이에 의사소통의 돌파구를 찾기 위해 노력했으나 별다른 성과를 얻지 못했다. 하루는 아들과 한참 언쟁을 벌이던 아버지가 갑자기 벌떡 일어서더니 아들을 껴안았다. 아들도 아버지를 껴안으면서 함께 울기 시작했다. "내 기억으로는 아빠가 나를 이렇게 껴안아 주는 것이 처음이에요"라고 아들이 말했다. "나는 언제나 그러고 싶었어. 정말이야. 나는 널 껴안아 보고 싶었지만, 어쩐지 두려웠던 거야. 나는 도저히 어떻게 할 수가 없었어"라고 아버지는 말했다. 비교적 애정표현을 풍부하고 자유롭게 한다는 미국에서도 이런 사례가 있으니, 감정표현의 절제를 미덕으로 삼는 동방예의지국인 우리의 경우에는 이와 비슷한 상황이 훨씬 더 많지 않을까.

가정에서 애정학습의 표본이 되는 또 하나의 경우는 부모 간의 애정표현방식이다. 평소 아버지와 어머니가 서로 어떻게 느끼고 행동하는가 하는 것이 대부분의 사람들에게 애정관계의 기본모형이 된다. 특히 아동기란 다른 사람의 행동을 모방하여 학습하는 성향이 가장 활발한 시기이므로, 아이들은 부모들이 하는 애정행동을 따라 하게 되는 것이다. 모방학습은 표본이 되는 사람을 좋아할 때 가장 잘 일어나지만, 때로는 싫어할 때도 모방학습이 이루어지는 경우가 있다.

부부 간에 혹은 부모와 자녀 간에 포옹이나 키스 등의 애정표현을 자유롭고 풍부하게 하는 가정에서 자란 사람은 커서도 그럴 가능성이 많고 그 같은 행동에 익숙해 있지만, 그렇지 않은 가정에서 자란 사람은 의식적으로 그렇게 하려 해도 쉽게 잘 되지 않는다. 만일 애정표현을 자유롭게 하는 가정에서 자란 사람과 그렇지 않은 가정에서 자라난 사람이 결혼을 한다면 애정표현방법의 차이로 인해 서로 상대방의 애정 표현에 불만을 가질 수도 있다.

사랑은 이심전심만으로는 불충분하며 서로 확인이 필요하다. 우리는 부부 간이든 친구 간이든 상대방이 나를 사랑하고 있다는 '증거'를 가끔은 확인하고 싶고, 내가 상대방을 얼마나 사랑하고 있는지 보여 주고 싶어진다. 그러나 그런 마음을 표현하는 방법을 모르거나 그런 표현에 익숙하지 않아서 하고 싶어도 못 하는 경우가 있다. 애정표현의 익숙함과 그 표현방법을 체험하고 배우는 곳이 일차적으로는 가정이며, 다음으로는 사회적 환경이나 정보매개체 등이 될 것이다. 그러므로 애정 깊은 부모의 역할은 여기서도 다시 한번 강조된다.

사랑과 심리적 성숙

안정된 애착관계를 형성하고, 부모로부터 일관성 있고 자애로운 사랑을 듬뿍 받으며, 원만한 부모 간의 사랑을 본보기로 보아 온 사람은 다른 사람에게 깊은 사랑을 느낄 줄 알 뿐만 아니라 자기 자신도 소중히 여기고 사랑할 줄 알게 된다. 여기서 말하는 자기 사랑은 이기심이나 자기중심성, 자아도취narcissism와는 질적으로 다른 것으로, 정신적으로 건강한 사람의 전형(典型)이며 기본조건이다. 자기 사랑이란, 자신에게 좋지 않은 점도 더러 있지만 그것이 남보다 크게 더한 정도는 아니며, 자신에게는 근본적으로 좋은 점이 충분히 많을 뿐만 아니라 자신은 다른 사람의 사랑을 받을 만한 가치가 있는 사람이라고 스스로 느끼는 태도이다. 이것을 다른 말로는 '자긍심self-esteem'이라고도 하며, 앞에서처럼 자신을 긍정적으로 생각하는 것을 '긍정적 자아상self-image'이라고 말한다. 자아상이 부정적인 사람은 자기 자신을 사랑받을 만한 가치가 없는 존재라고 생각하며, 다른 사람이 자기에게 사랑을 줄 경우 그것을 기꺼이 받아들이지 못한다.

부모가 어렸을 때부터 자녀를 긍정적인 태도로 양육하면 그 자녀는 긍정적 자아상을 갖게 된다. 그러나 어렸을 때부터 부모가 "너는 왜 하는 일마다 그렇게 못난 짓만 하느냐, 나는 네가 정말 싫어"라고 말하며 부정적 태도로 양육한 자녀는 커서도 자신을 부정적으로 생각하게 된다. 이런 사람에게 누가 다가와서 당신은 정말 아름답다고 칭찬한다든지 함께 데이트라도 하자고 청하거나 사랑한다고 고백하면, 이 사람은 그것을 농담이나 야유로 받아들이거나 "저 사람이 얼마나 못났으면 나 같은 사람에게 사랑한다고 할까, 진짜 별 볼 일 없는 사람이야"라고 부정적으로 생각하며, 그 사랑을 받아들이지 못한다.

객관적으로 보아 얼굴이나 몸매가 예쁜 데도 불구하고 자신을 아주 못난 사람이라고 생각하며 열등감을 갖고 있을 때, 그 사람은 자기 자신에 대해 부정적 자아상을 갖고 있기 쉽다. 그리고 대개는 그것이 어렸을 때 부모의 태도에서 결정적인 영향을 받았을 가능성이 많다. 실제로 이 같은 부모 자신이 부정적 자아상을 가지고 있을 뿐만 아니라, 자신에게 현실적으로 불가능한 완벽성을 요구하고 있는 경우가 많다. 그 기준을 어린 자녀에게 적용할 때, 자녀가 하는 모든 행동이 부정적으로만 보이고 자녀로 하여금 '실수할 기회'나 '권리'를 허용하지 않게 된다. 이 세상에서 사람에게 실수할 기회를 허용하지 않으면 그 사람은 아무 일도 성취할 수 없고 배울 수 없다. 이런 의미에서 특히 어린 아이들에게는 실수할 권리가 있는 것이다. 그것을 허용하지 않을 때 사람들은 수행불안performance anxiety으로 고생하게 된다.

심리학자 고든Robert M. Gordon은 사랑이 부족한 가정에서 자란 아이들은 사랑에 굶주려 있을 뿐만 아니라 사랑의 모범도 본받지 못하고 자라야 하는 이중의 손해를 보게 되며, 다음과 같은 공통점을 갖고 있다고 했다. 사랑이 부족한 가정에서 자란 사람들은 사랑이 풍부하고 사랑을 잘 나타내는 가정에서 자란 사람들보다 덜 행복하고, 인생의 중요한 요소로서 사랑의 가치를 아주 조금밖에 인정하지 않는다. 그들은 행복의 조건으로 돈이 더 중요하다고 생각하며, 물질적 소유를 사랑의 대체물로 더 중요시한다. 그들은 자신의 인생에서 사랑이 하는 역할은 별로 없다고 생각하여 사랑의 가치를 인정하지 않으며, 사랑과 관련된 상황이나 인간관계를 회피하려고 한다.

반면에 사랑을 과잉으로 받은 경우에도 사랑을 받지 못한 경우와 비슷하게 좋지 못한 결과를 초래한다. 아이가 원하는 대로 무슨 요구든지 다 들어주는 부모 밑에서 자란 아이들은 너무 의존적으로 성장하여, 성인이 되어서도 유아기 단계 이상의 정서적 성장이 불가능해진다. 여기서 말하는 유아기 단계란, 부모 혹은 그 밖의 누구든지 나를 사랑하는 사람은 내가 원하는 바를 무엇이든 무조건 그리고 즉시 들어 주어야 하며, 그렇지 못할 때는 나를 사랑하는 것이 아니라는 사고방식을 갖는 것을 의미한다.

우리는 누구든지 상대방이 나의 요구를 들어주지 않으면 혹시 나를 사랑하지 않기 때문이 아닌가 하고 생각하는 때가 있다. 그러나 지나친 사랑을 받고 자란 사람들은 이런 상황을 받아들이고 참을 줄 모른다. 나의 요구를 거부하는 것은 곧 나에 대한 사랑을 거부하는 것이며, 그러므로 나는 결코 아무에게서도 사랑받을 만한 존재가 못 된다는 뜻이 된다. 이런 사람들에게 사랑은 필요의 결과이지 원인이 아니다. 즉 사랑하기 때문에 상대방이 필요한 것이 아니라 그를 필요로 하기 때문에 사랑하는 것이며, 그 사랑을 확보하기 위해 그는 어떤 대가나 희생도 감수할 수 있다.

이것은 일종의 '사랑중독증'이다. 사랑중독증에 걸린 사람은 혼자 있는 것을 참지 못하고, 사랑을 주고받을 누군가가 반드시 있어야 하며, 그렇지 않고 혼자 있으면 불안해진다. 이런 절박한 심정으로 사랑의 상대를 결정하기 때문에 흔히 그 선택은 잘못될 가능성이 많고 불행의 씨앗을 잉태하기 쉽다.

유아기에 양질의 사랑을 충분히 받고 자란 아이는 안정된 애착관계 속에서 어머니의 일시적 부재에도 큰 불안을 느끼지 않고 참을 줄 알며, 이런 과정을 통해 정서적 독립성을 키우게 된다. 그는 자라면서 어머니와 자신 사이에 점차로 정서적 공간을 허용할 수 있게 되는데, 이 두 번째 단계의 애정학습과정은 첫 번째의 애착관계만큼이나 대단히 중요하다. 이것은 두 사람의 연인이 정서적으로는 친밀하면서도 각자의 개성을 유지하게 하는 결별과 화합의 미묘한 균형을 가능하게 하는 기초가 되는 것이다. 어떤 아이들은 이 변화를 성공적으로 이루지 못하는 경우가 있는데, 그 주된 원인은 부모가 너무 냉담하여 신뢰감을 형성할 기회가 없었거나, 부모가 과잉보호하여 결별을 인내할 기회를 주지 않았기 때문이다. 자신의 자아정체 형성이 불안정할 때 너무 친밀한 관계는 자신의 자아정체를 압도하여 개성을 상실할 것 같은 불안에 휩싸이게 한다. 그래서 이와 같은 사람은 이성(異性)이 너무 가까이 오는 것을 경계하게 되는 것이다.

여기서 우리는 사랑의 능력이란 크게는 그 사람의 정신건강 측면과, 작게는 사춘기 전후에 결정적으로 형성되는 그 사람의 자아정체감의 건전성 여부와 밀접한 관계가 있음을 알 수 있다. 사랑이란 어느 날 갑자기 찾아온 하나의 신비스런 경험도 마술적 힘도 아니다. 그것은 우리가 태어날 때부터 키워 온 능력의 소산이며, 부모를 위시하여 친밀하게 지냈던 사람들 사이에서 느끼고 배워 온 감정과 행동양식이라고 볼 수 있다.

맺으면서

사랑은 어렸을 때 부모와의 애착형성에서 시작되고, 이 같은 애착관계는 성년기에도 계속 발달한다. 이 과정에서 부모의 역할이 얼마나 중요한지 살펴보았다. 특히 부모 간의 원만한 관계가 각자의 성격만큼이나 중요하다. 안정된 애착형성은 원만한 애정관계와 결혼생활의 기본요소이며, 그것은 또한 심리적 성숙의 기본이기도 하다.

한 가지 문제는 애착을 형성하는 과정에 문제가 있었던 사람이 사랑을 느끼는 상대가 흔히 자기와 비슷한 문제를 가지고 있는 사람이라는 사실이다. 사람은 자기와 비슷한 문제를 가지고 있는 사람에게 끌리는 속성이 있다. 그렇게 되면 원만한 관계형성이 그만큼 어려워진다. 어느 한쪽이 안정된 애착형성을 했을 경우에는 상대방에 문제가 있어도 어느 정도 원만하게 해결해 나갈 수 있다. 따라서 자신에게 애착관계 형성의 문제가 있다고 생각되면 가급적 자기보다 문제가 덜하고 안정된 애착관계를 형성할 수 있는 사람을 만나야 한다.

애착형성과정에서 문제가 있었던 사람이 성장한 후에 어느 정도 그것을 해결할 수 있는가? 그것은 한편으로는 성숙된 성격을 소유한 사람을 사랑의 대상으로 만나 안정감 속에서 자신의 문제를 알고 교정해 나갈 때, 그리고 유능한 심리치료자를 만나 자신의 문제를 발견하고 행동과 감정의 변화를 시도할 때 가능하다. 변화의 정도는 본인의 의지(동기)와

치료자의 성격 및 능력, 가족을 중심으로 하는 사회적 환경여건 등에 의해 많은 부분이 좌우된다. 거기에는 많은 시간과 노력이 필요하다. 변화가 어려운 것은 지금까지 키워 온 습관 때문이고, 변화(의 결과)에 대한 두려움(불안)과 불필요한 자존심 때문이다.

---

1. J. Bowlby (1969), *Attachment and Loss (Vol. 1): Attachment*, New York: Basic Books; J. Bowlby (1973), *Attachment and Loss (Vol. 2): Separation: Anxiety and Anger*, New York: Basic Books; J. Bowlby (1980) *Attachment and Loss (Vol. 3): Loss*, New York: Basic Books.
2. B. M. Newman and P. R. Newman (1987), *Development Through Life: A Psychosocial Approach*, Chicago: Dorsey Press.
3. H. Harlow (1958), "The nature of love," *American Psychologist* 13: 673-685.
4. M. Lasswell and N. M. Lobsenz (1980), *Styles of Loving*, New York: Doubleday.
5. R. L. Tracy and M. D. S. Ainsworth (1981), "Maternal affectionate behavior and infant-mother attachment patterns," *Child Development* 52: 1341-1343.
6. V. F. Guidano and G. Liotti (1983), *Cognitive Processes and Emotional Disorders*, New York: Guilford Press.
7. J. A. Feeney and P. Noller (1990), "Attachment style as a predictor of adult romantic relationship," *Journal of Personality and Social Psychology* 58(2): 281-289.
8. M. Rutter (1972), *Maternal Deprivation Reassessed*, Harmond-sworth: Penguin Books.
9. 박영주(2005), 「애착의 회피-불안 차원에 따른 우울양식과 대인관계 문제」, 가톨릭대학교 대학원 석사학위논문.

04

사랑의 능력과 자아정체

사랑하는 것과 사랑받는 것은,
태양의 양면을 다 느끼는 것이다.
- David Viscott

우리는 사랑이 누구에게나 주어진 선천적인 능력이 아니며, 사랑의 발달에 부모의 역할이 얼마나 중요한지를 살펴보았다. 특히 사랑은 성격 발달의 일부이며, 거기에는 그 사람이 살아온 성장과정의 양상이 다분히 투영되어 나타남을 알 수 있었다. 사랑의 능력을 또 다른 차원에서 조명해 보기 위해서는 청년기의 발달과정과 사랑의 관계를 발달심리학적 측면에서 살펴보는 것이 필요하다. 우리가 말하는 청년기란 아동기가 끝나는 사춘기 후기(18~22세)부터 어른이 되기 직전의 성인기 전기(22~34세)까지가 해당된다. 주로 사랑을 시작하여 결혼에 도달하게 되는 연령대로, 이 시기의 주요 발달과제는 자아정체와 친밀감의 형성이다.

자율성의 발달

사춘기 후기의 가장 중요한 발달과제는 에릭슨Erik Erikson이 강조한 자아정체의 형성으로서, 자아정체란 자기가 스스로 생각하고 결정(선택)

한 가치관, 목표 및 능력을 통합하여 자기 것으로 확립하는 것을 의미한다. 이것은 또한 그 당시의 사회적 기대 및 요구와 자신의 주관적 선택의 통합으로 이루어지는 결과이기도 하다. 여기에서 주관적 선택이란 점이 매우 중요한데, 그 이유는 주관적 선택이 자율성autonomy의 발달과 밀접한 관계가 있기 때문이다.

이 시기는 지금까지 부모에 대한 의존성이 지배적이었던 아동기를 탈피해 독립된 성인이 되기 시작하는 과도기로서, 가장 중요한 요건은 자율성이다. 사춘기의 자율성에는 다음과 같은 세 가지 특징이 있다.

첫째는 사고와 행동의 독립성으로서, 이 시기 이전의 사회심리적 발달은 부모로부터의 독립을 위한 준비과정이라고 볼 수 있다. 이 시기부터는 부모의 간섭을 싫어하며 스스로 선택하고 결정하려 한다. 스스로 어떤 행동이 올바른 것인가 하는 것을 결정함으로써 가치관을 확립하기 시작하며, 가정으로부터 독립함으로써 생기는 현실적·심리적 욕구를 만족시키기 위해 자기와 가장 잘 통하는 친구를 선택하고 거기에서 상호간에 정서적 지지와 친밀감을 주고받는다.

둘째는 독립을 위해 필요한 육체적 발육으로서, 사춘기의 활발한 신체적 성숙과정이 심리적 독립에 필요한 힘과 인내력을 제공한다.

셋째는 인지적(認知的) 성숙으로서, 스스로 필요한 정보를 수집하고 문제해결능력을 길러 나가며, 독립된 생활을 유지하기 위한 미래 계획을 수립하는 능력을 갖게 된다.

여기에서 한 가지 알아 둘 것은, 아무리 신체적으로는 힘이 세고 머리가 커져 생각은 그럴듯하더라도 사춘기의 청소년들은 아직도 아동기의 부모에 대한 의존성을 완전히 탈피한 것은 아니어서, 독립에 대해 양면감정ambivalence(어떤 대상에 대해 동시에 상반된 감정을 느끼는 상태)을 가지고 있다는 사실이다. 그래서 몸은 집을 떠나 있어도 마음은 늘 집을 그리워하며, 경제적 독립을 외치면서도 집에서 지원해 주기를 바란다. 양면감정을 극복하고 현실적 · 심리적으로 부모로부터 독립하여 건강한 자아정체를 형성하는 과정에도 역시 부모의 역할이 중요하다.

부모 사이에 갈등이 많고 행복하지 못한 가정의 청소년들은 반항적인 행동을 통해 그들의 불확실성을 나타낸다. 반면에 부모 사이가 원만하여 중요한 결정은 부부가 함께 상의하여 내리고 자녀들을 함께 지도하는 가정의 청소년들은 자신을 부모와 더 많이 동일시하는 것으로 알려져 있다.[1]

권위적인 통제와 합리성을 조화시킬 줄 알고 자녀와 의사소통을 자주 갖는 부모 밑에서 자란 청소년들은 적절히 자기주장을 하며 책임감과 독립성이 강하다. 반면에 너무 억압적이거나 지나치게 허용적인 부모 밑에서 자란 청소년들은 그들 자신의 가치관과 부모의 가치관을 잘 구별할 줄 모른다. 자녀들의 입장에서 부모의 통제가 때로는 너무 심하다거나 너무 허용적이라고 느껴질 수도 있으나, 부모가 자녀의 행동에 대한 한계와 기대를 분명히 할 때 자녀들은 안정감과 자신감을 갖게 되며, 도덕성을 내향화하고 자기 신뢰감을 키우게 된다.[2]

가정 내에서 부모와 자녀 간에 서로의 생각을 솔직하게 교환하고 어느 정도의 도전은 허용할 때 청소년의 자아정체 탐구는 촉진된다. 청소년들은 가정이라는 테두리 안에서 그들의 별개성(別個性)을 표현할 기회가 주어져야 하며, 그들 나름의 의견이나 견해를 갖고 싶어 한다는 사실을 부모가 이해하고 수용한다고 청소년들이 느낄 수 있어야 한다. 별개성이란 서로 사랑하고 믿으며 정서적 지지를 보내는 가운데에서만 얻어질 수 있는 것이다.[3]

청소년들은 어떤 결정을 내리려 할 때 부모가 함께 의논해 주고 부모가 정하는 한계에 대해 설명해 줄 때 안심하고 독립성을 느낀다. 이런 부모 밑에서 자란 청소년들은 무작정 반항하려 한다거나 부모의 압력이 부당하게 심하다고 생각하지 않으며, 그들의 가치관에 대해 자신감을 가지고, 문제가 생겼을 때 부모와 의논하려 한다. 때로 부모의 견해가 적절하지 못하다고 생각될 때는 그것을 무시할 수도 있다.[4]

자율성이란 독립적인 심리상태로서, 부모와 자녀가 서로 상대방의 개성을 존중하고 수용하는 것을 의미한다. 성인이 된 후에도 부모와 자녀 간에 계속해서 친밀하고 지지적인 유대관계가 형성되기도 하는데, 이와 같은 유대는 어디까지나 자율적인 자기규정과정의 결과라 할 수 있다.

이렇게 자란 청소년들은 다른 권위적인 대상의 판단을 평가할 줄 알며, 다른 권위적인 대상과의 관계에 과거 부모와의 사이에 있었던 의존적 관계를 전이시키는 일이 없게 된다. 권위적 위치에 있는 사람은 항상 옳고 적절하다는 이전의 유아적 사고방식을 버리고, 선생님이든 직장 상사든 국가 지도자든 어떤 권위적인 대상에 대해서도 보다 성숙되고 독립적인 방식으로 자기 주관을 가지고 평가할 줄 알게 되는 것이다.

자율성이 풍부한 청소년들은 자신의 어떤 성취에 대해 자부심을 느낄 뿐만 아니라, 실패를 지나치게 두려워하지 않으며, 오늘의 실패는 내일의 성공을 위한 밑거름이라고 받아들인다.

사랑은 모험이라고 많은 사람들이 말하듯이, 사랑은 성공하리라는 보장이 비교적 적은 모험이라고 할 수도 있다. 그와 같은 모험을 하려면 실패하더라도 기죽지 않고 다시 일어날 수 있는 용기가 필요하며, 자신의 선택과 결정에 책임을 지고 자신감을 가질 수 있는 자율성과 독립성이 있어야 한다. 자율성은 성격성숙도의 중요한 한 가지 지표인데, 여기에서 사랑의 능력과 성격성숙 간의 밀접한 관계를 볼 수 있다.

남성적 · 여성적 역할

남자아이들은 태어날 때부터 공격적이며 용감하고, 여자아이들은 태어날 때부터 온순하고 수동적인가?

미국에서 대학생들을 대상으로 남자아이와 여자아이가 어떻게 다른 것이 이상적인가 하는 질문을 해 보았더니, 40퍼센트는 남녀 간에 차이가 없어야 한다고 대답한 반면에 60퍼센트는 그 차이에 대해 거의 공통적인 의견의 일치를 보였다. 즉 남자아이는 공격성, 지배성, 자율성, 자기 과시성, 성취성 및 이성에 대한 관심 등을 가지고 있어야 하며, 여자아이는 질서, 봉사, 순종, 양육 및 겸손 등의 소질을 가지고 있어야 한다고 대답했다.[5] 우리나라에서 이런 조사를 시행한다면 어떤 결과가 나올지 궁금하다.

남성 혹은 여성 역할에 대한 자아정체가 형성되는 데는 다음과 같은 중요한 경험들이 아동기에서 사춘기 사이에 큰 영향을 주게 된다.[6]

첫째는 또래의 동성 친구들과의 밀접한 관계로서, 이것을 통해 아동들은 또래 아이들과 친해지는 방법과 재미를 경험하게 될 뿐만 아니라, 그 나이의 남자 혹은 여자아이가 지켜야 할 행동규범을 보고 배우게 된다. 사실 이때의 경험과 학습들이 사춘기에 들어가서 동성 및 이성 친구들과 사귀는 데 많은 영향을 줄 수 있다.

내가 만났던 어느 여자 환자는 아동기에 동성 친구들과 서로 성기를 보여 주었던 일 때문에 사춘기가 지나고 청년기가 되어서도 그 일을 후회하며 이성교제를 못하는 사례가 있었다. 이 사람은 잠재적으로 동성애 공포 같은 것을 가지고 있었고, 이성교제에서 어떤 친밀감이나 즐거움 같은 것을 원하면서도, 다른 한편으로는 그것을 두려워하고 있었다.

둘째는 사춘기 초기에 나타나는 신체적 변화(성적 성숙)로서, 남성적·여성적 자아정체와 이것을 어떻게 통합시키는가 하는 것이 과제이다. 사람의 신체적 자아상이 심리적 자아개념을 형성하는 데 매우 중요한 역할을 하는데, 이 신체적 자아상에 대한 관심이 사춘기만큼 예민할 때도 없을 것이다. 사춘기에 들어와서 청소년들은 사람의 첫인상이 대개는 신체적 외형에 의해 결정된다고 알고 있으며, 실제로 신체적 외모가 친구들 간에 인기가 있고 없음을 결정하는 데 중요한 역할을 하게 된다. 그래서 이 시기의 청소년들은 거울을 자주 보게 되고, 이차적 성 특징(수염이나 유방의 발육 등)에 신경을 쓰며, 남자답게 혹은 여자답게 생겼는지에 대한 관심이 많아진다. 어떤 연구결과에 의하면 사춘기 초기에 형성된 신체상이 성인기까지도 지속된다고 한다.[7]

나이가 들면서 체형이 바뀌더라도 사춘기에 형성된 자기 신체에 대한 심리적 상은 쉽게 변하지 않는다. 특히 자기 신체에 대한 다른 사람들의 반응은 그의 신체상을 형성하는 데 매우 중요한 역할을 한다. 실제로 남들이 자신에 대해 가지고 있는 견해 자체보다도 남들이 자신에 대해 어떤 견해를 가지고 있다고 자기가 생각(지각)하는지(이것을 인지라고 지칭함)가 더 중요하다. 이것은 심리적 자아상의 형성에 영향을 주고, 대인관계 양상을 비롯한 제반 성격의 형성에 많은 영향을 줄 수 있다. 앞에서 논했던 애착관계가 이 과정에서도 잠재적으로 중요한 역할을 하게 되며, 부모와 형제들이 어렸을 때부터 그 사람을 어떻게 보아 왔는가 하는 것 등이 결정적인 영향을 줄 수 있다.

임상심리학이라는 심리학의 한 분야에서는 여러 가지 심리학적 검사를 통해 사람의 성격진단을 시행하는데, 어떤 사람이 가지고 있는 자기 신체에 대한 태도(혹은 견해)를 통해 그 사람이 가지고 있는 이성에 대한 태도 및 대인관계 양상, 그리고 사랑의 능력까지도 평가한다. 흔히 사춘기의 이 과정에서 문제가 있는 사람들은 어른이 되어서도 근거 없는 열등감을 느끼며, 부정적 자아개념을 가지고 있기 쉽고, 심할 경우 우울증이나 피해망상과 같은 병적 현상을 나타낼 수도 있다.

신체적으로 열등한 부위가 있다고 하여 반드시 심리적 자아개념에 손상을 가져오는 것은 아니며, 신체적으로 잘생겼다고 해서 부정적 자아개념이 결코 생기지 않는 것도 아니다. 중요한 것은 그 사람이 가지고 있는 '생각'이며, 이 생각을 '올바르게' 가지고 있는 한 어떤 신체적 열등 조건이 있다 하더라도 부정적 자아개념으로 인한 비극은 없다. 내가 나를 비하시키지 않는 한 이 세상 아무도 나를 비하시킬 수는 없다는 뜻이다. 또한 여기서 말하는 '생각'이라는 것도 학습(경험적으로 획득되었다는 뜻임)된 것이며, 불변의 고정화된 개념이 아니라 노력을 통해 수정(변화)이 가능한 태도 및 지각의 소산이다.

셋째로 사춘기의 내분비(호르몬) 변화와 이로 인한 성적 충동의 증가 및 생식능력의 발달이다. 특히 남성 호르몬이라고 불리는 테스토스테론 testosterone의 차이는 남성적 혹은 여성적 특징과 관계가 있다. 이 호르몬의 분비가 많을 때 남자에게는 공격성이 증가하고, 여자에게는 독립심과 성취욕구가 강하게 나타난다. 남자이면서 성격이 여자 같고 수염도 잘 나지 않는다거나, 여자이면서 억세고 비관습적이며 몸에 털이 많이 난다거나 하는 경우도 이 호르몬의 영향일 수 있다. 그러니까 남성적 혹은 여성적 성격의 형성이 반드시 애착관계나 학습에 의해서만 결정되는 것은 아님을 알 수 있다. 더러는 그렇게 '태어난' 현상이며, 부모나 자신을 탓할 문제가 아닌 것이다.

넷째로 한 사람의 성인으로서 남자 혹은 여자에 대한 사회적·문화적 기대이다. 남자라면 일정한 직업이 있어야 하고, 가족을 부양할 능력과 경쟁사회에서 이겨 나갈 수 있는 힘이 있어야 한다고 생각한다. 한편 여자라면 충실한 어머니 역할을 할 수 있고 살림을 잘하며 대인관계에서도 어느 정도 사교성(애교)이 있어야 한다고 생각한다. 이와 같은 사회적·문화적 기대가 자신의 타고난 소질과 잘 맞을 때에는 특별한 갈등이 생기지 않지만, 그렇지 않을 때에는 어려운 문제가 생길 수도 있다. 우리들이 성인으로서 남성적 혹은 여성적 역할을 학습하고 수행하게 되는 데는 특히 사춘기 후기를 거치면서 경험하는 사회적 기대의 인지와 그에 부합하는 역할 수행의 성공도가 중요한 역할을 한다. 가족, 친구, 이웃, 선생님, 지역사회, 국가 등이 이와 같은 사회적 기대의 제공자들이며, 실제로 개인의 자아정체란 결국 이들의 가치관이나 기대를 내향화한 것이라고 볼 수 있다.

자아정체와 사랑의 능력

우리는 앞에서 자아정체의 형성과정과 역할에 대해 살펴보았다. 그러면 자아정체와 사랑 사이에는 어떤 관계가 있는가? 앞에서 저자는 사랑이란 성격발달의 일부라고 했다. 성격의 성숙도를 결정짓는 데는 자아정체의 성숙도(건강성)가 가장 중추적 역할을 한다. 자아정체가 긍정적인(혹은 성숙된) 사람이라야 친밀한 애정관계에서 자신이 상대방에게 압도당할 것 같은 위협을 느끼지 않는다. 또한 그 사람은 자신을 상대방에게 노출하는 데 과도한 불안을 느끼지 않고, 사랑을 주고받는 상호 교류가 가능하며(의존성의 탈피), 자기가 어떤 감정을 느끼고 있는지 인지적으로 파악(통합)할 수 있다. 이러한 성숙도를 기준으로 자아정체의 양태를 살펴보면 다음과 같다.

외부의 압력이 너무 강해 자아정체의 형성에 위협을 느끼고 자신의 실체나 개인적 목표 같은 것을 깊이 생각할 겨를도 없이 외부에서 기대하는 역할을 너무 쉽게 받아들이는 경우가 있다. 이것을 '자아정체의 조숙타결identity foreclosure'이라고 한다.[8] 이것은 주로 타인들의 요구에 부응하여 아무런 역할실험의 과정을 거치지 않고 자신의 자아정체에 관한 결정을 너무 빨리 내려 버림으로써 자아정체의 위기를 해결하는 행위를 의미한다. 가령, 어떤 청년이 사춘기 초기에 벌써 부모나 조부모가 원하는 대로 자기의 결혼 상대자나 직업을 결정하는 경우를 들 수 있다. 그는 그 결정이 자신의 소질이나 앞으로 자기가 성장해 가는 모습과 얼마나 잘 조화를 이루게 될지, 혹은 그 결정이 자신의 자아발달에 어떤 영향을 주게 될지에 대해서는 심각하게 생각해 보지 않는다.

조숙타결된 자아정체를 가진 사람은 자기에게 가장 잘 맞는 사랑의 상대가 어떤 성격과 용모를 가진 사람인지를 깊이 생각해 보지도 않는다. 생각해 봤다 하더라도 적합한 상대를 발견하기 위한 충분한 노력과 탐색과정을 거치지 않고 손쉽게 결정해 버린다. 그 결정이 다행히 잘 되었을 경우에는 큰 문제없이 행복한 결혼생활을 할 수 있겠지만, 결정이 잘못되었을 경우에는 후회나 갈등과 불행의 나날을 살 수밖에 없다. 흔히 이런 사람들은 청춘의 낭만이라든가 짜릿한 긴장을 잉태한 이성관계 같은 것을 경험할 기회를 별로 갖지 못한다. 어떤 의미에서는 사춘기를 상실한 채 사춘기를 보낸 것과 같다.

때로는 사회의 기대나 요구와는 전혀 상반되는 가치관을 가진 자아상

어차피 사랑은 모험이다.

모험을 즐기는 성격이 있고 그렇지 않은 성격이 있는데,

자율성은 실패도 책임지는 책임감을 의미한다.

사랑이 어려울 때 나에게 어떤 문제가 있지는 않나

한 번쯤 마음의 거울 앞에 스스로를

비춰 볼 필요가 있다.

을 형성하는 경우가 있다. 이것을 '부정적 자아정체negative identity'라고 한다. 일반적으로 '실패자', '아무 데도 쓸모가 없는 사람', '비행청소년' 혹은 '건달'과 같은 이름으로 불리는 청소년들이 여기에 속하게 된다. 일단 이렇게 이름이 붙여지면 그들은 그 이름에 자기 행동을 스스로 맞추어 가는 경우가 많다. 때로는 가정이나 사회에서 아무 가치 없는 인간으로 낙인찍힌 사람과 강한 동일시를 통해 부정적 자아정체가 형성되는 경우도 있다. 머리는 매우 뛰어났지만 사회생활에 적응하는 데는 실패하여 자살로 인생을 끝내 버린 아버지라든가, 알코올 중독자였던 삼촌을 매우 좋아하여 그와 강한 동일시 현상을 일으킬 때 그 청소년은 이 사람들이 갖고 있었던 바람직하지 못한 특성들까지도 닮아(내향화하여) 버린다.

조숙타결된 자아정체나 부정적 자아정체는 긍정적 자아정체까지는 이르지 못했으나 그런 대로 자아정체의 위기를 해결한 경우로서, 어떤 형태로든 자아정체가 형성된 경우이다. 정도의 차이는 있어도 누구나 겪는 소위 '자아정체 위기'를 심리적으로 가장 어렵게 해결하는 경우는 '자아정체 혼란identity confusion'이다. 이런 상태의 청소년은 자신의 모습이 어떤지를 확실히 알 수 없고, 자기가 하게 되는 여러 가지 역할들을 통합적으로 이해할 줄 모른다. 그는 여러 가지 서로 상반된 가치관을 갖게 되고, 의미 있는 결정을 할 자신감을 상실하게 된다. 무엇이 옳고 그른지 판단할 수 없으며, 자신이 무엇을 원하고 있는지도 잘 모른다.

이런 혼란상태는 불안과 무감동증을 초래하며 자기가 하는 여러 역할들에 대해 적대감을 느끼게 하고, 어떤 역할도 성공적으로 수행하지 못하게 한다. 어떤 역할도 만족감이나 성취감을 주지 못하며, 모두가 너무 힘들고, 어느 것에서도 재미를 느낄 수 없다.[9]

37세의 독신인 강영자(가명) 씨. 대학 2학년 때 오빠를 따라 미국에 가서 대학을 졸업하고 대학원까지 다녔다. 겁이 나서 데이트를 한 번도 해 보지 못했고, 교회에서 아는 남자들과 성경공부를 하면서 가끔 사귀었으나 그녀는 이것을 데이트라 부르기 거부했다. 다섯 남매 중 장녀인 그녀는 어렸을 때부터 동생들을 돌보는 일을 맡아서 했는데, 남을 돌보는 일은 잘 하지만 남이 자신을 사랑한다고 하면 불편해지곤 했다. 남자들과 함께 담배도 피우고 술도 마셨고, 한 남자가 하도 졸라대기에 동침도 했지만 사랑을 느끼지는 못했다. 여자답게 행동하는 것이 어떤 것인지, 남자들이 자신에게 어떻게 행동하기를 원하는지 전혀 감을 잡을 수 없었다. 머리가 좋아 직장은 얼마든지 선택할 수 있었으나 여러 직장을 전전했고 항상 외톨이였다. 귀국했지만 전공을 살려 일할 만한 직장도 마땅하지 않고, 부모는 결혼을 계속 권유하시지만 남자에게 아무런 관심이나 매력을 느낄 수 없었으며 친구도 별로 없었다. 그러던 어느 날 수면제를 먹고 자살 기도를 했고 다행히 살아나서 정신과 의사에게 치료를 받게 되었으나, 그녀는 무엇을 치료받아야 하는지도 알지 못했다. 한 가지 그녀를 괴롭히는 생각은 어렸을 때 부모의 사랑을 받지 못했다는 것과, 항상 자기는 의무와 책임만을 강요당했다는 것이었다. 그녀는 자신의 인생이 쓸모없고 무의미하다고 느끼고 있었으며, 글을 좀 쓰고 싶긴 했으나 무엇을 써야 할지도 알지 못했다. 이것은 내가 만나 보았던 자아정체 혼란을 보이는 어느 여자의 이야기이다.

누구든지 자아정체를 형성하는 과정에서 일시적으로 혼란과 우울감을 경험하기 마련이다. 자기가 겪게 되는 갖가지 경험들을 통해 내가 누구인가를 확인하는 일은 결코 쉬운 일이 아니다. 그러므로 이 과정에서 누구나 한때 깊은 좌절감과 고립감 같은 것을 느끼는 때도 있다. 문제는 그것의 심한 정도이며, 그 결과인 것이다.

역할연습

특히 사춘기 후기에 들어오면서부터 청소년들은 여러 가지 역할연습을 하게 된다. 이것을 통해 그들은 미래의 자아정체에 대한 여러 가능성을 탐색해 보는 것이다. 우선 직업 영역에서 내가 앞으로 어떤 직업을 갖는 것이 좋을지 여러 가지로 생각해 보게 된다. 그것을 알아보기 위해 방학 동안에 시간제 일도 해 보고, 대학에서 다른 분야의 강의도 들어 보며, 관심 있는 분야의 책을 열심히 읽어 보기도 한다. 남성적 혹은 여성적 역할과 관련된 것으로는 결혼을 할 것인가 하지 않을 것인가,

한다면 어떤 여자 혹은 남자와 결혼할 것인가, 연애로 할 것인가 중매로 할 것인가 등에 대해서 생각해 보기도 한다. 이 과정에서 이성과의 데이트는 일종의 역할실험이라고도 할 수 있다. 이때 만나는 상대에 따라 나 자신의 새로운 모습을 발견하게 되는 것이다. 한 가지 놀라운(?) 사실은 데이트 상대에 따라 그때마다 나타나는 자신의 모습이 조금씩 다르다는 것인데, 결국 데이트는 진정한 자신을 발견하는 데 매우 중요한 과정이라 할 수 있다. 그 밖에도 가치관을 형성하는 과정으로 여러 종교행사에 참여해 보거나, 다른 도덕관에 입각하여 행동해 보거나, 정치적 이데올로기에 심취하여 여러 가지 정치노선에 실험적으로 참여해 보기도 한다.

최종적으로 확정된 자아정체를 형성하기 전에 여러 가지 역할실험을 자유롭게 해 보는 과정을 에릭슨은 '심리사회적 유예기간psychosocial moratorium'이라고 이름 붙였다.[10] 이 기간의 한 가지 특징은 어떤 특정 역할수행을 반드시 하지 않아도 되는 자유로서, 법에 저촉되지 않는 한 그는 자기가 원하는 대로 여러 가지 역할을 실험해 볼 수 있다. 또한 그 과정을 통해 사회적으로 심한 비난을 받지 않고도 자아정체 위기를 해결하기 위한 준비를 할 수 있다. 이 새로운 역할과 가치관, 사고방식의 실험은 청소년으로 하여금 자기 적성에 가장 잘 맞고 사회적으로도 좋은 평가를 받을 수 있는 최선의 길이 어느 것인가를 나름대로 발견할 수 있게 해 준다. 청소년기에 많은 의문을 가지고 결정을 내리지 못하는 우유부단한 과정을 거친 후에야 비로소 긍정적 자아정체를 형성하게 되는 것이다. 누구나 의문에 대한 해답을 발견하고 우유부단하지 않은 결정을 내릴 수 있기까지는 많은 고민과 좌절의 나날을 보내야 한다. 이런 의미에서 심리사회적 유예기간은 내일의 창조를 위한 생산적 시행착오기간이라고 할 수 있다.

긍정적 자아정체가 심리학적으로 어떤 의미가 있으며 왜 필요한가? 그것은 긍정적 자아정체를 형성한 사람이라야 건강한 자아개념을 형성하고, 자신을 사랑할 수 있으며, 자율성을 발휘할 수 있기 때문이다. 특히 긍정적 자아정체를 형성한 사람들은 다른 사람들과 친밀하고 정서적 보답을 느끼는 의미 있는 대인관계를 형성할 수 있는 반면에, 조숙타결된 자아정체나 자아정체 혼란의 상태에 있는 사람들은 유연성이 결여되고 고정화된 관계밖에 형성하지 못하거나, 친밀한 대인관계를 맺지 못하고 고립된 생활을 하는 경우가 많다. 물론 여기에 이성과의 애정관계도 포함된다. 또한 건강한 자아정체의 형성은 사춘기 후기에서 끝나는 작업이 아니라 성인기까지도 계속되는 것으로서, 성인기의 상호 만족적인 대인관계를 형성하는 능력의 가장 중요한 한 부분을 구성한다.

이런 의미에서 사춘기의 건강한 자아정체의 형성은 성격성장(성숙)의 방향을 결정짓는 중요한 계기가 될 수 있으며, 성인이 된 후의 원만하고 행복한 결혼생활과 사회적 적응을 위한 기초라 할 수 있다.

맺으면서

사랑의 주체 '나'이다. '나'는 신체적 · 심리적으로 성숙되어 있어야 하는데, 심리적으로 성숙된 '나'를 자아정체라 한다. 심리적 성숙은 성격적 성숙을 의미하며, 성격적인 부분에 문제가 있을 경우 성숙한 사랑을 하기 어렵다. 이러한 성격적 성숙은 건전한 자아정체의 형성을 의미한다.

자율성은 건전한 자아정체의 핵심요소라 할 수 있다. 자율성에 문제가 있을 때 혼자서 결정하기 어려워하고 항상 엄마의 의견을 들으려 하는 소위 '마마보이'가 되는 것이다. "연애해도 되나요?", "어떤 사람과 데이트를 해야 하나요?", "결혼상대는 어떤 사람이어야 되나요?"라고 항상 부모에게 의견을 구할 경우 자율성에 문제가 있을 수도 있다. 물론 정도의 차이가 있고 모든 경우에 그렇다고 단정하는 것은 아니다.

어차피 사랑은 모험이다. 모험을 즐기는 성격이 있고 그렇지 않은 성격이 있는데, 자율성은 실패도 책임지는 책임감을 의미한다. 그렇기 때문에 연애와 결혼생활을 원만하게 하는 사람이 있고 그렇지 못한 사람이 있는 것이다. 사랑이 어려울 때 자신에게 어떤 문제가 있지는 않나 한 번쯤 생각해 볼 필요가 있다. 내가 좋아하는 상대방에 어떤 성격적 문제가 있다면 내가 왜 그런 사람에게 이끌리는가, 그것이 나의 문제를 보여 주는 것은 아닌지 되돌아보는 것이다. 그것은 애착관계에 대한 문제일 수도 있고, 자아정체와 관련된 문제일 수도 있다. 물론 사랑이 어려울 때 이 두 가지만 원인이 되는 것은 아니지만 이 두 가지가 다른 어려움의 근원이 될 수도 있다. 적어도 이 두 가지는 사랑의 능력과 직결되는 성격적 곤란을 의미한다.

그렇다면 해결은 가능한가? 그것은 문제의 심각성에 따라 가능할 수도 있고 불가능할 수도 있으나, 좋은 치료자를 만나서 심도 있는 심리치료를 받을 때 극복할 수 있다.

---

1. C. E. Bowerman and S. J. Bahr (1973), "Conjugal power and adolescent identification with parents," *Sociometry* 36: 366-377.
2. J. C. Lavoie and W. R. Looft (1973), "Parental antecedents of resistance-to-temptation behavior in adolescent males," *Merrill-Palmer Quarterly* 19: 107-116.
3. S. T. Hauser, S. I. Powers, G. Noam, A. M. Jacobson, B. Weiss and D. J. Follansbee (1984), "Familial contexts of adolescent ego development," *Child Development* 55: 195-213; H. D. Grotevant and C. R. Cooper (1985), "Patterns of interaction in family relationships and the development of identity exploration in adolescence," *Child Development* 56: 415-428.
4. G. R. Adams and R. M. Jones (1983), "Female adolescent's identity development: Age comparisons and perceived child-rearing experience," *Developmental Psychology* 19: 249-256.
5. M. L. Hamilton (1977), "Ideal sex roles for children and acceptance of variation from stereotypic sex roles," *Adolescence* 12: 89-96.
6. W. Emmerich (1973), "Socialization and sex role development," in P. Baltes and K. W. Schaie (eds.), *Life-Span Developmental Psychology: Personality and Socialization*, New York: Academic Press.
7. F. Arnhoff and E. Damianopoulos (1962), "Self-body recognition: An empirical approach to the body image," *Merrill-Palmer Quarterly* 8: 143-148.
8. J. E. Marcia (1966), "Development and validation of ego identity status," *Journal of Personality and Social Psychology* 3: 551-558.
9. B. M. Newman and P. R. Newman (1987), *Development Through Life: A Psychosocial Approach*, Chicago: Dorsey Press.
10. E. H. Erikson (1959), "The problem of ego identity," *Psychological Issues* 1: 101-164.

05

사랑의 용기와 자긍심

사랑에 대한 치료는 더 사랑하는 것밖에 없다.

- Henry David Thoreau

심리치료 현장에서 매우 어려운 작업 중 하나가 자긍심을 높이는 일이다. 어떤 학자는 자긍심을 높이는 것이 심리치료의 목표라고 주장하기도 한다. 자긍심 부족이란 무엇인가? 그것은 바로 자기 사랑의 부족이고, 그로 인해 타인을 사랑하는 것이 어려워지는 것이다. 우리는 이제부터 자긍심이 어떻게 생성되며, 어떤 원인으로 손상되고, 그 같은 손상은 어떤 형태로 나타나는지 알아볼 것이다.

자긍심이란 무엇인가?

나는 가치 있는 존재라는 느낌, 내가 나인 기쁨, 내가 나를 기뻐할 내적 이유, 내가 나여서 매우 행복하다는 느낌, 이것이 바로 '자긍심self-esteem'이다. 자긍심은 '자기 사랑'을 느끼게 하며, 자기 사랑은 현실적응에 도움을 주고 즐거운 '자기 수용'을 가져온다. 자기 사랑은 이성 간 사랑의 기초가 되며, 참된 자기 사랑을 경험해 보지 못한 사람들은 대개

자긍심이 부족한 사람들이다.

'자기 사랑'이라고 하면 사람들은 이기심이나 자만심과 혼동하는 경우가 많다. 에리히 프롬Erich Fromm은 그의 저서 『자유로부터의 도피Escape from Freedom』에서 이기심이나 자만심은 자기 사랑과 정반대되는 개념이라고 주장한다. 이기심은 일종의 욕심이다. 욕심은 밑 빠진 항아리와 같아서, 그 사람이 아무리 만족하려 해도 만족할 수 없고 지치게 할 뿐이다. 이기적인 사람은 항상 자기 자신에 관해서만 염려하며, 만족을 모르고 항상 충분히 못 가질까 봐 걱정하며, 무언가 아쉬워하고, 무언가 부족하다고 느낀다. 그는 자기보다 더 가진 것 같은 사람을 시기하는 마음으로 항상 배를 앓고 있다. 근본적으로 이런 종류의 사람들은 자신을 사랑하지 않을 뿐만 아니라 싫어한다. 실제로 이기심이란 바로 자기 사랑의 결여에 뿌리를 두고 있는 것이다. 자아도취narcissism도 이기심과 마찬가지로 자기 사랑 결여에 대한 하나의 과잉보상 행위이다. 그는 타인을 사랑하지 않을 뿐만 아니라 자기 자신도 사랑하지 않는다.

오늘날 많은 사람들이 찾고 있는 심리요법의 목표는 무엇인가? 그

한 가지는 결국 자기 자신을 있는 그대로 받아들이고, 자신에 대해 긍정적인 태도를 갖도록 도와주는 것이다. 미국 국립정신보건성National Institute of Mental Health 소장을 지낸 펠릭스Robert Felix는 건강한 자기 사랑과 자기 수용에 대해 "자기 존엄성과 소속감을 느끼며, 가치 있다는 느낌과 적절하다는 느낌을 갖는 것으로서, 자신을 이해할 줄 알고 자신임을 좋아할 줄 아는 상태이며, 나는 다른 사람이 되고 싶지 않고 오직 나만이 되고 싶은 현상이다"라고 말한다.

자기 자신에 대한 깊은 이해와 자신을 진실로 사랑하려는 철저한 노력은 모든 인간에게 성장과 행복의 시작이다. 그러나 이것이 얼마나 어려운 일인가 하는 것은 유명한 스위스의 정신과 의사 융Carl G. Jung의 저서 『현대인의 영혼탐구Modern Man in Search of a Soul』의 한 구절이 잘 표현해 주고 있다.

"이 말은 매우 단순하게 들릴는지 모르겠으나, 항상 단순한 일들이 가장 어렵다. 실제 생활에서 단순해지기 위해서는 많은 수련을 필요로 하는데, 자신을 수용한다는 것은 도덕적 문제의 요체이며 인생에 대한 전체적인 조망의 전형이다. 배고픈 사람에게 먹을 것을 준다는 것, 모욕을 준 사람을 용서한다는 것, 그리스도의 이름으로 원수를 사랑한다는 것, 이 모두는 분명히 큰 미덕이다. 그러나 이 모든 것 중에서 가장 적은 것, 거지 중에서 가장 불쌍한 자, 범죄자 중에서 가장 뻔뻔스러운 자, 바로 그 원수가, 이것들 모두가 내 안에 있다면, 그리고 만일 나 자신이 나의 온정의 도움을 가장 절실히 필요로 한다면, 나 자신이 사랑을 받지 않으면 안 되는 원수라면 그때는 어떻게 할 것인가? 신경증(노이로제)이란 내적 균열이며, 자신과 전쟁을 하고 있는 상태이다."

『사랑의 비결The Secret of Staying in Love』이란 책에서 포웰John Powell은 다음과 같이 말한다.

"나 자신이나 타인에게 가장 수긍하기 어려워하는 것은 우리에게 가장 필요한 것이 자신에 대한 참된 사랑과 인정이라는 사실이다. 자기 회의와 자기 증오는 인간관계와 신뢰를 왜곡하고 파괴하며, 인간성을 황폐하게 만드는 암과 같다. 나는 모든 인간의 신경증과 도덕적 비행들이 자기 자신에 대한 진실한 사랑의 결여라는 한 가지 공통된 원인에서 연유한다고 믿는다."

자긍심의 생성과 변화

30대 후반의 건장한 남자인 K 씨는 피해망상과 직장생활의 적응곤란으로 정신과에 입원했다. 주된 문제는 직장 상사들이 고의적으로 자신의 승진을 방해하며 괴롭히고, 다른 동료들도 그런 사실을 알고 있으면서 자기들의 이익만을 위해 모른 체할 뿐만 아니라, 요즘엔 회식에도 자기만 쏙 빼놓는다는 것이었다. 환자는 화가 나서 상사에게 거칠게 항의했고 동료들과도 불화를 자주 일으켜 직장에서는 은근히 사표를 종용했으나, 가족들은 그것이 병으로 인한 것이라 생각되어 병원 치료를 먼저 받아 보기로 했다.

K 씨는 한국에서 소위 일류 고등학교를 졸업하고, 서울의 명문대학에서 법학을 전공한 뒤, 미국의 유명 대학에서 경제학 석사를 이수했다. 그는 수재여서 학업 성적은 좋았으나 교우관계는 그리 원만하지 못하여 두세 명하고만 가깝게 지냈다. 친구를 사귈 때 무슨 말을 하고 어떻게 행동해야 하는지가 그에겐 가장 어려운 일이었다. 특히 데이트라도 하려면 도대체 무슨 말을 해야 좋을지 몰라서 자기 어머니와 가족에 관한 이야기만 했다. 그랬더니 어느 날 여자친구는 왜 자신에 관한 이야기는 하지 않느냐고 핀잔을 준 후 다시는 만나 주지 않았다. 그는 매우 우울해졌고 자신의 문제가 무엇인지 어렴풋이 알 수는 있었으나, 그것을 해결할 방법이 없었다. 그가 생각한 자신의 문제점이란 대인관계에서 사교술의 부족과 자신감의 결여, 위축감, 감정의 적절한 표현곤란, 이와 관련된 자기 혐오감과 내면적인 분노감 등이었다. 그는 화날 때면 부모에게도 "왜 나를 이렇게 키웠느냐"고 항의하기도 했고, 가끔 심하게 찾아오는 우울감 때문에 자살을 기도하기도 했다.

K 씨의 아버지는 외교관이었기 때문에 K 씨는 아주 어렸을 때부터 외국에서 사는 때가 많았다. 어머니는 아버지의 근무지가 바뀔 때마다 남편을 시중드는 일뿐만 아니라 아이들을 돌보는 일과 공적인 행사에

참석하는 일 등으로 매우 바쁘고 힘든 나날을 보내야 했다. 따라서 형인 K 씨로 하여금 동생을 돌보게 하고 때로는 집도 혼자서 지키게 하는 등, 어렸을 때부터 제 나이보다 훨씬 높은 수준의 일들을 하게 했다. 만일 맡겨진 일을 잘 해내지 못하면 심한 꾸중을 듣거나 체벌을 받기도 했으나, 그는 거의 언제나 자신이 맡은 일은 완벽하게 책임을 다했다.

어떤 의미에서 K 씨는 아동기를 상실한 아동이었다. 그는 어머니의 포근한 가슴에 안겨 편안하게 잠들어 본 기억이 없다고 말했다. 아주 어렸을 때부터 '하고 싶은 일'보다는 '해야 되는 일'에 얽매여 자랐으며, 그러다 보니 어른이 된 후에도 자기가 '하고 싶은 일'이 무엇인지 잘 알 수 없었고, '해야 하는 일'만 찾아서 하게 되었다. 어렸을 때는 '해야 할 일들'을 지시해 주는 사람(주로 부모)이 있어서 하라는 대로 하면 되었으나, 어른이 되어서는 그렇게 지시해 주는 사람이 없어 무엇을 어떻게 해야 하는지(특히 데이트 상황에서) 도무지 알 수 없었다. 사람들은 막연히 스스로 알아서 하라고 말하지만 K 씨는 무엇을 어떻게 알아서 하라는 것인지 알 수 없었고, 부모나 다른 사람들이 그에게 기대하는 것이 실제로 무엇인지도 가늠할 수 없었다. K 씨는 명석했으나 그가 느끼는 자기 심상self-image은 매우 부정적이었다. 그에게는 긍정적인 자기 평가나 인정이 결여되어 있었고, 자긍심이 매우 빈약했다.

최근의 심리학적 이론에 의하면 어렸을 때 형성된 자기 심상이 가장

사람은 자기 자신과 평화로울 줄 알 때
비로소 다른 사람과도 평화로울 수 있다.

견고하기는 하지만(특히 성장하면서 부모로부터 계속 강화와 확인을 받게 되므로), 그 심상이 반드시 영구불변하는 것은 아니며 적어도 다음과 같은 사항들을 통해 부분적인 수정을 가져올 수 있다.

첫째는 그 가정이 형성하고 있는 사회적 유대관계를 통해 접하게 되는 여러 가지 문화적 자극으로서, 그 문화적 자극의 다양성이 본래의 자기 심상을 더 분화시킬 수 있다. 즉 가정의 범위를 벗어난 다양한 문화적 자극에 의해 가정 내에서는 개발이 불가능했던 잠재적 소질들이 활성화됨으로써, 자기 심상이 일부 수정 가능하게 되는 것이다.

둘째는 사회적 유대관계를 통해 대체동일시alternative identification의 대상들을 접하는 경우로서, 이 대상들이 부모와의 사이에서 질적·양적으로 불충분한 애착관계로 생긴 결함들을 보상할 수 있게 된다. 그 같은 대체동일시 대상이란 존경하는 스승이나 선배가 될 수도 있고, 직장 상사가 될 수도 있으며, 임상 장면에서는 치료자가 대체동일시 대상이 될 수도 있다.

셋째는 성장과정에서 체험한 질병이나 부모·형제의 죽음, 경제적인 큰 변화, 지리적 이동과 같은 생활 사건들이 자기 심상에 변화를 가져올 수 있다. 즉 이런 일들로 인해 현재까지 부모와의 관계에 어떤 변화가 생기거나, 다른 동일시 관계가 아동에게 제공될 수도 있다. 특히 아동기나 사춘기에 이와 같은 생활 사건들이 일어나게 되면, 그 이후의 자기 심상이나 자기 인식에 때로는 결정적인 변화를 초래할 수 있다.

자긍심 손상의 원인들

사랑을 받아 본 사람이 다른 사람에게 베풀 줄도 안다는 말이 있다. 앞에서도 말했듯이 애착관계가 형성되는 가장 중요한 시기는 생후 첫 2년이며, 아마도 이 시기의 어디쯤에 소위 '결정적 시기critical period'라고 불리는 애착관계 발달의 핵심적 시기가 포함되어 있다고 본다. 이 시기의 유아가 절실하게 피부로 느끼는 의문은 "나는 누구인가?", "나는 가치 있는 존재인가?", "나는 무엇을 해야 하는가?" 등이라고 할 수 있다. 왜냐하면 생후 약 2년간의 생활(경험)이 이와 같은 문제의 해답을 주로 결정하기 때문이다. 이런 물음들이 다시 심각하게 대두되는 시기는 사춘기이다.

만일 유아가 풍부한 애정과 포옹, 입맞춤, 자장가, 웃음, 그리고 따뜻한 보살핌을 받는다면, 그는 앞의 질문들에 대해 낙관적이고 긍정적인 해답을 얻게 될 것이며, 그 해답들은 그의 마음속 깊이 기록될 것이다. 그렇게 되면 유아는 그가 가장 알고 싶어 하는 한 가지를 알게 되는데, 그것은 바로 자신은 사랑받을 만하며, 사랑받기 위해 무언가를 특별히 할 필요가 없고, 자신 이외에는 어떠한 것도 될 필요가 없으며, 자신은 있는 그대로도 충분히 귀중하고 가치 있는 존재라는 사실이다.

그러나 만일 부모(특히 유아와 가장 많이 접촉하게 되는 어머니)가 애정을 줄 수 없다거나 주지 않으려 한다면, 냉담하고 무관심하며 아기가 한밤

중에 보챈다고 화를 내거나 대소변을 못 가린다고 짜증을 낸다면, 유아는 자기 나름대로의 방식으로 이런 사실들을 모두 흡수하여 동화시킨다. 이러한 짜증이나 불쾌한 감정, 분노 등은 유아의 유기체(무의식) 속에 깊이 기록되는 것이다. 어떤 측면에서 유아는 자신이 이런 반응들의 원인이 되었다고 생각하기도 한다. 그는 부모로부터 받는 여러 가지 정보들뿐만 아니라 자신이 느끼는 의심이나 불안, 불안정감 같은 정서적 경험까지도 모두 기록해 두는데, 이것들은 평생 동안 무의식 속에 존재하면서 의식 위로 반복적으로 떠오르게 된다.

안정된 애착관계의 발달을 저해하고 자유로운 탐색활동을 불가능하게 하는 대표적인 경우 몇 가지를 들어 보면 다음과 같다.

첫째는 신뢰할 만한 애착대상이 결손된 경우로서, 아주 어렸을 때부터 여러 고아원에서 이 보모 저 보모 밑으로 옮겨 다니면서 성장한 경우가 그 한 예이다. 그 아동을 꾸준히 사랑해 주는 보모 한 사람이 여러 해 동안 지속적으로 돌보아 주었을 때는 비교적 안정된 애착관계가 발달할 수도 있다.

둘째는 불안한 애착관계로서, 아동이 애착대상을 상실할 것 같은 불안감을 느끼고 있는 때이다. 그 불안 때문에 아동은 애착대상 주변을 떠나지 않으려 한다. 가령, 부모 간에 불화가 있다거나 애착대상이 자주 바뀐다거나 하여 애착대상이 자신을 버리고 떠날 것 같은 불안이 있을 때 아동에게는 안정된 애착관계가 정착하지 못하며, 결과적으로 그 아동은 타인(의 사랑)에 대한 기대나 신뢰감을 잘 갖지 못하는 사람으로 성장하게 된다. 이와 더불어 그는 자신이 사랑받을 만한 존재가 못 된다는 생각이 들게 되며, 항상 자긍심이 부족하고 불안해진다.

셋째는 애착대상이 위협이나 처벌을 통해 아동의 자유로운 탐색활동을 적극적으로 금지시키는 경우이다. 흔히 이렇게 성장한 아동은 자긍심의 결여뿐만 아니라 타인에 대한 증오나 불신이 깊이 내재하게 되며, 때로는 자기 파괴적인 행동도 할 수 있다.

넷째는 애착대상의 행동이 매우 모순되고 이해할 수 없어서 아동으로 하여금 일관성 있고 확실한 기대를 가질 수 없게 만드는 경우이다. 여기서 기대란 아동이 애착대상과 친밀한 관계를 형성할 수 있는 것인지, 자유로운 탐색을 해도 되는 것인지, 친밀한 관계에 있는 사람을 신뢰해도 되는 것인지 등에 관한 '예측성'을 의미한다. 이와 같은 예측이 불가능할 때 아동은 혼란에 빠지며, 안정되고 확실한 자기 심상을 발견하지 못할 뿐만 아니라, 자기의 정체가 무엇인지도 잘 알 수 없게 된다. 그는 자기 사랑뿐만 아니라 타인에 대한 사랑도 불가능해지며, 심할 경우 정신과적 장애를 유발할 수도 있다.

이 모든 과정을 통해 일어나는 결과는 "나는 누구인가?" 하는 물음에 대한 결론(혹은 자기 인식self-knowledge)이며, 또한 타인들이란 어떤 사람들이며 세상이란 어떤 곳인가 하는 개념으로서, 이것들이 하나의 체계를 형성하여 자기 나름대로의 논리를 구성한다. 이 논리가 그 사람의 감정

(정서)과 행동을 결정하는 주요 인자(因子)이며, 사랑의 대상과 방법 및 실패에 대한 태도를 결정짓게 된다. 그런데 유아기의 애착관계에 문제가 있었거나, 그 결과로 자기 사랑이나 자긍심이 부정적 방향으로 기울어졌을 경우에는, 그들의 이 같은 논리체계가 이분법적 사고나 과잉일반화와 같은 사고왜곡 혹은 비합리적 사고에 강박적이고 방어적인 양상으로 집착하게 되어 성격의 성장이나 성숙을 방해한다. 따라서 사람의 행동이나 감정의 변화를 꾀하려면 먼저 이 논리에 어떤 변화(교정)를 가져와야 한다는 것이 최근의 인지적 심리요법 이론의 기본입장이다.

자긍심 부족은 이렇게 나타난다

자긍심에 손상을 가져오는 주요 원인 몇 가지를 알아보았다. 그러나 인간의 적응력이란 실로 놀라운 것이어서 자긍심의 손실을 보상하고 자존심을 회복하는 데도 비상한 능력을 가지고 있다. 인간의 가장 기본적이며 일차적인 과제는 생존하는 것인 만큼, 유아기와 아동기를 거치면서 사람이 자기의 가치나 사랑스러움에 대한 확신을 못 얻었을 경우, 그는 그것을 보상하기 위해, 그로 인한 쓰라린 고통에서 벗어나기 위해, 그리고 견디기 힘든 공허감을 메우기 위해 여러 방식으로 대응하고 반응한다. 그중 어떤 것은 더 이상의 고통을 회피하기 위한 방법이고, 어떤 것은 다른 사람의 사랑과 인정을 끌어내기 위한 수단이다. 대개 이런 행동이 나타나는 강도는 그 사람의 자기 사랑 및 자긍심의 결손 정도와 어느 정도 정비례한다.

여기서 한 가지 공통적인 현상은, 본인 자신은 그런 행동이 자기 사랑이나 자긍심의 부족 때문이라는 사실을 잘 모르는 경우가 많다는 것이다. 이런 사람들이 나타내는 전형적인 행동증상 몇 가지를 간략히 소개해 보겠다.

허풍이나 과장

허풍이란 사람들로부터 인정받고 있고 자기 가치가 높아진 것처럼 보이게 할 목적으로 자신을 치켜세우는 행위를 말한다. '빈 깡통이 더 요란하다'는 속담이 있듯이, 이런 사람은 자신의 능력이나 가치를 다른 사람들뿐만 아니라 자기 자신에게까지 과장하여 믿게 하려 애쓴다. 그러나 다른 사람들의 눈에는 그 진의가 금방 드러나 보이므로 흔히 경멸이나 동정의 대상이 될 수 있다. 이런 사람은 사랑이나 인정을 조건부라고 생각하며, 자신에게 어떤 특출한 장점이 있어야만 그것 때문에 다른 사람들이 자신을 사랑해 줄 것이라고 생각하는 것이다. 유난히 돈 자랑을 하고 싶어 하는 사람, 유난히 미모를 과시하려는 사람, 유난히 자기 학식을 드러내고 싶어 하는 사람, 이런 사람들이 실제로는 마음속에서 사랑받고 있지 못하다거나 인정받을 만하지 못하다는 생각(느낌)으로 괴로워하고 있을 수 있다.

남 헐뜯기

자신을 사랑하지 않는 사람은 다른 사람의 허물을 찾아내어 꼬집고 비판함으로써 그와 같은 상태를 이겨내려 한다. 자신은 잘 깨닫지 못하지만, 실제로 그것은 다른 사람에 대한 비난이 아니라 자기 자신에 대한 비난인 것이다. 그런 사람은 자기 자신을 다른 사람에게 투사하고 있는 것에 불과하다. 즉 자신이 별 볼일 없고 흠이 많다는 것을 스스로 인정하는 것은 너무나 괴롭기 때문에 그것을 다른 사람에게 투사하여 그를 나쁜 사람으로 만듦으로써 자기혐오를 분출시키는 것이다. 이렇게라도 하지 않으면 그는 깊은 우울증에 빠지거나 자해할는지도 모르며, 다른 방법(맡은 일을 태만히 하는 등)으로 다른 사람을 괴롭힐 수도 있다.

자기 합리화

자기 사랑이 없는 사람은 자기 가치감도 잘 느낄 수 없는데, 자기 가치감을 발견할 수 있는 유일한 방법은 어떤 일을 잘하는 능력을 통해서이다. 따라서 그런 사람은 어떤 일을 잘못했을 경우 즉시 변명하고 자신의 실패를 합리화한다. 자기가 틀렸다는 것을 용인하는 것, 자기의 실수나 실패를 인정하는 일은 그에게 너무나 고통스런 일이다. 그는 언쟁에 진다거나 자기가 잘못 알고 있다는 사실이 드러나는 일 등을 도저히 견딜 수 없다. 왜냐하면 그의 가치란 조건부인데, 그가 틀렸다거나 실패했다는 사실은 그의 자존심의 마지막 보루를 파괴해 버리는 것과 같기 때문이다. 실패나 과오는 자신의 무가치함과 같다고 생각하기 때문에 그런 사람은 결사적으로, 때로는 현실지각의 왜곡이나 논리의 왜곡을 통해서라도, 자기의 과오를 부인하고 자기의 정당성을 확인시키려 한다.

완벽성

완벽성을 갈구하는 사람은 무슨 일이든 아주 꼼꼼하고 완전하게 하지 않으면 안 된다. 어떤 일을 잘 수행한다는 것이 사랑과 인정을 받는 조건이라고 생각하기 때문에 어떤 결함도 없이 일을 완수하는 것이 그에게는 자신의 존재 가치를 좌우하는 중요성을 띠게 된다. 자신을 인정하거나 거부할 수 있는 사람들의 기대에 부응하기 위해 그는 끊임없이 노력하지 않으면 안 되는 것이다. 아주 작은 실수라도 발견되면 그것은 자신의 체면이나 위신에 결정적인 타격이 된다고 생각하며, 항상 이에 대한 걱정으로 불안해한다. 완벽성을 추구하는 사람이 내면적으로는 자긍심이 부족하다는 사실을 보통사람들은 잘 모르는 경우가 많다.

수줍음

수줍어하는 사람은 자기주장에 소극적이며 근본적으로 자신은 사랑받을 만한 가치가 적다고 생각하고 있으므로, 사람에 대한 그의 기본적인 반응은 두려움이다. 그는 자신에 대한 사람들의 비판과 평가를 두려워하며, 궁극적으로는 타인의 거부를 두려워하는 것이다. 이러한 모험을 피하기 위해 그는 자기 주위에 담을 쌓고 수줍음이라는 장막으로 자신을 보호하려 한다. 특히 자기가 매우 자신이 없는 상황에서 그는 아주 수줍어하고 위축되는데, 이런 의미에서 수줍음이란 '실패에 대한 심리적 보호막' 같은 것이다.

자기평가절하

내적 공허감이라는 괴로운 상태에 적응하는 한 가지 방법은 자신을 매우 가련한 모습으로 보이게 함으로써, 다른 사람들로 하여금 기대를 적게 하게 만들고 비판을 자제하도록 하며, 때로는 동정심까지도 유발하게 만드는 것이다. '다 털린 희생자' 같은 모습은 다른 사람들에게 위협이 되지 않기 때문에 타인들이 그를 격려하게 만들기도 한다. 실제로 그가 내심 기대하는 것은 자기 가치감 상실에 대한 타인들의 부정이며, 그것을 통해 가치감의 상승과 같은 효과를 노리는 것이다.

분노

자기 사랑이 많은 사람은 화를 잘 내지 않는다. 자기 가치감이 부족한 사람은 먼저 자신의 부적절함과 경솔함을 미워하며, 자기 자신 또한 미워하게 된다. 이런 사람이 우울감이나 불안감을 이겨내는 한 가지 방법은 다른 사람에게 화를 내는 것이다. 실은 자신에게 화가 난 것인데, 그것을 다른 사람에게 표출하는 것뿐이다.

방어적 순응

자긍심의 결여에 적응하는 또 한 가지 방법은 모든 규칙이나 법규에 기계적인 정확성을 가지고 순종하는 것이다. 이런 사람은 세상에 태어나 매우 어렸을 때부터 그렇게 순응하면 상(賞)이나 미소나 포옹을 받을 수 있다는 것을 배웠다. 그는 완전히 착하고 말 잘 듣는 사람이 되기로 작정함으로써 그의 자아를 법규준수 뒤에 숨겨 놓고 다른 사람들로부터 비난받지 않는 안전한 삶을 살 수 있게 된다. 타인으로부터 받는 인정은 그에게 자신의 가치를 결정짓는 척도인 것이다.

외톨이가 되는 것

마음의 상처가 깊은(자긍심이 낮은) 사람의 입장에서 볼 때 사람들과 가까운 관계를 맺는 것은 마치 권투시합에 나가 이미 상처 입은 곳을 계속 얻어맞는 것과 같다. 따라서 가장 안전한 방법은 사람들과 가까이 하지 않는 것이다. 만일 가까이 하면 그가 사랑스럽지 못한 사람이라는 것이 탄로 날 뿐이다. 사람들은 인정과 사랑의 대가로 한결같이 고루하고 피곤한 조건들을 제시할 것인데, 이렇게 힘겨운 시합을 하기보다는 차라리 모두 회피하고 혼자 지내는 것이 더 쉽고 편하다고 생각하는 것이다. 이런 사람들은 겉으로는 사교적인 척하지만 속으로는 근본적으로 고독한 사람이다.

과잉성취욕

사람들은 어느 정도 자신의 외면적 성취가 내면적 부족을 보상해준다고 생각한다. 하지만 이 경우는 위대한 일을 성취하거나 많은 재산을 소유하면 다른 사람들로부터 인정받을 것이라 기대하고 그렇게 하려고 극도로 노력하는 경우를 말한다. 이런 태도를 가지고 있는 사람들에게 성취나 소유는 자기 확장을 의미하며, 그들은 되도록 이와 같은 확장을 극대화하고 싶어 한다.

절대적으로 좋은 사람

자신을 사랑하지 못하는 사람들에게서 흔히 볼 수 있는 가장 슬픈 적응양식 중 하나는 전천후로 좋은 사람 노릇을 하는 것이다. 이런 사람들은 타인으로부터 작은 인정이나 수용을 얻기 위해 언제, 어떤 문제에 대해서나 동의한다. 그는 자기 자신에게 진실하지 못한 것이다. 그러나 철저하게 고독하기보다는 철저하게 좋은 사람이 되는 것이 그에게는 더 견딜 만하다.

의심과 냉소적 태도

이런 태도를 취하는 사람은 근본적으로 자기 자신에게서 어떤 가치를 발견할 수 없으므로 자신을 믿지 않는다. 그는 다른 사람들도 모두 자신과 똑같다고 생각하기 때문에 자기 불신을 다른 사람들에게까지 확대하고 투사한다. 따라서 그는 아무도 신뢰하지 않으며, 신뢰가 없는 곳에 사랑이 있을 리 없기 때문에 이런 사람은 항상 고독하기 마련이다. 서양에서는 이런 사람을 '외로운 늑대'라고 부른다.

겁쟁이

인간관계 형성에 대해 주저하는 것을 수줍음이라 한다면, 그와는 달리 모험을 꺼리거나 새로운 계획에 착수하기 주저하는 것을 겁이 많다고 정의한다. 결국에는 실패하거나 거부당할 위험 때문에 사랑을 주는 것도 받는 것도 겁을 내는 자기 가치감이 부족한 사람은 어떤 의미 있는 일을 시도하는 것도 두려워한다. 그는 이와 같은 두려움 때문에 실제로 현실생활의 상당한 부분에서 소외되어 있는 것이다. 이런 사람은 자기가 틀렸을지도 모른다는 생각 때문에 새로운 일을 시도하려 하지 않는다. 그는 또한 자기가 실수할는지도 모르고 다른 사람이 도전할는지도 모르기 때문에 자신을 솔직히 표현하기 두려워한다. 남들이 자기를 싫어할지도 모른다는 생각 때문에 다른 사람들에게 먼저 말을 걸거나 가까이하려는 시도도 하지 못한다. 이런 사람에게 실수나 실패는 자기 가치감이 완전히 손상되었음을 의미하는 것으로, 그의 자기 가치감은 그렇게도 부서지기 쉬운 연약한 상태에 있는 것이다.

이렇게 나열하고 보니 자긍심이 약한 사람이 의외로 많다. 이 글을 쓰고 있는 나 자신에게도 몇 가지 정도는 있는 것 같다. 흔히 사람들은 어렸을 때 형성된 자기 심상(자기 인식 혹은 자기 개념)이 일생 동안 변하지 않는다고 알고 있는데, 반드시 그런 것은 아니다. 초기의 자기 심상과 자긍심이 다소 부정적이었다 하더라도, 성장해 가면서 적어도 부분적인 수정은 얼마든지 가능하다. 어떤 이론적 맥락에서 어떤 방법을 통해 그 원인을 확인하는지에 따라 손상되기 쉬운 자긍심을 튼튼하게 만들고 낮아진 자긍심을 높일 수 있다. 따라서 장을 달리하여 자긍심을 튼튼하게 하고 높이는 방법을 알아보기로 하자.

맺으면서

사람은 저 잘난 맛에 살며, 또 그래야 한다. 타인이 볼 때는 잘난 점이 많은 데도 본인은 잘난 점이 한 가지도 없다고 생각하는 사람들이야말로 심리치료가 필요한 사람들이다. 역시 그 원인은 어렸을 때의 애착 관계에서 찾을 수 있다. 여기에는 부모의 불화와 엄마의 우울증도 중요한 역할을 한다.

내가 나를 잘났다고 생각하지 않는데 누가 나를 사랑해 주겠는가? 자기 사랑은 타인과의 사랑의 선결조건이며 필수조건이다.

자긍심 부족은 일종의 마음의 병이나 마찬가지다. 지금까지 살펴본 자긍심 부족의 양상 가운데 한 가지도 해당되지 않는 사람은 없을 것이다. 그래서 사람은 완벽한 존재가 아닌 것이다. 중요한 것은 그런 문제(혹은 결함)를 내가 얼마나 알고 있는가 하는 것이며, 그것을 인정하고 바로잡으려는 동기(혹은 의지)와 실제 노력의 정도이다. 심리치료 현장에서 치료자가 가장 무력감을 느끼는 때는 자신의 문제를 인정하려 들지 않거나 인정은 하더라도 해결하려는 동기가 부족한 경우이다. 물론 그 같은 동기부족도 치료자가 해결해야 할 몫이다.

확실히 사랑은 자긍심을 높여 준다. 사람들은 너무 당당한 사람 앞에서 위협을 느낄 때가 있고, 자긍심이 다소 부족한 것이 매력일 때도 있다. 자긍심이 사랑의 기본이라고 하지만 원래는 사랑이 자긍심의 기본이다. 자긍심이 다소 부족하다고 해서 절망할 필요는 없다. 용기를 내어 사랑에 도전하는 것이야말로 사랑도 얻고 자긍심도 높이게 되니 일석이조의 효과가 아니겠는가.

06

자긍심을 높이는 여덟 가지 방법

자기 자신과 평화로울 줄 알 때
비로소 다른 사람과도 평화로울 수 있다.
- Bertrand Russell

자긍심이란, 그 생성과정에서 살펴본 바와 같이, 유아기와 아동기를 거쳐 사람이 성장하는 과정에서 우리들의 두뇌 속에 입력된 프로그램과 같은 것이다. 따라서 한 번 입력되면 수정하기란 매우 어렵다. 그 입력과정은 아동기 이후 장년기까지 계속되는데, 새로운 입력을 통해 과거에 이미 입력된 프로그램의 내용에 어느 정도 수정은 가할 수 있으나, 이미 수록된 기억을 완전히 말소하고 새로운 프로그램으로 대체할 수는 없다. 가끔 과거의 기억들이 너무 괴로워 그 기억들을 모두 지워 달라고 호소하는 정신과 환자들도 있지만 아직 그런 능력이 우리 인간에게는 없다. 현재 우리의 능력으로 할 수 있는 것은, 새로운 입력을 통해 과거의 잘못된 프로그램을 최대한 수정함으로써 그 부정적 효과를 최소한으로 줄이고 새로운 양상의 행동(감정반응도 포함하여)을 낳게 하는 일이다.

자긍심을 높이는 방법에 대해 매우 적극적인 연구를 통해 심리요법을 개발한 사람은 앨버트 엘리스Albert Ellis로서, 그의 이론을 '합리적 정서요법Rational-Emotive Therapy'이라고 한다.[1] 합리적 정서요법은 인간의 불안이나 우울을 해결하는 데 큰 도움이 될 수 있는 이론으로서, 불안이나 분노, 우울 같은 감정들은 대개 그 저변에 존재하는 비합리적 사고에 의해 생긴다고 설명하고 있다. 마음이 몹시 아프고 우울해지려고 할 때나 자존심이 크게 상할 때, 엘리스의 심리요법서를 읽어 보면 확실히 큰 도움이 된다.

또한 토마스 해리스Thomas Harris는 『나도 좋고, 당신도 좋다I'm O.K.-you're O.K.』[2]라는 책에서 상호교류분석transactional analysis을 소개한다. 인간의 현재 행동(감정)은 부모의 양육방법 및 훈육의 영향, 이성적 자아의 영향, 자발적이며 창조적인 원초적 감정의 영향 등의 상호작용으로 이루어진다고 설명하며, 현재의 자신을 수용하고 타인도 수용할 수 있는 방법을 감정이해를 바탕으로 제시한다. '이해는 용서'라는 말이 있듯이, 감정의 뿌리를 이해할 수 있으면 행동도 이해할 수 있고 자신과 타인을 너그럽게 수용할 수 있다는 것이다.

자긍심의 손상을 해결하고 그것을 보강할 수 있는 세 번째 방법은 애론 벡Aaron Beck의 '인지(認知)-행동적 심리요법'이다. 이 이론에서는 사람의 감정반응은 그 사람이 가지고 있는 사고방식에 의해 결정되며, 그 사고방식은 비교적 의식에 가까운 '자동적 사고'와 비교적 무의식 속에 숨겨져 있는 '내재적 가정'으로 구성된다고 설명한다. 이 치료방법의 핵심은 감정반응을 유발하는 사고의 객관적 타당성(논리성과 현실적 증거)을 소크라테스적 질문의 형태를 빌려 검증하고, 거기에 내포되어 있는 논리적 오류를 지적하는 것이다. 비교적 논리적이라는 점에서는 엘리스의 이론과 유사하다.

자긍심의 저하를 해결하기 위해 우리 모두가 반드시 심리학자가 될 필요는 없다. 그러나 앞에서 소개한 세 가지 심리요법의 대체적인 기법을 잘 알아 두고 실제 생활에서 다음과 같은 여덟 가지 질문을 자기 자신에게 던져 보면 확실히 도움이 될 것이다.

사고오류 때문이 아닌가?

나의 동료인 R 교수의 경우를 예로 들어보자.

그가 처음 대학 교단에 섰을 때의 일이다. 당시에 그는 군복무를 마치고 오랫동안 떠나 있던 캠퍼스에 다시 돌아와 다소 서먹했다. 열심히 강의를 했으나 학생들의 반응은 그의 기대와는 달랐고 시간이 지날수록 기분이 이상해지기 시작했다. 학생들이 자신을 별 볼일 없는 무능한 교수로 취급하는 것 같은 생각이 점점 짙어 갔다. 질문을 하는 학생도 별로 없었을 뿐만 아니라 어쩌다 질문을 하더라도 꼭 자신을 시험하는 것처럼 느껴졌다. 학생들이 웃는 것도 자신을 얕잡아 보고 비웃는 것 같았고, 비스듬히 다리를 꼬고 앉아 있는 모습이 마치 자신을 무시하는 것 같았다. 강의가 거듭되자 결석하는 학생 수가 점점 늘어났는데, 그것 역시 자신의 강의가 시원치 않아서 빠지는 것처럼 생각되었다. R 교수는 점점 자신이 없고 우울해졌다. 그러나 학기가 끝난 후 R 교수에 대한 학생들의 강의평가 결과 뜻밖에도 매우 높은 점수가 나왔다.

이 예에서 어떤 사고오류가 나타나고 있는지 살펴보자.

첫째는 '잘못된 심리추측mind reading'이다. 학생들이 R 교수의 강의를 듣는 태도가 마치 R 교수를 실력 없는 교수로 보는 것 같았다거나, 비스듬히 앉은 자세가 선생을 무시했기 때문이라는 것 등은 근거 없는 추측이다. 이런 사고방식을 '인위적 추론arbitrary inference'이라고 하며, 이것은 부정적으로 생각할 아무런 근거가 없는데도 부정적인 결론에 도달하는 것을 의미한다. 학생들이 R 교수를 실력 없는 교수로 보고 있다는 구체적 증거가 무엇인가? 언제 그런 내용의 대자보라도 붙은 적이 있는가? 학생들이 비스듬히 앉아 있는 것이 정말로 R 교수를 무시해서 그런 것인가? 학생들이 결석한 것이 교수의 강의 때문이었다는 증거가 있는가? 학생들에게 설문조사라도 해 보았는가? 어떤 근거에서 학생들이 자신을 무시하고 있다는 결론을 내렸는가? 객관적인 증거 없이, 소위 심증만으로 다른 사람의 생각이나 감정을 판단하는 것은 비논리적이다.

어떻게 나 자신을 좋아할 수 있을까?
강력한 방법 중 하나는
나 자신이 되는 용기를 가지는 것이다.
자신의 능력을 인식하고 성취하며,
그 과정에서 생기는 갈등과 불안을
극복하고 받아들이는 용기를…

둘째는 '감정적 판단emotional reasoning'이다. 내 기분이 우울해지는 것을 보니 학생들이 나를 무시하고 있음이 틀림없다는 결론은, 논리의 근거를 객관적 사실에 두는 것이 아니라 주관적 감정에 두고 있는 것이며, 주관적 감정은 오히려 논리의 결과로 나타날 수 있는 것이다.

셋째는 '판단력의 색안경mental filter'으로, 이것을 다른 말로는 '선택적 추측selective abstraction'이라고도 한다. 선택적 추측이란, 여러 긍정적인 측면이 있음에도 불구하고, 그것들을 간과하고 몇 가지 부정적인 측면에만 선택적으로 관심을 갖는 현상을 의미한다. 결강하는 학생들이 다소 생겼다 하더라도 계속해서 열심히 듣는 학생이 몇 배 더 많은데, 경청하는 학생들에게는 관심을 갖지 않고 결강하는 숫자에만 선택적으로 신경을 쓰는 것은 비논리적이다.

넷째는 '모두 내 탓이오personalization' 사고오류이다. 학생들이 떠들거나 강의 시간을 빼먹는 것은 그 학생들의 사정이며, 반드시 선생이 강의를 잘못하기 때문만은 아니다. 그것에 대한 확실한 이유를 알아보기 전까지는 결코 선생이 비난의 대상이 되어야 할 이유가 없는 것이다. 그럼에도 불구하고 모든 잘못된 일의 책임이 자기 자신에게 있는 것으로 결론짓는 것은 비논리적이다.

다음으로 비합리적 사고에서 몇 가지를 살펴보자.

첫째, 학생 중 일부가 R 교수의 강의에 불만이 있었다 하더라도, "나는 내가 하는 모든 일에서 모든 사람으로부터 반드시 사랑받고 인정받아야 한다"라고 생각하는 것은 비합리적이다. 그것이 '바람직한' 목표가 될 수는 있어도 '반드시 필요한' 목표는 결코 아닌 것이다.

둘째, "내가 하는 모든 일에서 반드시 아주 유능하고, 적절하며, 성공적이지 않으면 안 된다"는 생각 역시 비합리적이다. R 교수도 잘하는 일이 있는 반면에 잘 못하는 일이 있으며, 그것이 오히려 인간적이지 않은가? 다소 잘 못하는 점이 있다 하여 R 교수의 내재적 가치가 전적으로 부정되는 것은 아니다.

이와 같은 방법으로 자신의 생각을 분석해 보면 사고오류를 발견할 수 있다. 때로는 자신을 괴롭히는 부정적 생각들을 종이 위에 낱낱이 적어 놓기만 해도 기분이 다소 나아지는 경우가 있는데, 그것은 머릿속에 담아 두기보다 종이 위에 써놓고 볼 때 그 생각들의 부정적 성질의 정도를 더 잘 알 수 있기 때문이다. 종이에 적어 놓고 봐도 여전히 그 부정적 생각들이 현실로만 보이면, 이삼 일 지난 뒤에 다시 보는 것이 좋다. 그러면 그 생각들의 부정적 측면이 눈에 더 잘 보이고 기분이 가벼워지기도 한다. 그래도 잘 풀리지 않을 때는 부정적 감정반응을 한 가지씩 써놓고, 그 이유가 되는 생각들의 불합리성이나 비논리성 혹은 비현실성을 밝혀 나가면 기분이 훨씬 좋아진다.

많은 경우 우리의 감정반응을 유발하는 것은 외부 현실이 아니라 우리의 생각이며, 사고방식이 비합리적이거나 비현실적일 때 우리의 감정반응은 실제상황과 아주 동떨어지게 된다. 그러므로 감정반응의 고삐를 비논리적 · 비합리적 사고에 쉽게 내어 줄 것이 아니라, 사고의 논리성과 합리성을 확실하게 판단함으로써 감정반응의 고삐를 자신이 움켜쥐어야 하는 것이다.

나에게만 다른 기준을 적용하고 있지는 않는가?

자긍심을 높이는 데 효과적인 두 번째 방법은 소위 '이중기준 기법 double-standard technique'이다. 이것은 자신에게 적용하는 기준과 다른 사람에게 적용하는 기준이 전혀 다른 경우에 그것의 부당함을 지적하는 기법을 말한다. 만일 당신의 친한 친구가 당신과 똑같은 입장에 처했을 때, 당신은 그 친구에게 뭐라고 말하겠는가? 만일 앞의 예에서 R 교수가 자기와 똑같은 입장에 있는 다른 동료 교수가 자기처럼 우울해하는 것을 보았다면, 그에게 뭐라고 말해 줄 것인가? "그것 참 큰일났구먼! 학생들의 반응대로 당신은 자질이 부족한 교수니까 일찌감치 다른 직업을 찾아보시지"라고 말할 것인가? 그렇게 말할 사람은 아무도 없을 것이다. 오히려 우울증에 빠진 것이 잘 납득되지 않는다면서, 그의 우울감의 부당함을 그에게 설득시키려 할 것이다.

그런데 왜 사람들은 자기 자신에게는 이렇게 위로하려 하지 않고 오히려 심하게 질책하려 하는가? 잔인하고 비논리적인 방법으로 자신을 대하는 것이 어떤 도움을 주는가? 자기 자신에 대한 극기훈련인가?

그렇게 함으로써 자긍심이 높아지는가? 자긍심을 공격함으로써 얻는 것이 무엇인가? 자긍심에 스스로 손상을 주어 얻어지는 것은 아무것도 없을 뿐만 아니라, 사기저하와 자학만 가져올 뿐이다. 자긍심을 높이는 요체는 자기가 사랑하는 친구에게 하는 것과 똑같은 객관성과 동정심을 가지고 자기 자신을 대하는 일이다. 다른 사람에게 적용하는 기준과 자기 자신에게 적용하는 기준이 다른 것은 비논리적이며, 정신건강에 역행하는 처사일 뿐이다.

그렇게 생각하는 객관적 증거가 있는가?

셋째로는 특정 사고에 대한 증거가 무엇인지 자신에게 물어보는 방법이 있다. 어떤 문제가 있을 때 그것과 정면으로 대결하는 것이 최선의 방법인데, 마음이 약해져 있을 때는 확실한 이유나 증거가 없는데도 마음이 불안해지고 두려워진다. 예를 하나 들어 보자.

얼마 전부터 L 군과 가깝게 사귀고 있는 P 양이 하루는 L 군의 직장으로 전화를 걸었다. 여직원이 전화를 받았는데 L 씨는 지금 자리에 없고 어디에 갔는지 모르며 언제 돌아올지도 모르겠다고 했다. 저녁에 집으로 전화를 해도 L 군과 통화할 수 없었다. 다음날에도 전화를 했으나 역시 L 군은 자리에 없었고, 메모를 부탁해도 L 군으로부터 전화가 오지 않았다. P 양은 갑자기 불안해지기 시작했다. 그가 일부러 내 전화를 안 받는 것은 아닐까? 그가 이젠 나한테 싫증이 나서 피하는 것은 아닐까? 이러다가 그와 헤어지게 되는 것은 아닐까? 나는 남자들에게 인기가 없고 매력 없는 여자인가? 앞으로도 나를 좋아할 남자는 아무도 없는 게 아닐까? 이러다가 금방 노처녀가 되어 평생 시집도 못 가는 것은 아닌가? 이렇게 생각하다 보니 어느새 P 양의 마음은 우울해지고, 마치 자신이 벌써 버림이라도 받은 사람처럼 처량하게 느껴졌다.

L 군이 P 양에게 싫증이 나서 고의적으로 그를 피하려 한다는 증거가 어디 있는가? L군이 그렇게 말하던가? 전에도 지금처럼 회피한 적이 있었는가? 그런 경우는 한 번도 없었다. P 양이 남자들한테 인기가 없고 매력이 없다고 누가 그러던가? 그 증거가 무엇인가? 그렇다, 그 증거가 있어야 된다. '막연한 추측'이나 '육감', '기분이 그렇다'와 같은 것은 증거가 될 수 없다. 다른 사람들도 동의할 수 있는 객관적이고 확실한 증거가 있어야 하는 것이다. 지금 P 양의 생각들이 바로 '감정적 판단'이며, '잘못된 심리추측'이고, 또한 뒷부분은 '지레짐작의 과오fortune-telling error'에 해당된다. 특히 '지레짐작의 과오'는 사람들이 미래의 일에 대해 확실한 근거도 없이 부정적이고 불행한 결과를 예측하는 사고방식을 말하는데, 우울증을 유발하고 지속시키는 매우 중요한 요인이다.

L 군이 P 양에게 싫어한다고 말하거나 확실하게 고의적으로 회피하는 행동을 보이지 않는 한, P 양의 걱정과 불안은 불필요한 것이며, 그로

인해 자긍심이 손상될 이유는 전혀 없는 것이다. 다시 한번 확인하자. 자신의 자긍심을 떨어뜨리는 생각의 객관적 근거가 무엇인가? 그것이 정말 확실한가?

다른 (대안)해석도 있지 않은가?

넷째로는 '대안적 해석법alternative interpretation method'이 있다. 앞에서 설명한 객관적 증거를 확인하는 방법은 특히 불안증 치료에 유효한 반면에, 여기서 설명하는 대안적 해석법은 우울증 치료에 가장 많이 사용되는 방법이다. 우리 속담에 "마누라가 예쁘면 처갓집 말뚝 보고도 절한다"라는 말이 있듯이, 기분이 좋을 때는 모든 일들이 좋게 보이고 기분이 우울할 때는 모든 일들이 나쁘게 보이는 경향이 있다.

앞의 예에서 P 양의 기분이 좋은 상태였다면 L 군이 자리에 없었다 하더라도 다른 이유(해석)를 생각해 냈을 것이다. L 군이 P 양을 고의적으로 회피한 것이 아니라 갑자기 손님(고객)이 찾아와서 만나러 나갔다거나, 어떤 회의에 참석하러 갔다거나, 자료실에 참고서적을 찾으러 갔다거나, 윗사람의 부름을 받아 나갔다는 등으로 얼마든지 긍정적인 대안해석이 가능하다. 만일 이렇게 바꾸어 생각했더라면 P 양의 기분도 나빠지지 않고 불필요한 걱정도 하지 않았을 것이다.

부정적 방향의 생각(해석)을 하게 된 것이 P 양을 침울하게 만든 원인이라면, 반대로 생각을 밝고 긍정적으로(긍정적 대안 해석으로) 바꾼다면 그녀의 기분도 좋아졌을 것이다. 우리는 노력 여하에 따라 어떤 불행한 일에 관해서도 여러 긍정적 대안해석을 생각해 낼 수 있다. 그래서 외국에서는 암과 같은 중병을 앓고 있는 환자들에게도 이와 같은 긍정적 대안해석법을 훈련시킴으로써, 그들의 기분을 밝게 해줄 뿐만 아니라 통증을 덜 느끼게 하고 병의 경과도 많이 호전시킬 수 있다는 연구결과들이 나와 있다.

어떤 괴로운 일을 당했을 때, 불행한 결과로 성급히 결론을 내리지 말고 가능한 여러 가지 대안해석의 목록을 만들어 본다면, 효과적인 문제해결(이 문제해결방법도 우울증 치료에 매우 효과 있음이 입증되었음)을 가져올 수 있을 뿐만 아니라, 정신건강에 도움이 되고 자긍심의 손상을 방지하는 데 큰 도움이 될 수 있다.

사실인지 확인해 보았는가?

다섯째 방법은 질문법inquiry technique이다. 사실 이 방법은 우리 문화권에는 잘 맞지 않을는지도 모른다. 왜냐하면 우리는 나이 어린 사람이 어른에게 꼬치꼬치 물어보면 자칫 건방지다거나 당돌하다는 말을 듣기 쉽고, 특히 어떤 지시나 명령의 이유를 물어본다는 것은 상당한 용기를 필요로 하기 때문이다. 그러나 대인관계, 특히 남녀의 애정관계나 부부

관계에서 서로 물어보지도 않고 상대방의 감정을 짐작(해석)하고 그것에 따라 반응한 나머지, 전혀 엉뚱한 행동이나 감정반응을 보이게 되는 경우가 흔히 있다. 남편이 피곤해서 아무 말도 하지 않고 앉아 있었더니, 아내는 이것을 사랑이 식은 증거라고 해석하거나 자신에게 화가 나 있기 때문이라고 해석하는 경우가 바로 이런 예이다.

앞의 예에서도 P 양이 L 군을 직접 만나 이젠 싫증이 난 거냐고 물어봤다면, 그렇게 비관적인 생각으로 자신을 불안하고 우울하게 만들지는 않았을 것이다. 만일 두 사람 사이에 실제로 어떤 문제가 있었다 하더라도, 그것에 대해 걱정과 한탄만 할 것이 아니라 솔직히 털어놓고 서로의 생각을 밝혔다면 문제를 건설적으로 해결할 수도 있었을 것이다.

사람들이 무시한다거나 응분의 대접을 하지 않을 때, 그 이유를 묻는 것은 상당한 재치와 요령, 그리고 용기를 필요로 하는 일이다. 그 자리에서 상대방에게 화를 내거나 변명 또는 항변하지도 않고 침착성을 유지하는 일은 매우 어려운 일이며, 그렇게 하면서 대화가 가능하다면 문제의 절반은 해결된 것이나 다름없다. 이때 '왜'라는 물음보다는 '언제', '무엇을', '어떻게'와 같은 소위 육하원칙에 의한 구체적인 물음이 문제의 실체를 파악하는 데 도움이 된다.

특히 이 과정에서 상대방의 체면이나 자존심에 상처를 주어서는 안 되며, 마치 수사관이 피의자를 심문하듯 해서도 안 된다. 어디까지나 원만한 관계를 회복 내지는 향상시키는 것을 목표로 하고, 그 맥락 속에서 서로 의사소통이 이루어져야 하는 것이다. 때로 질문에는 성공했으나 관계는 악화되고 말았다는 경우가 있는데, 그것은 결코 바람직한 일이 아니다.

한 가지 명심할 일은, 일반적으로 우리의 마음속에서 만들어 내는 상상 속의 문제보다 현실적 문제를 해결하는 것이 스트레스를 덜 준다는 사실이다. 실체가 드러나지 않은 문제에는 신경을 쓰지 말아야 하며, 가급적 문제의 실체는 상세히 질문하여 정확히 파악하는 것이 중요하다.

얻는 것과 잃는 것 중 어느 쪽이 더 많은가?

여섯째 방법은 손익분석법cost-benefit analysis이다. 특정 생각이나 태도에 집착하는 것이 자신에게 어떤 도움을 주는지, 아니면 자신을 아프게 할 뿐인지 스스로에게 한번 물어볼 필요가 있다.

사람들 중에는 무엇을 매우 두려워하면 그것이 어떤 마술적 힘을 가져 자기를 보호해 준다고 믿는 나머지, 열심히 걱정하고 불안해하는 경우가 있다. 예를 들어, 항상 우수한 성적을 받는 학생이 시험 때마다 자신 없다고 엄살을 부리며 걱정한다거나, 경기를 앞둔 운동선수가 괜히 질 것 같다고 불안해하는 것이 바로 이런 경우에 속한다. 그는 이런 스트레스와 초조함을 마치 성공을 위한 대가라고 생각하며, 만일 낙관하고 자신을 가지면 꼭 실패한다고 믿고 있는 것이다. 사랑을 하는 사람들이 이런 방법으로 그들의 애정관계를 돈독히 하려 한다면, 그것은 매우 잘못된 생각이며 오히려 역효과를 가져오기 쉽다. 바가지 긁을 일이 없어도 가끔씩 남편을 긁어 놓아야 남편이 딴 생각을 못할 것이라거나, 마누라와 북어는 두들길수록 부드러워진다거나 하는 생각들은 잘 되어 가는 두 사람 사이를 망쳐 놓기 좋은 생각들이다. 왜냐하면 사랑에 자신이 없거나 다른 사람들이 자기를 사랑할 것이라는 자신감이 없는 사람은 바로 그 불안감, 질투, 의심 때문에 이루어질 수 있었던 사랑도 멀리 쫓아 버리기 때문이다.

사람들은 누구나 자기 스스로를 사랑하지 않는 사람을 싫어하며, 질투와 의심이 가득한 눈초리로 쳐다보면 붙었던 정도 떨어져 버린다. 이렇게 되면 의심하고 강짜 부리던 사람은 기름에 불을 붙인 것처럼 더욱더 불안해지고 초조해지며, 결국 그 관계는 파탄에 이르고 만다. 반면에 자신을 사랑스럽다고 생각하며 다른 사람들이 자신을 사랑하고 자신에게 이끌린다고 생각할 때, 이런 긍정적인 태도와 감정이 다른 사람들을 기분 좋게 할 뿐만 아니라, 자신의 얼굴을 환하게 만들어 다른 사람들에게 더욱더 사랑스럽고 매력적인 사람으로 보이게 되는 것이다. 이것은 마치 자기 이행적 예언self-fulfilling prophecy과도 같다.

내가 나를 버리지 않는 한 다른 사람들도 나를 버리지 않는다는 말이 있다. 내가 나를 존중하지 않는데 누가 나를 존중하겠는가? 자신에게 긍정적인 태도를 가지는 것과 부정적인 태도를 가지는 것 중에 어느 것이 더 유익한지, 이 두 가지 태도가 각각 가져오는 이익과 손실을 충분히 분석하여 행동하는 것이 합리적인 방법이다.

만일 그것이 사실이라면 나는 완전한 파멸인가?

일곱째 방법은 '만일 그것이 사실이라면 나는 어떻게 되는가?'의 추리 방법이다. 자신의 부정적 사고가 잘못되었음을 증명하려고 노력하는 대신에, 그와 정반대되는 작전을 구사하여 자기 자신에게 이렇게 물어보는 것이다. 만일 이 부정적인 사고가 사실이라면 어떻게 될 것인가? 그것은 나에게 어떤 의미가 있는가? 그것이 나에게 왜 그렇게도 충격을 주는가? 이런 물음에 대해 마음에 떠오르는 부정적 사고와 공상들을 전부 종이 위에 써놓고 보면, 자신의 마음속 깊이 자리하고 있는 불안(공포)이나, 사귀고 싶은 사람과 쉽게 친해지지 못하게 하는 비합리적 태도들에 대해 중요한 힌트를 얻을 수 있을 것이다.

가령, 앞의 예에서 L 군에게 전화를 걸었다가 여러 가지 억측을 마음속에 떠올렸던 P 양은 이런 생각을 가지고 있었을지도 모른다. "만일 그가 실제로 나를 피한다면 그것은 나와의 관계를 끝내겠다는 의미가 된다. 그러면 나는 사랑받을 만하지 못한 사람이 되고, 앞으로도 내내 외톨이가 될 수밖에 없다는 의미가 된다. 그렇게 되면 나는 비참한 존재가 되고, 나의 인생은 살 가치조차 없는 것이 되고 말 것이다." 이런 생각들은 사랑이나 결혼에 대해 P 양이 평소 마음속에 품고 있었던 몇 가지 자기 패배적 태도를 나타내는 것이다. 그리고 그것들은 실제로 심각한 문제를 야기할 수도 있다. P 양의 의식 속에는 다음과 같은 생각들이 자리잡고 있었는지도 모른다.

1. 내가 좋아하는 사람과 갈등이나 의견대립이 생기면 위험하다. 다른 사람과의 관계에 문제가 생기면, 그것은 대개 그 사람과 내가 헤어지는 것으로 끝난다.
2. L 군이 나를 싫어한다면 그것은 틀림없이 내 잘못 때문이며, 또한 그런 사실은 내가 근본적으로 사랑받을 만하지 못하다는 것을 증명하는 것이 된다.
3. 한 남자가 나를 싫어한다는 사실은 다른 남자들도 나를 싫어한다는 의미가 되며, 그렇게 되면 나는 영원히 혼자서 고독하게 살아야 한다.
4. 내가 만일 영원히 고독하게 살아야 한다면, 내 인생은 살 가치가 없는 것이다.

이런 생각들은 다분히 비현실적이며 비합리적인 것으로, 자긍심을 상실하게 만들고 의미 있는 관계를 형성하기 어렵게 만드는 깊은 불안감을 갖게 한다. 논리적 근거나 현실적인 증거를 따져서 이런 생각에 반박하는 것도 필요하지만, 이렇게 생각함으로써 유익한 측면과 손해가 되는 측면을 나열해 보는 방법도 도움이 될 수 있다. P 양의 존재가치와 장래, 행복의 가능성 등이 전부 L 군에게 달려 있다고 생각하는 것이 합리적이며 현실적인 사고방식인가? 그렇게 생각함으로써 유익한 점은 무엇이며, 해로운 점은 무엇인가? L 군이라는 존재가 P 양의 자긍심에 그렇게도 대단하고 절대적인 위치를 차지하기를 P 양이 진정 원하는가?

때로는 상대방의 존재에 지나치게 중요성을 부여함으로써 오히려 관계를 망치는 경우가 있다. 이런 경우 상대방은 너무나 부담스러워서 재미가 없어지는 것이다. L 군이 없다 해서 P 양이 당장 쓰러지지 않을 뿐만 아니라, 다른 남자도 얼마든지 있을 수 있다. 설령, 끝내 사랑이 이루어지지 않는다 해서 P 양의 인생이 반드시 비참해진다거나 불행하게 되는 것도 아니다. 상대방의 중요성을 다소 덜어 주어 그 사람 없이도 자신이 살 수 있음을 보여 줌으로써, 자신도 훨씬 기분이 가벼워질 뿐만 아니라 상대방과의 관계도 더 좋아지게 된다.

인생은 살도록 만들어진 것이다. 어떤 문제가 생기고 사랑이 깨어진다 해서, 그리고 설사 남들로부터 사랑을 못 받는다 해서 그 인생이 반드시 존재할 가치가 없다거나 의미 없는 것은 결코 아니다. 존재한다는 것 그 자체만으로도 충분히 의미가 있고 가치가 인정되는 것이다.

내가 나를 좋아할 수 있는 방법은?

여덟째 방법은 '쾌감예측방법pleasure predicting method'으로서, '쾌감예측지pleasure predicting sheet'를 사용하는 방법이다. '쾌감예측지'란 쾌감이나 개인적 성장을 가져올 만한 일, 가령 아침 산책이라든가, 맛있는 음식을 요리해서 먹는 일이라든가, 좋은 영화를 보러 가는 것 등을 혼자서 하는 경우와 누구와 함께 하는 경우 시작하기 전에 그 일이 가져올 쾌감을 0~100퍼센트의 범위로 예측하고, 그 일을 마친 후에 실제로 느낀 쾌감을 역시 0~100퍼센트의 범위로 평가하는 방법이다.

앞에서 예를 든 P 양의 경우 같으면, L 군이 없는 인생이란 얼마나 쓸쓸하고 비참할 것인가 하고 혼자 머릿속으로 생각만 할 것이 아니라, 나의 인생을 내가 책임진다는 태도로 혼자서 어떤 생산적인 활동을 시작하는 것이다. 혼자 영화구경을 갈 수도 있고, 음악회에 갈 수도 있으며, 혼자 분위기 있는 식당에 가서 식사하거나 여행을 다녀올 수도 있는 것이다. 이렇게 하다 보면 L 군이 P 양의 행복이나 만족의 유일한 원천이 아님을 발견하게 될 것이다. 만일 이런 일들을 P 양이 혼자서 할 때 공허감이나 비참한 기분을 느낀다면, L 군과의 관계 역시 장기적으로는 그를 행복하게 하거나 안정감을 느끼게 해 주지 못할 수도 있다. 혼자 있을 때 자신의 인생을 만족스럽고 의미 있게 살 수 있어야만, 다른 사람과의 관계에서도 자긍심을 느끼고 서로 필요한 존재가 될 수 있는 것이다.

혼자서 이와 같은 일들을 잘하지 못하는 주요한 이유는 다른 사람들이 자신을 외롭고 비참하게 볼까 봐 불안하기 때문이다. 이런 태도는 자기의 행복이나 만족을 다른 사람의 손에 의해 결정짓게 하는 것이며, 자신의 자유를 제한하는 행위가 된다. 이때 나타나는 주된 비합리적 사고나 사고오류는, 다른 사람들이 나를 어떻게(부정적으로) 생각하는지 내가 잘 알고 있다는 '잘못된 심리추측'이며, 다른 사람들이 나를 좋지 않게 생각하면 앞으로 나에게 좋지 못한 일이 생길 것이라는 '지레짐작의 과오'이며, 내가 혼자서 음악회에 갔다는 소문이 사람들 사이에 퍼지면 사람들이 가까이 하려 하지 않을 것이라는 상상 등이다.

혼자 있을 때 자신의 인생을
만족스럽고 의미 있게 살 수 있어야만,
다른 사람과의 관계에서도 자긍심을 느끼고
서로 필요한 존재가 될 수 있다.
우리가 혼자이기를 두려워하는 이유는
다른 사람들이 자신을 외롭고 비참하게 보지나
않을까 하는 불안 때문이다.

시작하기 전에는 재미없을 것 같던 일들도 일단 시작하면 재미있고, 끝내고 나면 뿌듯하게 느껴질 때가 많다. 중요한 것은 누구와 함께 하는가 하는 것이 아니라, 내가 얼마나 적극적으로 그 일에 뛰어드는가 하는 것이다. 이와 같은 태도로 사랑을 할 수도 있고, 즐거운 여행을 할 수도 있으며, 맛있는 음식을 먹을 수도 있다. 이때 '쾌감예측지'를 사용하여 시작하기 전에 예측한 쾌감과 끝낸 후의 쾌감의 정도를 비교하는 '실험'을 해 보는 것이 좋다.

여기서 중요한 것은 내가 행복해지기 위해서 반드시 다른 사람을 '필요'로 하는 것은 아니라는 사실이다. 혼자서도 충분히 행복하고 성취감을 느낄 수 있을 때 다른 사람과의 관계에서도 대단한 기쁨과 만족을 느낄 수 있는 것이다. 자기가 자기 자신을 좋아하고 사랑할 줄 알 때, 그리고 혼자 있어도 행복할 수 있을 때 비로소 자신이 좋아하는 다른 사람과 진정한 사랑을 나눌 수 있으며, 바로 이런 사랑이 자신의 성장에 유익한 기회가 될 수 있다.

어떻게 자신을 좋아할 수 있는가? 강력한 방법 중 하나는 나 자신이 되는 용기를 가지는 것이다. 자신의 능력을 인식하고 성취하며, 그 과정에서 생기는 갈등이나 불안을 극복하고 받아들이는 용기를 말한다. 이것과 반대되는 개념은 허세이다.

자긍심은 내가 이룬 성취와 정비례하고 허세와 반비례한다. 성취란 무엇인가? 그것은 실제로 행하는 것을 말하며 현실적으로 문제에 대처하는 것을 의미한다. 그와 반대되는 개념은 회피이며, 회피는 허세를 낳는다. 회피를 가져오는 원인은 불안과 공포이다. 이것은 부정적 자기 평가를 초래하는 반면에, 대처행위는 긍정적 자기 평가를 느끼게 한다. 이 같은 자기 내부에서 생기는 긍정적 자기 평가가 곧 자긍심이다. 궁극적으로 자긍심의 발달은 내가 한 행동의 결과로 나 자신에 대해 실제로 느끼는 정서적 경험과 직결된다. 대처행위는 이와 같은 유쾌하고 보람을 느끼는 정서적 경험을 가져다주는 것이다.[3]

맺으면서

자긍심이란 나의 의지로 어떻게 할 수 없는 타고난 기질인가? 100퍼센트 그런 것은 아니다. 최근의 심리학 연구에서 성격의 기질적(선천적) 요인에 대한 언급이 많아지고 있기는 하나 선천적 요인의 변화 가능성이 인간이 다른 생물체와 다른 중요한 특징이다. 환경적 요인이나 훈련(학습)을 통해 타고난 기질을 변화시키는 예는 심리학 서적에서 얼마든지 찾아볼 수 있다.

그런 변화를 가능하게 하는 매우 효과적인 방법 가운데 대표적인 것이 인지-행동요법Cognitive-Behavioral Therapy이다. 지금까지 설명한 여덟 가지 방법이 인지-행동요법에서 많이 사용하는 치료법에 속한다. 이 방법이 효과적인지 확인하는 방법은 몸소 실천해 보는 것이고, 그보다 앞서 이 방법이 반드시 효과 있을 것이라고 믿고 기대하는 마음가짐이 중요하다. 반신반의하는 태도는 좋은 결과를 가져오기 어렵다.

그 밖에 또 한 가지 추천할 만한 방법은 자신의 장점(강점)이나 자산 assets, resources을 종이 위에 나열해 보는 방법이다. 평소 미처 생각하지 못했던 능력이나 소질들을 새롭게 발견하고 스스로 놀라기도 한다. 어떤 결점도 그 일부는 장점으로 평가할 수 있는 부분을 내포하고 있다. 이 세상에 100퍼센트 나쁘기만 한 특성은 별로 많지 않다. 중요한 것은 나의 능력과 자산을 인정하고 감사하는 마음이다.

---

1. 전남대학교 홍경자 교수가 『정신건강적 사고』라는 제목으로 엘리스의 심리요법이론을 소개하였다.
2. 서강대학교 김정택 교수 등이 『긍정적 삶의 비결』이라는 제목으로 그 속편을 번역 · 출판한 바 있다.
3. R. L. Bedner, M. G. Wells and S. R. Peterson (1989), *Self Esteem, Paradoxes and Innovations in Clinical Theory and Practice*, Washington, D. C., American Psychological Association.

07

사고의 왜곡과 비합리적 사고

내가 그대를 어떻게 사랑하오리까?
그 방법을 헤아리게 해 주오.
- Elizabeth Barrett Browning

웃으니까 기분 좋아지는가, 기분이 좋으니까 웃는가? 우울하니까 비관적인 생각이 떠오르는가, 아니면 비관적인 생각이 떠오르니 우울한가? 두 가지 모두 가능하다는 것이 정답이다. 이렇게 행동이나 생각이 우리들의 감정을 결정한다는 이론이 인지-행동치료cognitive-behavioral theory 이론이며, 이 이론은 오늘날 세계적으로 정신과적 문제뿐만 아니라 일반인들의 정신건강과 행복감을 증진시키는 데 가장 효과적인 방법으로 인정받고 있다. 사랑은 감정일 뿐만 아니라 생각이며 행동이므로, 생각이나 행동을 어떻게 갖느냐가 행복한 사랑을 성취하는 데 결정적인 역할을 한다. 여기서는 우리가 흔히 갖기 쉬운 사고왜곡과 비합리적 사고는 무엇인지 알아보자.

부정적 사고

낯선 사람과 사귄다는 것은 처음에는 누구에게나 다소 심리적 부담이

된다. 특히 이성과의 연애는 더욱 큰 심리적 부담을 줄 수 있다. 어떤 사람들은 처음 보는 사람과 금방 자연스러운 대화를 시작하며 가까워지는가 하면, 그렇지 못한 사람들도 많다. 오히려 현실적으로는 자연스러운 만남의 시작이 어려운 사람들이 훨씬 더 많다. 어떤 사람들은 인상이 부드러워서 상대방으로 하여금 쉽게 접근할 수 있게 하는가 하면, 또 어떤 사람들은 딱딱한 인상 때문에 쉽게 접근할 수 없게 만드는 경우가 있다. 전자에 속하는 사람들은 대인관계의 시작이 별로 어렵지 않을 수 있으나, 후자에 속하는 사람들에게는 노력이 필요하다. 그렇다면 어떤 방법으로 노력해야 할까?

대학을 졸업하고 기업체에 취직한 청년이 비교적 발랄하고 사교적이며 예쁘게 생긴 여성과 맞선을 보게 되었다. 조용한 음식점에서 식사를 했는데, 처음부터 그는 건너편에 자리한 한 쌍의 남녀가 자신들을 은근히 쳐다보는 것 같고, 특히 자신을 유난히 주시하는 것 같아서 신경이 쓰였다. 그날따라 유난히 긴장한 나머지 그는 고기 조각이 테이블 위로

튕겨나가는 실수까지 저질렀고, 상대방이 하는 이야기가 귀에 잘 들어오지 않았을 뿐만 아니라 자기가 무슨 말을 하는지도 잘 몰랐다. 어느새 이마에는 땀방울이 맺히고 온몸이 긴장되는 것을 느꼈다. '이래서는 안 돼'라고 다짐할수록 자신이 하는 말과 행동이 부자연스러워져, 그것을 극복하기 위해 맥주를 마셨더니 발음이 부정확해지고 때로 횡설수설하기까지 했다. 그럴수록 건너편에 있는 사람들이 자신을 이상하게 쳐다보는 것 같아 더욱 불안해지던 차에 여자 쪽에서 집에 가야 할 시간이라며 일어섰다. 청년이 집에 돌아왔을 때는 몸을 가눌 수 없을 정도로 녹초가 되어 있었고, 세 번이나 설사를 했다.

무엇이 이 청년을 이렇게 피곤하게 했고, 그는 왜 그렇게 긴장하고 불안해했는가? 그는 원래 쉽게 불안해지고 자신감 없는 성격을 타고난 사람인가? 물론 그렇지는 않다. 왜냐하면 친구들 사이에서나 직장에서는 자기 능력을 충분히 발휘할 뿐만 아니라, 동료 여직원들 앞에서도 농담도 서슴없이 잘한다. 그렇다면 그가 평소에 자기도 모르게 가지고 있었던 몇 가지 부정적 사고들이 그를 그렇게 만들었을 가능성이 있다. 도대체 부정적 사고란 무엇인가?

첫 번째는 "나는 상대방에게 반드시 좋은 인상을 주지 않으면 안 된다"라든가, "데이트할 때 남자는 의젓하고 침착해야 한다"와 같은 생각으로서, 이것을 '당연사항should statement'이라고 한다. 이런 생각들은 대부분 어떤 의무, 책임, 당위성 등과 관련된 자기 자신에 대한 채찍질이다. 그것을 조금이라도 성공적으로 해내지 못했을 경우에는 죄책감, 수치심, 자기혐오 같은 것을 느끼게 되며 스스로를 벌하기도 한다. 그 당위성을 타인에게서 요구하게 될 때 상대방의 행동이 조금이라도 기대 수준에 못 미치면 금방 분노, 욕구좌절, 실망 등을 느끼게 되며, 용서나 관용과는 아주 거리가 멀어져 버리게 된다.

문제는 이때 요구하는 사항들이 과연 현실적으로 실현 가능한가 하는 점이다. 당위성에 집착하고 있는 사람들은 현실성이 부족하거나 실제적으로는 도저히 성취하기 어려운 기준을 설정해 놓고, 자기 자신이나 타인을 불합리하게 비판하는 경우가 많다.

이성(異性)을 처음 마주했을 때는 누구나 다소 긴장되고 떨리는 것이 정상이며, 서양 음식을 먹다가 잘못해서 고기 조각이 접시 밖으로 떨어지는 일은 우리와 같이 양식을 즐겨 먹지 않는 사람들에게 흔히 있을 수 있는 일이다. 술을 마시면 혀가 잘 돌아가지 않는 것이 당연하며, 너무 잘 하려고 신경 쓰면 더 어색해지는 것은 흔히 있는 일이다. 그러나 여기서 말하는 당위성에 집착하고 있는 사람들은 그와 같은 현상(실수)들을 그대로 수용하거나 너그럽게 용서하지 못한다.

두 번째 부정적 사고는 내가 이와 같은 실수를 저지르면 상대방이 나를 싫어하거나 경멸하게 될 것이라는 지레짐작이다. 이번에 내가 이 여자에게 딱지를 맞으면 앞으로도 계속해서 내 마음에 드는 여자와는 성공적으로 교제하기 불가능할 것이라는 비관적(부정적) 예상 같은 것인데, 이것을 '지레짐작의 과오fortune teller error'라고 부른다.

여기서 한 가지 중요한 것은, 이런 부정적 예측을 갖고 있으면 자신도 모르게 스스로 그 예측에 맞추어 행동한다는 사실이다. 이것을 심리학에서는 '자기 이행적 예언self-fulfilling prophecy'이라고 한다. 자신이 여자들에게 인기가 없다고 생각하는 남자가 스스로 여자들 앞에서 인기 없는 행동을 해 보임으로써 인기 없을 것이라는 자신의 예언을 맞게 만드는 것이다. 이것은 마치 자기 최면과도 같은 것이다. 내가 나 자신을 낮추어 생각하면 나의 행동도 그렇게 따라서 하게 되며, 내가 나를 높이 생각하면 행동도 그렇게 하게 된다. 앞에서 예로 들었던 그 청년도 실은 상대방의 생각은 그렇지 않았음에도 불구하고, 자기는 여자들에게 인기가 없다고 스스로 비관하고 그렇게 자신 없는 행동을 보였을 수도 있다.

세 번째 부정적인 생각은 '과잉일반화overgeneralization'로서, 단 한 번의 실수나 실패를 '항상' 실수하거나 실패하는 것처럼 일반화하는 현상이다. 만일 앞의 그 청년이 집에 돌아와서 "나는 왜 '항상' 이렇게 못난 짓만 할까"라든가 "나는 '모든' 여자들에게 인기가 없어"라고 생각했다면 그는 '과잉일반화'라는 부정적 사고의 오류를 범한 것이다. 그날 그 여성 앞에서만 그렇게 긴장하고 실수했을 뿐이지 다른 모든 여자들 앞에서 그랬던 것은 결코 아니다. 세상에는 나를 싫어하는 사람도 있지만, 나를 좋아하는 사람도 많다. 그런데 어느 한 사람이 나를 싫어한다고 해서 마치 이 세상 모든 사람들이 나를 싫어하는 것처럼 생각하고 우울한 기분에 빠진다면, 그것은 한 가지 일의 결과만을 가지고 다른 모든 일까지도 그렇게 평가하는 논리적 오류를 범하는 것이 된다.

만일 그 청년이 집에 가야 할 시간이라며 자리에서 일어난 여성의 행동을 확인해 보지도 않은 채 그것은 자신을 퇴짜 놓는 행동이라고 판단했다면, 그는 '잘못된 심리추측mind reading'이라는 사고오류를 범한 것이 된다. 흔히 사람들은 확실한 증거도 없이, 충분히 확인해 보지도 않은 채, 상대방이 어떻게 생각하고 있다거나 어떻게 느끼고 있다고 혼자서 결론을 내려 버린다.

그 여성이 청년에게 어느 정도 마음이 있었지만 음식점 분위기가 마음에 안 들었을 수도 있고, 진짜로 집에 들어가야 할 시간이 되어 일어났을 수도 있다. 그런데 그녀에게 직접 물어보거나 다른 방법으로 알아보지도 않은 채 무조건 자신은 퇴짜 맞은 것이라고 단정해 버린다면, 그것은 충분한 근거도 없이 결론에 도달해 버린 행동이 되는 것이다. 마치 "당신의 얼굴 표정, 아니 눈빛만 봐도 나는 당신의 마음을 다 알 수 있어"와 같은 사고방식이다. 정신과에 찾아오는 환자들 중에는 이런 생각이 크게 발전하여 망상이 된 경우가 적지 않다.

사람을 우울하게 만드는 데 중요한 역할을 하는 또 한 가지 사고왜곡은 '흑백논리' 혹은 '이분법적 사고all-or-nothing thinking'이다. 이것은 사물을 판단할 때 흑색과 백색의 두 가지로만 판단하는 사고방식으로서, 자기 자신을 평가할 때도 완전한 성공이 아니면 완전한 실패로만 평가하려는 태도를 말한다. 그 뿌리에는 완벽성이 자리하고 있어서 사소한 실수나 조금 불완전한 상태도 극단적으로 두려워하게 만든다.

이 세상에는 완전히 검은 것도 완전히 흰 것도 없으며, 마찬가지로 사람에게도 완전한 성공이나 완전한 실패란 있을 수 없다. 따라서 그렇게 주장하는 생각 자체가 비현실적인 것이며, 사랑에 한 번 실패했다고 해서 영원한 실패자가 되는 것도 결코 아니다.

우리는 주위의 모든 상황을 보다 긍정적 · 현실적으로 생각할 줄 아는 지혜가 필요하다. 심리학자들의 연구에 의하면, 내가 우울하거나 불안한 표정을 지을 때 주변의 다른 사람들도 우울해지거나 불안해지며, 일반적으로 사람들은 우울한 표정을 보이는 사람을 싫어하는 경향이 있다고 한다. 내가 자신만만하게 보이며 밝은 표정을 지을수록 다른 사람들도 나를 더욱 좋아하게 되는 것이다.

'자동적 사고'가 감정반응을 결정한다

앞에서 우리는 우울증에 빠지는 사람이 쉽게 가지게 되는 몇 가지 부정적 사고의 종류를 알아보았다. 그것은 곧 우울증에 빠지지 않으려면 그와 같은 부정적 사고의 오류를 범하지 않아야 한다는 말이 되며, 명랑하고 평화로운 마음상태를 유지하려면 긍정적으로 생각하는 방법을 터득해야 한다는 의미가 되기도 한다. 이렇게 우리의 감정을 좌우하는 요인을 미국 펜실베이니아대학 교수 애론 벡은 '자동적 사고automatic thought'라고 이름 붙였다.

직장 동료가 어깨를 툭 치고는 그냥 지나갔다. 맞은 사람이 화가 나서 그를 쫓아가 왜 사람을 치느냐고 따졌다. 실제로 그 동료는 친하다는 표시로 혹은 기분이 좋아서 그랬는데, 맞은 사람은 자기를 무시하는 것으로 생각한 것이다. 교정을 지나던 교수가 학생과 마주치자 학생이 인사하는 줄 알고 머리를 끄덕했는데, 학생은 인사도 하지 않고 그냥 지나쳤다. 교수는 마음속으로 학생이 예의 바르지 못하다고 생각하며 세상이 왜 이렇게 되어 가는지 개탄했다. 그러나 실제로 그 학생은 바로 전에 가족 중 한 사람이 교통사고를 당했다는 소식을 듣고 큰 충격에 빠져 미처 그 교수를 보지 못한 것이었다. 학생이 교수에게 인사하지 않았다고 해서 반드시 교수를 존경하지 않는 것이라는 해석이나, 동료 직원이 어깨를 쳤다고 해서 자기를 무시하는 행동이라고 생각한 것들이 자동적 사고인 것이다. 애론 벡은 자동적 사고들이 대개 우리가 느끼는 감정반응을 결정짓는다고 주장한다.

성격이 일생을 좌우한다는 말이 있는데, 실제로는 이 자동적 사고가 그 사람의 성격을 나타내며 행동에 많은 영향을 준다. 자동적 사고는 다음과 같은 몇 가지 공통된 특징들을 가지고 있다.[1]

첫째, 자동적 사고는 어떤 추리과정이나 사건에 대한 깊은 이해의 결과로 얻어진 것이 아니라, 마치 반사적인 행동처럼 순간적으로 일어나며 즉각적이고 구체적이다. 그것은 문제해결이나 목표지향적 과정에서의 논리적 단계와 같은 것이 아니라 자율적으로 아무런 노력 없이 생겨나는데, 일단 생긴 다음에는 지워 버리기가 매우 어렵다.

둘째, 사람들은 실제로는 그렇지 않음에도 불구하고 자동적 사고가 마치 합리적이며 이치에 맞는 생각인 것처럼 여기며, 그 타당성에 대해 아무런 의문이나 논리적 검증의 필요성도 제기하지 않는다. 물론 자동적 사고 중에는 현실적으로 타당한 것도 많이 있다. 그러나 어떤 것들은 비현실적이거나 타당성이 없다고 판단될 때가 있는데, 그럼에도 불구하고 사람들은 시간이 지나면 그것을 그대로 받아들이는 경향이 있다. 이 과정에서 때로는 현실지각의 왜곡이 나타나기도 한다.

셋째, 이 같은 자동적 사고는 주어진 상황에서 사람의 행동을 결정짓는 일반적 규칙의 내용이 되며, 이 규칙들이 그 사람의 기대나 어떤 일에 대한 해석, 혹은 '자기 지시self-instruction'의 근거가 된다. 뿐만 아니라 이 규칙들이 그가 하는 행동의 적합성이나 효율성을 판단하고, 가치나 매력을 평가하는 기준이 되기도 한다. 자기의 행동이나 타인의 행동이 옳고 그름을 판단하는 것도 이 규칙들이며, 신체적 · 심리적 상처로부터 자신을 보호하고, 다른 사람들과 안정된 관계를 유지하게 하며, 자기가 한 일의 성공 정도를 평가하는 것도 이 규칙들이다.

사람들은 이런 기준과 원칙을 근거로 자기 자신(혹은 타인)에 게 주어진 상황에서 어떻게 행동할 것인지를 지시하며, 그 행동의 결과를 평가한다. 그리고 고쳐야 할 필요가 있을 경우에는 고치며, 자기가 성취한

일의 결과에 대해 칭찬 혹은 비판을 한다. 특히 중요한 것은, 이런 규칙과 기준들이 우리의 생활을 이해하는 틀이 되며, 일상적인 의사소통과정에서 상대방의 말이나 행동을 해석하는 기본이 된다는 사실이다. 즉 이것에 의해 상대방이 나에 대해 공격적인가 호의적인가, 만일 공격적이라면 내가 반격할 것인가 아니면 후퇴할 것인가 등을 결정짓게 된다.

중요한 것은 각자의 해석이다

다음의 예에서 서로 다른 사고방식을 가지고 있는 두 사람이 동일한 상황에 대해 어떻게 서로 다른 해석을 내리며, 또 어떻게 서로 다른 감정반응과 행동을 나타내게 되는지를 살펴보기로 한다.

수업시간에 두 학생이 잡담을 하다가 선생님께 꾸중을 들었다. 선생님은 "할 말이 있으면 우리 모두가 들을 수 있게 하든가, 아니면 조용히 앉아 있으라"고 말했다. 학생 '갑'은 금방 화가 나서, "우리는 문제를 함께 토론했을 뿐"이라고 대꾸하며, 그 다음 자유토론 시간에 선생님의 학문적 견해에 대해 신랄하게 비판했다. 그러나 학생 '을'은 평소 자유토론 시간에 활발하게 참여하던 것과는 달리, 말이 없고 우울한 표정으로 수업이 끝날 때까지 조용히 앉아 있었다.

이처럼 서로 다른 행동반응을 이해하기 위해서는 두 학생이 각각 그 상황을 해석하고 자신의 반응을 결정하는 데 적용한 각자의 사고방식을 먼저 알아봐야 한다.

학생 '갑'은 선생님의 꾸중을 "그가 나를 함부로 다루려 한다. 그는 나를 마치 어린아이처럼 취급하고 있다"고 해석했고, 그때 그에게 일어난 감정반응은 분노였다. 이런 해석을 낳게 한 그의 일반 규칙은 "권위적 인물에 의한 시정(是正)은 곧 지배당하고 무시당하는 것을 의미한다"라는 것이었고, 이에 대한 그의 자기 지시는 "그렇게 하지 못하게 하라"였다. 그와 같은 보복을 생각하게 된 배경에는 "나를 푸대접하는 사람에게는 반드시 그만큼 갚아 주지 않으면 안 된다"라는 규칙이 자리하고 있었던 것이다.

이와 달리 학생 '을'의 해석은 "나는 잘못된 행동을 하다가 선생님께 지적당했다. 이제부터 그는 나를 싫어할 것이다"였다. 이 학생이 일으킨 감정반응은 수치심과 우울함이었고, 그때 적용된 규칙은 "권위적 인물에 의한 시정은 잘못의 탄로와 과오, 약점을 의미하게 되며, 시정받는다는 것은 인정(認定)을 거부당하는 것과 같다"였다. 이때의 자기 지시는 "나는 아무 말도 하지 말아야 한다"는 것이었으며, 적용된 규칙은 "내가 조용히 있으면 선생님을 덜 화나게 할 것이며, 또한 조용히 있는다는 것은 내가 한 행동에 대해 죄송하게 생각하고 있다는 표시가 된다"였다.

우리는 이 예에서 사람이란 각자 자기 나름대로의 규칙에 따라서 살아가고 있음을 볼 수 있다. 선생님의 꾸중에 대해 두 학생은 각기 다른 규칙을 적용하고 각기 다른 해석을 내렸을 뿐만 아니라, 앞으로도 그들은 선생님을 대하는 방식에서 각기 다른 자기 지시를 내리며, 서로 다른 결론을 도출할 것이다. 두 사람이 밖으로 나타낸 행동이란 결국 이와 같은 일련의 내면적 인지과정의 최종산물인 것이다.

결론적으로 말하여, 이와 같은 규칙들은 사람이 자기의 행동을 결정하고 평가 또는 억제하는 기준이 될 뿐만 아니라, 타인의 행동에 대해서도 그 합리성, 정당성 및 적절성을 판단하는 기준이 된다. 또한 이 같은 규칙이나 기준 및 원칙들을 통해 우리는 다른 사람의 행동의 의미를 헤아리고, 그 중요성을 평가하며, 다른 사람들이 나의 행동을 어떻게 보는지도 가늠하게 되는 것이다.

그러면 이런 규칙들은 어떻게 형성되는가? 그 형성과정은 사람의 언어학습이나 관습적 행동의 형성과정과 유사하다. 어린아이는 처음에 어떻게 말을 배우는가? 어린아이가 처음 말을 시작할 때 문법적 규칙부터 배운 다음에 말을 시작하는 것은 결코 아니다. 어릴 때부터 다른 사람들(부모를 중심으로)이 하는 말을 그대로 따라서 하다 보니 나중에는 문법에 맞는 말을 하게 되는 것이다. 사회적 관습도 마찬가지다. 어렸을 때 어른으로부터 행동규범에 대해 특별한 가르침을 받은 결과라고 하기보다는, 남이 하는 대로 따라하고 그 과정에서 잘못하면 교정을 받는 경험을 통해 터득하게 되는 것이다. 즉 사람들은 구체적인 경험을 통해 일반적인 규칙을 도출하게 된다. 앞에서 언급한 자동적 사고도 대부분 자신의 체험이나 다른 사람의 행동에 대한 관찰의 결과로 형성되며, 그것들이 축적되어 행동을 지배하는 규칙이 되고, 판단의 기준이 되며, 어떤 사실을 해석하는 틀을 이룬다.

이 규칙들의 적용과정은 논리학에서 말하는 삼단논법과 유사하다. 가령, 앞에서 예로 든 학생 '갑'처럼 대전제로 "권위적 위치에 있는 사람의 시정은 모두 비판이다"라는 규칙을 가지고 있는 사람이 "선생님이 나를 시정하고 있다"라는 소전제를 도입하면, 결론은 "선생님이 나를 비판하고 있다"가 되는 것이다. 물론 사람들이 의식적으로 이 같은 대전제를 항상 염두에 두고 사는 것은 아니며, 그것은 우리가 항상 문법구조를 머릿속에 떠올리며 생각하지 않는 것과 같다. 그러나 어떤 일이 생겼을 때 우리는 곧이어 어떤 구체적인 생각을 떠올리게 되는데, 그것이 곧 그 사람이 내리는 결론인 동시에 그 사람의 자동적 사고가 된다.

자동적 사고는 우리의 정서적 감정반응과 행동을 좌우하는 중요한 원동력이 되며, 그것은 어렸을 때부터 형성되어 온 대전제(혹은 내재적 가정underlying assumption)에 뿌리를 두고 있다. 언뜻 보아 잘 이해할 수 없는 행동이나 감정반응 같은 것도 그 사람의 자동적 사고나 내재적 가정을 알게 되면 이해가 가능해지므로, 심리치료를 하는 사람들은 그것을 알기 위해 많은 노력을 기울인다.

이와 같은 자동적 사고나 내재적 가정 중에서, 사회적 적응을 어렵게 만들며 마음에 불안이나 우울과 같은 감정반응을 일으키게 하는 것들을 애론 벡Aaron Beck은 '왜곡된 사고'라고 부르고, 앨버트 엘리스Albert Ellis는 '비합리적 사고'라고 부른다.

사고왜곡의 종류(애론 벡)

애론 벡Aaron Beck에 의하면 사람들이 우울해지거나 불안해지는 것은 대개 자기도 모르는 사이에 어떤 사고왜곡에 빠지기 때문이라고 한다. 심하게 화를 내거나 누군가를 미워하는 것도 생각이 비현실적·비논리적으로 왜곡되기 때문이라는 것이다. 우리는 흔히 우울하니까 비관적인 생각을 하게 된다고 말하지만, 애론 벡은 비관적인 생각을 하니까 우울해지는 것이라고 말한다. 생각이 감정을 일으키는가, 아니면 감정이 그런 생각을 갖게 하는가? 이것 역시 쉽게 결론내리기는 어려운 문제이다. 여기에는 심리학적 요인만이 아니라 우리가 아직 충분히 알고 있지 못하는 어떤 생물학적 요인이 작용하고 있을 가능성도 있다. 어쨌든 생각이 감정반응에 크고 작은 영향을 주는 것만은 사실이므로, 생각을 조절함으로써 감정반응의 방향을 달리하려는 노력도 충분히 가치 있는 일이다. 또한 그것이 심리치료의 일부이기도 하다.

심리치료, 특히 최근의 인지치료는 초기에는 치료자의 도움을 필요로 하지만 어느 정도 숙달되면 치료자의 도움을 최소로 하고 내담자가 혼자서도 할 수 있다는 장점이 있다. 그러기 위해서는 생각이 감정을 좌우하는 원리와 우리가 쉽게 빠질 수 있는 사고의 오류(왜곡)가 어떤 것인지를 알아야 한다. 생각의 함정을 미리 알고 있으면 감정반응이 어느 극단으로 기울어지는 것을 방지할 수 있다. 몇 가지 사고왜곡을 살펴보자.

이분법적 사고(흑백논리)

사물을 흑과 백의 두 가지 부류로만 보는 경향을 말한다. 예를 들어, 줄곧 A학점만 받던 학생이 단 한 번 B학점을 받고 나서, "나는 이제 완전히 실패자야"라는 식으로 결론짓는 것이다. 이런 사고방식을 가진 사람은 완벽성을 추구하며, 실수나 불완전 상태에 대한 공포를 가짐으로써 어떤 일을 쉽게 시작하지 못한다. 또한 스스로를 부적절하고 무가치하다고 느끼며, 사소한 실패에도 자신을 완전한 패배자인 것처럼 생각한다. 이분법적 사고는 우울증을 유발할 소지가 있으며, 자기 자신에게 만족할 줄 모르고 스스로 평가절하하게 만든다. 이런 사람들은 은연중에 다른 사람들에 대해서도 완벽하기를 요구하며, 그렇지 못한 경우에는 화를 내고 공격한다.

과잉일반화

단 한 번의 부정적 사건을 마치 끝없이 반복되는 실패의 본보기처럼 생각하는 것이다. 예를 들어, 수줍음을 잘 타는 어느 남자가 힘껏 용기를 내어 여자에게 데이트를 신청했는데 그 여자는 선약이 있다며 공손히 거절했다. 그는 "이 세상에 나와 데이트하고 싶어 하는 여자는 한 사람도 없어. 나는 평생 고독하고 비참하게 살게 될 거야"라고 생각했다. 그는 "그 여자가 이번에 거절한 것으로 보아 다음에도 거절할 것이며,

다른 여자들도 모두 나를 거부할 것이다"라고 결론짓는다. 이것은 분명 잘못된 생각이다. 이렇게 생각하는 사람들은 자기가 어떤 일을 시도하지 않는 이유로 과거에 실패했던 선례를 내놓으며, 그렇게 함으로써 점점 현실참여를 회피하려 한다.

판단력의 색안경

잘못된 일에만 계속 집착함으로써 나머지 잘된 일은 보지 못하는 현상을 말한다. 예를 들어, 자기와 가장 가까운 친구를 괴롭히는 사람들을 보고, "인간이란 근본적으로 저렇게 잔인하고 인정 없는 동물이야"라고 단정하는 경우가 그렇다. 특히 우울증에 빠진 사람들은 마치 긍정적인 것은 통과하지 못하고 부정적인 것만 통과하는 색안경을 낀 것과 같아서, 자기 자신에게서 부정적인 측면만 보게 되고 긍정적인 측면은 볼 줄 모른다. 그래서 온 세상과 자기의 모든 것이 가치 없고 무의미하다고 생각하며 앞으로도 그럴 것이라고 단정하게 된다.

긍정적 측면의 부정

어떠한 이유라도 찾아서 자신의 긍정적 측면을 "나와는 상관없는 일"이라며 인정하기 거부하는 것을 말한다. 이렇게 함으로써 객관적(현실적) 사실과는 어긋나는 부정적 생각을 계속 유지하려 한다.

이런 사람은 누가 칭찬하면 괜히 인사치레로 하는 소리라거나 놀리는 소리로 받아들이며 칭찬을 인정하기 거부한다. 그리고 어떤 일이 잘못되면 계속 그 일만 생각하면서 "그것은 내가 이미 오래전부터 알고 있던 것을 입증한 것"이라고 생각하며, 어떤 일이 잘되면 "그건 어쩌다 잘된 것일 뿐이야, 그 일은 나와는 상관없어"라고 말한다. 잘못된 것은 자기 탓이지만, 잘된 것은 환경이나 다른 사람, 혹은 요행 탓으로 돌리는 것이다. 얼굴이 매우 예쁜 여자가 사람들이 자기의 미모를 칭찬하면 "그건 나의 진짜 모습을 모르기 때문"이라며, "내 진짜 모습은 아주 형편없어서 이 세상 아무도 나를 진심으로 좋아할 사람은 없다"고 주장한다. 이런 사람들은 자신의 긍정적 측면을 인정하기 거부함으로써 비현실적일 뿐만 아니라 일상적인 체험과도 맞지 않는 부정적 사고를 고집한다. 이것은 겸손과는 다르다. 이들은 마치 좋은 일을 나쁜 일로 만들어 버리는 요술쟁이와도 같다.

성급한 결론

자신의 결론(생각)을 뒷받침할 만한 확실한 객관적 증거도 없이 어떤 일을 부정적으로 해석하고 결론을 내리는 것을 말한다. 여기에는 '잘못된 심리추측'과 '지레짐작의 과오'가 있다. '잘못된 심리추측'은 현재 상황에 관한 것이지만 '지레짐작의 과오'는 미래에 일어날 일을 예언하는 성질의 추측을 의미한다.

잘못된 심리추측 진위를 확인하지 않은 채 다른 사람이 자신에게 어떤 마음(태도, 감정)을 가지고 있다고 결론짓는 것이다. 예를 들어, 교수가 열심히 강의를 하고 있는데 한 학생이 앞줄에서 졸고 있었다. 그는 전날 밤에 친구들과 밤샘을 하느라 한잠도 자지 못했다. 그것도 모르고 교수는 "학생들이 나를 실력 없는 교수로 취급하는군. 그들은 나를 무시하고 있어"라고 생각한다. 직장에서 기분 상하는 일이 있었던 남편이 집에 돌아와 아내가 건네는 인사말에 아무 대꾸도 하지 않았다. 아내는 금방 풀이 죽어 "남편이 나에게 화가 나 있어. 나는 왜 그것도 미처 몰랐을까" 라고 생각하며, 남편의 침묵을 자기에게 화나 있는 것으로 해석한다. 사람들은 흔히 이와 같은 잘못된 심리추측으로 인해 자기도 말을 하지 않게 되거나 공격을 가함으로써 처음에는 없었던 불편한 관계를 새로 만드는 결과를 초래하게 된다.

지레짐작의 과오 일이 잘못될 것으로 지레짐작한 나머지 자신의 잘못된 예측을 마치 확실한 기정사실인 것처럼 착각하는 것이다. 한 남학생이 자기가 마음에 두고 있던 여학생에게 전화를 걸어볼까 망설이다가, "내가 전화하면 그 여학생은 틀림없이 거절할 거야. 그녀는 원래 남자들로부터 인기가 많으니까 나 같은 사람은 노력해 봐도 소용없어"라고 혼자 결론짓고 전화도 하지 않았다. 실은 여학생도 그 남학생을 마음속으로 좋아해서 그의 전화를 은근히 기다리고 있었지만, 전화가 없자 싫어하는 줄로 알고 다른 남학생과 사귀게 되었다. 여기에서 남학생은

'지레짐작의 과오'에 해당되며, 여학생도 '잘못된 심리추측'의 과오를 범한 셈이다.

과잉확대(큰 재앙으로 간주) 혹은 과잉축소

어떤 일(자신의 실수나 불완전성, 불안감, 혹은 다른 사람의 성공이나 재능)의 중요성을 과장하거나, 다른 일(자신의 장점이나 다른 사람의 불완전성)들은 불공평하게 극단적으로 축소시키는 것을 말한다. 이것을 '망원경 효과' 라고도 한다.

어떤 남학생이 여학생과 데이트를 하면서 자기는 수영선수 못지않게 수영을 잘 한다고 자랑했다. 그러나 나중에 그것은 새빨간 거짓말임이 탄로 났다. "큰일 났어, 이젠 다 끝장이야! 그녀와의 관계도 완전히 끝났을 뿐만 아니라 내가 거짓말을 했다는 소문이 사람들에게 알려지면 창피해서 어떻게 얼굴을 들고 다니겠어!"라면서 그 남학생은 마치 자기 인생이 완전히 끝나기라도 한 것처럼 한탄한다. 이것을 과잉확대 혹은 큰 재앙으로의 간주라고 한다.

성격검사 결과 불안증적 요소가 다소 있다는 말을 들은 사람이 "이젠 큰일 났다! 내가 불안하다면 우리 아이들도 불안하게 될 것이고, 그러면 그들은 직장생활이나 결혼생활도 제대로 못하고 평생 심리치료를 받지 않으면 안 될 거야! 이건 내 인생의 종말이야!"라고 하면서, 마치 당장 큰 재앙이라도 일어난 것처럼 생각하는 것이 바로 과잉확대이다.

이런 사람들은 자기의 장점에 대해서는 마치 망원경을 거꾸로 보는 것처럼 축소시켜 보려 한다. 자신의 장점은 축소시키고 단점을 확대시킬 때, 열등감이나 불안증 혹은 우울증에 빠지지 않을 사람이 이 세상에 얼마나 되겠는가!

감정적 판단

자신의 (감정적) 느낌이 사실의 증거라고 주장하는 것으로, "내가 그렇게 느껴지는 걸 보니 사실임에 틀림없다"라는 식으로 생각하는 것이다. "나는 쓸모없는 인간이라는 느낌이 든다. 그러므로 나는 쓸모없는 인간이다." "죄책감이 드는 걸 보니까, 내가 뭔가 잘못했음에 틀림없다." "희망이 없게 느끼는 걸 보니까, 그 일은 전혀 가망 없는 게 분명하다." 이런 생각들은 얼핏 보면 그럴듯하지만 사실은 잘못된 논리이다. 왜냐하면 감정이란 대개 생각이나 신념에서 생겨나는 것에 불과하며, 생각이 왜곡되어 있으면 그때 느끼는 감정에는 정당성이 부족하기 때문이다.

이와 같은 감정적 판단은 대부분의 우울증에서 중요한 역할을 한다. 자신에게 모든 일이 부정적으로 느껴진다는 이유만으로 현실에서도 모든 일이 부정적이라고 결론짓게 되는 것이다. 그는 자기가 그와 같은 감정을 느끼는 근거가 혹시 틀리지는 않았는가 하는 것은 전혀 생각해 보려 하지 않는다. 그러나 사실은 우리의 느낌이란 편파적이고 왜곡된 생각에 근거하고 있는 경우가 매우 많음을 우리는 미처 깨닫지 못하고 있고, 특히 우울증과 같은 상태에 빠져 있을 때는 더욱 그렇다.

'않으면 안 돼'의 과용

항상 자기 자신에게 '않으면 안 돼' 혹은 '해서는 안 돼'와 같은 엄한 규율을 지나치게 적용함으로써 스스로를 채찍질하는 것을 말한다. 이런 태도를 자신에게 과잉적용할 때는 불필요한 죄책감이나 수치심, 자기혐오감을 불러일으키며, 다른 사람들에게 적용할 때는 분노와 욕구좌절감, 실망 등을 느끼게 된다. 이런 현상이 오래 지속되면 오히려 무감동해지고 의욕을 상실하며, 심하면 허탈상태에 빠지게 된다.

예를 들어, 데이트 시간에 상대방이 5분 늦게 도착했더니 화를 버럭 내며, "이렇게 시간을 지키지 않는 사람과는 다시는 만나고 싶지 않다"면서 돌아서 나가버리는 사람의 경우와 같다. 대부분의 사람들은 이렇게 엄격한 기준(기대)에 미치지 못하는 경우가 많으므로, 이런 사고방식을 가지고 있는 사람들은 그때마다 기분이 상하고, 심지어는 인간에 대한 실망까지 느끼게 된다. 그는 현실에 맞추어 자신의 기대를 수정하거나, 아니면 항상 사람들의 불완전한(?) 행동 때문에 기분이 상한 상태로 살지 않으면 안 된다.

이런 사람들은 '바람직하다'와 '하지 않으면 안 돼'를 구별할 줄 모른다. 요구하는 기준이나 기대를 만족시키는 것이 바람직하기는 하지만 그것을 당위성으로 강요하는 것은 비현실적이라는 사실을 그들은 잘 모른다. 앞의 예에서 데이트 시간을 잘 지킴으로써 상대방을 기다리게 만들지 않는 것이 바람직한 일이지만 그것을 절대적인 당위성으로 강요할 때는 오히려 무리한 요구가 될 수 있는 것이다.

'부정적인 이름' 붙이기

이것은 극단적인 과잉일반화의 한 형태로서, 자신의 과오를 그대로 말하지 않고 '실패자' 같은 부정적인 이름을 자신에게 붙이는 것을 말한다. 다른 사람의 행동이 마음에 들지 않으면, "그놈은 인간쓰레기 같은 자식이야"라는 식으로 쉽게 부정적인 이름을 붙인다. 이렇게 부정적인 이름을 붙여 주면 그 사람이 하는 모든 행동이나 성격 특성들이 그 영향을 받아 그 이름과 일치하는 방향으로 지각되고 해석되는 경향이 있다. 뿐만 아니라 그렇게 이름 붙여진 사람 자신도 그 이름과 일치하는 방향으로 행동하게 될 가능성이 더 많아진다. 물론 때로는 그 이름을 부인하기 위해 긍정적인 방향으로 행동변화를 일으키는 경우도 있으나 그것은 비교적 드물다.

예를 들어, 매 학년마다 우등상을 받다가 한 번 못 받은 학생이 "나는 실패자야"라고 말하기보다는 "이번에 내가 한 번 실수했어"라고 말하는 편이 훨씬 더 논리적이다. 내내 잘 하다가 한 번 실수를 했는데 자신에게 '실패자'라는 이름을 스스로 붙이는 것은 비논리적이며 자신에게 더

불리한 결과를 가져올 가능성만 많아질 뿐이다.

자기 자신에게 이렇게 이름을 붙이는 것은 자기 패배적일 뿐만 아니라 매우 비합리적이다. 스탠포드대학의 심리학자 밴두라Albert Bandura는 '사람은 자기가 선정한 기대에 스스로 자신의 행동을 맞추어 간다(자기 이행적 예언self-fulfilling prophecy)'는 이론을 주장한 것으로 유명하다. 따라서 사람이 자신에게 '실패자' 혹은 '변변치 못한 사람'과 같은 이름을 붙이면 자기도 모르게 거기에 맞추어 행동하게 되므로, 그것은 자기 패배적인 결과를 가져올 수 있다는 것이다.

또한 사람의 인생이란 여러 가지 생각과 감정, 행위의 흐름으로 구성되어 있다고 할 수 있는데, 한 순간의 행위로 인해 그 전체에 어떤 낙인을 붙인다는 것은 비합리적이다. 더욱이 다른 사람에게 함부로 부정적인 이름을 붙이면 대개는 그 사람에 대해 적대적인 감정을 느끼게 되며, 그것은 또 상대방으로부터 부정적인 반응을 불러일으키게 되므로 결국은 악순환의 고리를 형성할 뿐이다. 행위와 그 주체가 되는 사람을 동일시하지 않는 것이 가장 현실적이고 합리적인 사고방식이며, 문제를 건설적으로 해결할 수 있는 열쇠라 할 수 있다.

'모두 내 탓이오'라는 사고방식

실제로는 그렇게 생각할 이유가 전혀 없는 데도 불구하고 자기가 어떤 불행한 일의 원인이라고 생각하는 경우이다. 이런 왜곡된 사고로 인해 부당하고 불필요한 죄책감에 사로잡혀 모두 자신의 탓이라고 스스로를 학대한다. 성적이 좋지 않은 학생의 어머니가 성적표에 적혀 있는 특별 관심이 필요하다는 담임교사의 의견을 읽고 "내가 몹쓸 엄마야. 이게 내가 얼마나 무능력한 엄마인지를 말해 주는 증거야"라고 생각하는 것이나, 숙제를 잘 해오지 않는 학생에 대해 선생님이 "내가 잘 지도하지 못한 탓으로 학생들이 숙제도 안 해오잖아. 나는 교사로서 자격이 없는 사람이야"라고 생각하는 것 등이 이와 같은 사고왜곡의 실례이다.

'모두 내 탓이오'라는 사고방식은 비현실적이며 병적인 죄책감을 일으키며, 온 세상 걱정을 모두 도맡아 하게 만든다. 이런 사람들은 실제로 다른 사람에 대한 영향과 책임을 혼동하고 있는 것이다. 우리는 우리와 관계된 다른 사람에게 어떤 영향을 줄 수는 있어도 그들의 행동을 책임질 수는 없다. 사람은 누구나 자기 행동에 대한 책임은 각자에게 있는 것임에도 불구하고 다른 사람이 그렇게 행동한 책임이 자기에게만 있다고 생각하는 사람은 자기가 감당할 수 있는 능력의 한계를 잘못 설정한 것이며, 그것은 결과적으로 부당한 죄책감에 빠지는 원인이 된다.

비합리적 사고(앨버트 엘리스)

애론 벡Aaron Beck이 주로 정신과 환자를 대상으로 사고왜곡을 발견하고 그것들을 치료에 도입했다면, 앨버트 엘리스Albert Ellis[2]는 비교적 정상적인 생활을 하면서 심리상담을 필요로 하는 내담자들을 대상으로 생각의 잘못을 발견하고 그것을 상담과정에 도입했다. 엘리스는 이 같은 생각의 잘못을 '비합리적 사고'라고 이름 붙이고, 우리가 불안, 우울, 대인관계 갈등, 부부 갈등에 빠지는 주된 원인이 자기도 모르게 사로잡혀 있는 비합리적 사고 때문이라고 주장한다.

엘리스 역시 사랑을 크게 정신건강의 테두리에서 설명하고 있으며, 만족스러운 사랑이나 성생활을 못하게 되는 큰 원인이 비합리적 사고에 집착하기 때문이라고 해석한다. 우리가 정신적 건강을 유지하고 하루하루를 즐겁고 행복하게 살기 위해서는 비합리적 생각을 버리고 현실적이며 논리적인 생각을 가져야 하며, 그렇게 할 때 쓸데없는 불안감이나 비생산적인 우울감에서 해방되고 대인관계를 해치는 적대감을 갖지 않을 수 있다. 마음의 평화란 역시 생각을 어떻게 가지는가에 크게 좌우되는 것이다.

엘리스는 특히 부부상담에 많은 경험이 있고 행복한 삶을 사는 방법에 많은 연구를 한 심리학자이므로, 이제부터 소개하는 비합리적 사고는 우리가 만족스런 사랑을 하는 데 크게 도움이 될 것이다.

1. 자신이 하는 모든 일에 대해 모든 사람들로부터 반드시 사랑받고 인정받지 않으면 안 된다는 생각

이것은 실제로 비현실적이며 불가능한 일이다. 다른 사람들로부터 인정과 사랑을 받는 것이 '바람직한' 목표가 될 수는 있어도 '반드시 필요한' 목표가 될 수는 없다. 이런 사고방식을 가진 사람은 '바람직한' 것과 '반드시 필요한' 것을 혼동하고 있는 사람이다. 자신의 행동이나 성격에 대한 다른 사람들의 비평을 신중하게 자기 교정적 입장에서 받아들이는 것은 좋으나 그것을 자신에 대한 부정적 평가로 해석하지는 말아야 한다.

2. 자신은 모든 일에서 항상 아주 유능하고, 적절하며, 성공적이지 않으면 안 된다는 생각

이것은 지나친 완벽주의다. 완전하게 하려 하기보다는 하는 행위 자체에 의미를 두고, 최선의 노력을 다했다는 것으로 만족할 줄 아는 것이 중요하다. 목표를 달성했다고 해서 자신이 이전보다 더 나은 '인간'이 되는 것도 아니며, 달성하지 못했다 해서 가치 없는 것도 아니다. 자기가 선택한 분야에서 성공을 위해 최선을 다하지만, 자신도 한계와 약점이 있는 불완전한 인간임을 받아들일 수 있어야 한다. 실패란 바람직하지 않은 것일 뿐 반드시 파멸을 의미하는 것은 아니며, 그것과 한 인간으로서 나의 내재적 가치와는 아무 상관이 없다고 생각하는 것이 바람직하다.

3. 사람들 중에는 악질적이고 부도덕하며 사악한 사람들이 있고, 그들은 그 죗값으로 심한 비난이나 처벌을 받아 마땅하다고 생각하는 것

이것 또한 완벽주의에 근거한 사고방식이다. 자신의 잘못이나 타인의 잘못을 객관적으로 받아들이며, 그것을 통해 새롭게 배우고 자신의 문제점을 교정할 수 있는 계기라고 생각하는 것이 현명한 것이다. 또한 나를 비롯하여 사람은 누구나 오류에 빠질 가능성이 항상 있음을 인정하고, 앞으로도 수없이 많은 실수와 과오를 반복할 가능성 — 오히려 확실성 —을 충분히 예상하는 것이 현실적이다. 내가 나 자신이나 남을 비난할 때 나도 모르는 사이에 완벽성에 집착하고 과대망상적 생각에 빠지게 되며, 그렇게 함으로써 잘못을 교정하기보다는 오히려 계속하게 만드는 결과를 초래한다. 사람과 그의 행동을 혼동하지 말아야 하며, 행동을 잘못하는 사람과 나쁜 사람을 혼동해서는 안 된다. 잘못 행동하는 사람들은 아는 것이 부족하거나, 재주가 서툴거나, 정서적인 문제를 가지고 있을 뿐이다. 이렇게 이해한다면 대부분의 실수나 과오를 너그러이 수용하고 그것으로부터 어떤 교훈을 얻으며 마음의 평화를 유지할 수 있다.

4. 세상일들이 자신의 마음에 들지 않는다고 해서 매우 한심스럽고 불쾌하게 생각하며 잘못되어 간다고 생각하는 것

모든 일들이 매우 못마땅하고 좋지 않을 때는 좋게 변화시키려고 최선의 노력을 다하며, 당장에 변화가 불가능할 경우에는 그런 대로 받아들이는 것이 가장 현명하다. 그리고 기다리면서 앞날을 계획하는 것이다. 손실이나 욕구좌절이 클수록 더욱 철학적으로 거기에 대처해야 하며, 바람직하지 못하다고 생각할 수는 있어도 도저히 참을 수 없다거나 끔찍스럽다고 생각해서는 안 된다.

5. 인간의 불행(고통)이란 외부적인 여건(사람이나 사건)에 의해 생기며, 나에게는 그것을 막을 힘이 전혀 없다는 생각

일반적으로 사람의 불행이나 고통은 그 일 자체보다도 그것에 대한 그 사람의 생각(해석), 즉 그 사람의 비합리적 사고에 의해 생긴다. 따라서 이와 같은 생각을 바꿈으로써 자신의 절망감이나 분노를 극소화할 수 있다. 자기가 가지고 있는 비합리적인 '않으면 안 돼'라든가 '해서는 안 돼' 같은 태도와 의존적인 요구들을 버리고 현실적인 선택으로 대치할 때, 우리는 쉽게 불안해지거나 화를 내는 일이 없게 될 것이다.

6. 어떤 일이 매우 위험하다거나 무서울 때 그것만 골똘히 생각하고 걱정해야 된다는 생각

이런 경우에는 자기가 그렇게 두려워하는 일이 실제로 초래할 위험에 대해 진지하게 의문을 제기하고, 그 일이 현실적으로 일어날 확률이라든가 염려하는 만큼 엄청난 결과를 가져올 가능성에 대해 철저하게 객관적으로 따져보는 것이 필요하다. 인생을 풍부하고 창조적으로 살려면 거기에 불가피하게 따라다니는 위험이나 모험은 어느 정도 감수할 각오가 되어 있어야 한다. 대개의 지나친 걱정은 자신의 생각—어떤 일이 매우 끔찍스럽다는 혼잣말—에서 연유하는 경우가 많다. 그러므로 걱정하는 결과의 끔찍스런 정도를 재평가하여 그렇게 걱정하게 만드는 생각(혹은 혼잣말)을 바꾸면 불안이나 걱정도 훨씬 줄어들게 된다.

7. 인생의 여러 어려움이나 책임들은 가급적 회피하여 도망치는 것이 상책이라는 생각

대개의 경우 쉽고 편한 길이 결국 더 어려운 길이 되고 만다. 어려운 일을 해결하는 가장 효과적인 방법은 정면으로 부딪치는 것이며, 당장에는 힘들고 하기 싫더라도 충실하고 신속하게 수행하는 것이 가장 좋다.

8. 과거가 가장 중요하며, 어떤 일이 과거에 자신의 인생에 큰 영향을 주었으니 앞으로도 계속 그럴 것이라는 생각

이러한 비합리적 사고를 고치기 위해서는 지난 일을 진지하게 생각해 보고, 거기에서 어떤 가치 있는 교훈을 얻는 것이 최선의 방법이다. 오늘은 내일의 과거가 되며, 보다 나은 내일을 만드는 길은 잘못된 오늘을 고치려고 애쓰는 방법밖에 없음을 깨달아야 한다. 지난날 가졌던 생각들을 다시 생각해 보고, 잘못된 습관들을 고쳐 나갈 때 아동기나 사춘기에서 오는 좋지 못한 영향들을 최소한으로 줄일 수 있는 것이다.

9. 사람에게는 자기의 감정을 통제할 수 있는 효과적인 방법이 없으며, 그렇게 느끼는 것은 어쩔 수 없다는 생각

사람은 자신의 감정을 통제하려고 마음만 먹는다면 충분히 그렇게 할 수 있으며, 그것은 주로 자기 자신에게 하는 말(혹은 자동적 사고나 내재적 가정)을 바꿈으로써 가능하다. 사람은 감정의 노예가 결코 아니며, 자신의 감정을 조절할 능력을 충분히 가지고 있는 것이다.

10. 다른 사람들이 어떻게 하고 있는가 하는 것이 나의 존재나 행복에 결정적으로 중요하며, 따라서 나는 다른 사람들을 내가 원하는 방향으로 고쳐 놓도록 노력해야 한다는 생각

이것은 현실을 잘못 본 사고방식이다. 다른 사람들의 결점은 그들의 문제일 뿐, 그들에게 압력을 가하여 고쳐 놓으려 노력해도 대개는 크게 성공하지 못한다. 때로는 인생의 여러 문제에 대해 완전하고 확실한 해결책보다는 타협적이고 합리적인 대안을 받아들이는 것이 현명하다. 내가 싫어하든 좋아하든 '현실'은 존재하는 것이며, 그것을 무리하게 고쳐 보려고 시도하기 전에 그런 현실이 존재한다는 사실부터 받아들이는 것이 좋다. 다른 사람들의 문제는 또 그 나름대로 이유가 있으며 내가 원하는 방향으로 고쳐지지도 않는다. 그것이 나의 존재나 행복에 결정적인 영향을 준다면 오히려 나에게 더 문제가 있을 수 있다.

맺으면서

마음의 평화와 행복은 감정을 어떻게 다스리느냐에 달려 있다. 또한 감정이란 무조건 저절로 생겨나는 것이 아니라 상황을 어떻게 해석하느

나에 의해 결정되는 인지적인 부분이 많다. 그 해석을 인지도식schema이라고 하는데, 이것은 대게 성장과정에서 어렸을 때 많이 결정되며, 그 성장과정에는 감정이 중요한 역할을 한다. 이 같은 인지도식이 자동적 사고를 낳고 자동적 사고는 우리들의 감정반응과 행동에 많은 영향을 준다. 앞에서 소개한 사고왜곡이나 비합리적 사고 역시 인지도식의 소산일 때가 많다.

사랑이란 알고 보면 감정과 더불어 생각(인지)이라고 할 수 있고, 사랑을 어떻게 하는가는 생각(해석)을 어떻게 하는가에 따라 달라진다. 사랑싸움은 왜 하는가. 거기에는 비합리적 사고와 사고왜곡으로 인해 상대방의 행동에 대한 잘못된 해석과 기대가 많은 작용을 하게 되며, 또한 각자의 성장과정에서 생성된 인지도식이 그 저변에 깔려 있다. 인지도식을 잘 조절할 수만 있다면, 그리고 비합리적 사고와 사고왜곡의 개입을 잘 제어할 수만 있다면, 사랑싸움도 덜하고 보다 행복한 사랑을 즐길 수 있을 것이다.

---

1. A. T. Beck (1976), *Cognitive Therapy and the Emotional Disorders*, New York: New American Library.
2. A. Ellis and R. A. Harper (1975), *New Guide to Rational Living*, North Hollywood: Wilshire Book Co.

08

수줍음의 심리학

사랑이란 우리 인간들이 쾌감의 원천에 대해
느끼는 감사의 따뜻한 마음이다.
- Balzac

지나친 수줍음 뒤에는 열등감과 불안감이 숨어 있다. 내가 너무 당당하면 상대방이 싫어할 것 같은, 그래서 보복이 올 것 같은 불안감이 숨어 있을 수도 있고 열등감이 깔려 있을 수도 있으며, 때로는 그 뒤에 적대감이나 증오가 숨어 있을 수도 있다. 심한 경우에는 심리치료가 필요한데, 지나친 수줍음을 어떻게 해결할 수 있는지 알아보자.

수줍어하는 나를 인정하고 수용하자

J 군은 명문대학에 다니는 스물네 살의 신체 건강한 청년이다. 문제는 어려서부터 여자 앞에 서면 수줍어하는 버릇이 있었는데 군대에 갔다 온 지금까지도 전혀 나아지지 않아 이성교제가 원만치 못하다는 것이었다. 친구들은 그 정도 용모와 학벌이라면 멋진 여자들과 얼마든지 데이트할 수도 있지 않느냐고 말하지만, J 군은 이런 말을 들을 때마다 오히려 더욱 자신감이 없어지면서 마치 자신이 어딘가 크게 결함이 있는 사람처

럼 느껴지고 남자답지 못하다고 생각되었다. 어쩌다 마음에 드는 여자와 사귈 기회가 있어도 입이 얼어붙고 당황해서 무슨 말을 해야 할지 도무지 생각이 나질 않았다. 이래서는 안 된다고 생각할수록 더욱 악화되었고 결국에는 상담을 받아 보기로 결심하고 임상심리전문가를 찾아왔다. 그 과정에서 논의된 J 군의 자동적 사고와 사고왜곡, 그리고 그것들을 대체한 합리적 사고를 소개하면 다음 페이지의 표와 같다.

미국 루이지애나 주립대학의 심리학자 매튜Andrew Mathews의 연구결과에 의하면, 걱정을 많이 하는 사람들에게는 다음과 같은 세 가지 특징이 있다고 한다.[1] 첫째, 주위환경에서 위협적인 단서를 색출하는 기능이 더 활발하며, 그것에 선택적으로 예민하다. 둘째, 어떤 불쾌한 사태를 초래할 만한 단서를 더욱 정서적 위협으로 해석하는 경향이 있다. 예를 들어, 친구가 약속을 지키지 않았을 때 다른 이유가 있을 가능성은 생각하지도 않고, 무조건 그것은 애정(우정)의 결여라고 해석하며 관계의 종말을 걱정하는 것과 같다. 셋째, 성격적으로 불안에 잘 빠지는 사람들

수줍음을 타는 J군의 역기능적 사고 기록지

	자동적 사고	사고왜곡	현실적 대안사고
01	나는 신경이 예민해지고 몸이 굳어진다. 이건 바보짓이다.	'않으면 안 돼' 사고	신경이 예민해지는 것은 조금도 바보짓이 아니다. 그것은 극히 자연스러운 현상이다.
02	나는 미남에 속한다고 볼 수 있으므로 수줍어해서는 안 된다.	'않으면 안 돼' 사고	미남도 때로는 수줍어하고 불안해질 수 있는 것이다.
03	대부분의 사람들이 나는 초조해지면 안 된다고 생각한다.	'않으면 안 돼' 사고	초조해지면 안 된다고 말하는 사람은 바로 나이며, 다른 사람들이 나에게 그런 기대를 가지고 있다는 증거는 없다.
04	내가 긴장하면 바보처럼 보일 것이며, 사람들이 외면할 것이다.	지레짐작의 과오, 부정적인 이름 붙이기(과잉일반화)	긴장하는 건 인간적인 것이며, 바보짓이 아니다. 나를 진정으로 좋아하는 사람이라면 내가 긴장한다고 해서 외면하지는 않는다.
05	누가 나를 외면하면 그건 내가 얼마나 못난 인간인가 하는 것을 증명하는 것이다.	부정적인 이름 붙이기(과잉일반화)	수줍어하거나 불안해진다고 해서 못난 인간이 되는 것은 아니다. 세상에는 나를 좋아하는 사람도 있고 싫어하는 사람도 있으며, 내가 불안해서 싫다면 그건 그 사람의 문제이다.

* 이 삼단기법은 인지-행동치료에서 부정적 감정 반응을 유발하는 사고왜곡을 교정하는 데 널리 쓰이는 방법이다.

** (1) 자동적 사고가 사실이라는 증거는 무엇인가? 사실이 아니라는 증거는 무엇인가?

(2) 그 사건을 다르게 설명하거나 그 상황을 다르게 볼 수 있는 방법은 무엇인가?

(3) 만일, 자동사고가 사실이라면 어떤 개인적인 의미가 있는가? 무엇 때문에 그렇게 감정적으로 동요되는가? 가장 현실적인 견해는 무엇인가? 그것에 대해서 내가 무엇을 할 수 있는가?

은 그들의 장기기억long-term memory 속에 걱정과 관련된 정보를 잘 저장해 두는 소질이 있어서, 사소한 불안이라도 느끼게 되면 금방 걱정과 관련된 정보망을 가동시킴으로써 자동적으로 불안이 확산된다. 즉 그들은 위협적인 사건을 회상하는 기능이 더 잘 발달되어 있다고 할 수 있다. 불안감 증폭에 제동을 거는 대단히 효과적인 방법은 현실적이며 논리적인(이것을 엘리스는 '합리적'이라고 표현함) 사고로 맞서는 것으로서, 기록지의 셋째 칸에서 제시하는 대안적 대처반응이다.

기록지에서, J 군은 첫째 칸에 있는 자동적 사고에 대해 한 발 물러서서 다시 생각해 보니 거기에는 둘째 칸에 제시한 것과 같은 사고왜곡이 개입되어 있음을 발견하고, 셋째 칸에서와 같은 합리적 사고로 대처함으로써 자기 수용적 태도를 나타냈다. 그리하여 수줍어하고 불안해하는 자신을 나무라는 대신에 이런 감정을 수치심과 관련시키지 않고 수용하며, 그러한 자신의 행동을 비정상적이라고 보는 대신에 정상적이라고 생각하기 시작한 것이다. 그는 자신을 남자답지 못하다고 생각하기보다는 자신은 지극히 인간적이며 상처도 입을 수 있는 인간이라고 스스로에게 말하기로 작정했다.

J 군은 수줍어하고 불안해져도 괜찮다는 허락을 자기 자신에게 내리고 나니 갑자기 마음이 편안해지고 안정됨을 느꼈다. 이것을 '역설적 기법'이라고 부르는데, 어떤 심리적 문제에 저항하는 대신에 오히려 그것에 복종함으로써 문제를 해결하는 방법이다. 때로는 자신의 한계를 인정하

고 받아들이는 것이 정신건강에 도움이 되고 성장을 도모하는 좋은 방편이 되는 때가 있다. 자신을 자주 깎아내리고 현재의 모습과는 다른 사람이 되어야 한다고 고집을 부리는 것은 자신을 부적절한 인간처럼 느끼게 만들고 문제를 더욱 악화시키는 결과를 가져올 뿐이다.

수줍어한다는 것은 정서적 완벽성의 한 형태라고 할 수 있으며, 그것은 자기 자신을 있는 그대로 받아들이는 것이 아니라 자신은 어떠해야 한다는 가상적인 목표에 억지로 맞추려는 태도를 의미한다.

나는 옛날에 지금의 아내와 맞선을 보러 나가면서 하도 쑥스럽고 긴장되기도 하여 신경안정제 한 알을 먹고 나간 적이 있다. 모든 서먹한 절차들을 마치고 문밖으로 나오면서 내가 시원하게 숨을 내쉬며 아내에게 그런 사실을 말했더니 아내는 재미있다는 듯이 깔깔대고 웃었다. 아내가 나중에 말하기를 그때 내가 한 말이 아주 마음에 들었다고 했다. J 군도 비슷한 경험을 했다. 상담을 받은 후에 한번은 데이트를 하면서 상대방에게 자기는 때로 수줍어하고 불안해지는 소질이 있다고 말했더니, 그녀는 오히려 그의 그런 솔직함이 그를 더욱 매력적으로 보이게 한다고 했다. 사람들은 상대방의 장점보다는 약점에서 더 인간적인 매력을 느끼는 경우가 종종 있다.

앞에서 소개한 자기 약점 노출에 대해 어떤 독자들은 "만일 상대방이 그렇게 긍정적으로 반응하지 않는다면 어떻게 할 것인가?"라고 반문할 수도 있다. 실제로 어떤 사람들은 불안하거나 수줍음을 많이 타는 것을 남자답지 못한 모습이라고 생각하는 사람도 있고, 많은 사람들이 씩씩하고 자신감에 찬 모습을 좋게 평가하는 경향도 있다. 따라서 그렇지 못한 남자를 싫어하는 여자가 있는 것은 지극히 당연한 일이다. 여기서 한 가지 기억해야 할 것은 당신이 부유하든 가난하든, 두뇌가 우수하든 평범한 사람이든, 미남이든 추남이든, 자신만만하든 기가 죽어 있든 간에 어떤 사람들은 당신을 좋아하는가 하면 또 어떤 사람들은 당신을 싫어할 수도 있다는 사실이다.

모든 사람들로부터 똑같이 사랑받을 수 있는 사람은 이 세상에 아무도 없다. 그러나 만일 당신이 자신을 받아들이고 자신을 존중한다면 훨씬 더 많은 사람들이 당신을 좋아하게 될 것이다. 하지만 만일 당신이 신경이 예민하다는 것 때문에 항상 자신을 깎아내리며 스스로를 학대한다면 사람들은 당신에게서 등을 돌리게 될 것이다. 이때 사람들을 당신으로부터 쫓아 버리는 것은 당신의 수줍음이 아니라 바로 당신의 자기혐오라는 것을 알아 둘 필요가 있다. 반대로 당신 스스로가 수줍어하는 성향 때문에 다른 사람들로부터 털끝만큼이라도 덜 사랑받는다거나 덜 바람직해진다고 생각하지 않는다면, 대부분의 사람들도 당신의 수줍음에 크게 신경 쓰지 않는다는 사실을 알게 될 것이다.

수줍음으로 얻는 것과 잃는 것을 따져 보자

첫 번째는, 그렇게 안달해서 얻는 게 무엇인지를 자기 자신에게 되묻는 방법이다. 우선 다음 페이지에 있는 것처럼 표 두 개를 만들어 보자.

수줍음에 대한 득실 분석표

생각 : 수줍음과 긴장 때문에 나의 가치가 떨어진다.

이 생각으로 얻는 것은?	점수	이 생각으로 잃는 것은?	점수
수줍어하는 내 마음을 보이지 않기 위해 내 스스로를 열심히 조절하게 된다.	10	감정조절은 되지만 너무 많은 신경을 써야 하고, 편안함을 잃게 된다.	10
다른 사람들이 나의 불안한 모습을 알아차리지 못하므로 나를 싫어할 가능성이 줄어든다.	10	수줍어지는 것을 너무 의식하면 더 긴장된다.	30
사람들은 나를 남자답다고 볼 것이다.	20	사람들에게 외면당하고 거절당할 것 같은 두려움을 느끼게 된다.	30
		자연스런 감정표현이 너무 억제되고 우울해진다.	10
합계	40	합계	80

수정된 생각에 대한 득실 분석표

수정된 생각 : 나의 수줍음과 긴장은 오히려 나를 더 인간적이게 한다.

이 생각으로 얻는 것은?	점수	이 생각으로 잃는 것은?	점수
긴장감 때문에 내가 나를 미워하지 않게 된다.	20	모험을 하게 됨으로써 사람들로부터 더 멀어질 수도 있다.	10
나를 있는 그대로 수용한다.	20	나를 나약한 인간으로 보이게 할 가능성이 있다.	20
사람들에게 말을 걸고 나를 열어 보이는 것이 더 쉽다.	20		
나를 있는 그대로 보임으로써 다른 사람들과 더 가까워질 수 있을 것이다.	10		
합계	70	합계	30

첫 번째 표에는 나의 수줍어하는 성향 때문에 내 가치가 떨어진다고 생각함으로써 얻는 것과 잃는 것을 적고, 두 번째 표에는 수줍어하는 성향 때문에 내가 더 인간적으로 보인다고 생각함으로써 얻는 것과 잃는 것을 적는다. 그런 후에 어느 쪽 점수가 더 큰지(타당한지) 계산해 보면 결론은 저절로 나오게 된다. 원래 이 방법은 어떤 문제에 대한 결정을 내리기 어려울 때 많이 쓰는 갈등 해결의 한 방법이기도 하다.

수줍음에 대한 공포를 극복하는 또 다른 방법은, 다른 사람들은 어떤가 알아보는 조사기법이다. 대개 수줍어하는 사람들은 그것이 비정상적이라고 생각할 뿐만 아니라 다른 사람들은 모두 자기보다 더 자신감을 가지고 당당하게 행동한다고 생각한다. 그렇다면 사실이 그런지 실제로 조사를 통해서 확인해 보는 것이 좋지 않겠는가? 가까운 친구나 혹은 동료들에게 다음과 같은 질문을 해 본다.

(1) 당신도 누구에게 데이트를 청할 때 수줍어지거나 긴장됩니까?

(2) 당신도 또래의 이성에게 말을 걸 때 불안해진 적이 있습니까?

(3) 사람들이 많은 곳이나 사교모임에서 긴장한 적이 있습니까?

(4) 여러 사람들 앞에서 말할 때 긴장해 본 적이 있습니까?

(5) 당신은 수줍어하거나 긴장하는 사람을 비정상적이라거나 열등하다고 생각하십니까?

조사 결과 당신은 자신이 생각했던 것보다 훨씬 더 많은 사람들이 그들도 때로는 수줍어하고 긴장함을 발견하게 되며, 이러한 현상이 전혀 수치스럽거나 비정상적인 것은 아님을 알게 될 것이다.

우리는 자신이 가지고 있는 심리적인 문제나 갈등을 다른 사람들도 가지고 있음을 알게 되면 훨씬 위안이 된다. 뿐만 아니라 사람이 우울증이나 불안증에 빠지면 사물을 보는(해석하는) 눈이 다소 편파적으로 되거나 객관적 현상을 왜곡해서 보는 경향이 생긴다. 그러나 자신은 전혀 그렇다고 생각하지 않기 때문에, 다른 사람들도 자신과 같이 보는지를 확인하는 기회를 갖는다면 자신의 편파적이거나 왜곡된 사고를 깨닫고 바로잡는 데 도움이 될 수 있다.

중요한 것은 자기의 생각이나 지각이 편중(왜곡)될 수도 있다는 가능성을 인정하는 태도이다. 이것은 그 사람의 성격이 얼마나 경직되어 있는가 혹은 유연성을 가지고 있는가와 밀접한 연관이 있다. '성격의 유연성'이란 어떤 현상에 대한 '대안적 해석alternative interpretation'의 가능성을 의미하며, 그것은 반응의 다양성을 뜻하기도 한다. 심리학에서는 성격의 유연성을 성격 성숙도의 한 척도로 보며, 그만큼 적응능력의 폭이 넓은 것으로 간주한다.

비합리적 사고와 싸우자

수줍음과 당혹감을 극복하는 효과적인 방법은, 당신의 수줍음 때문에 당신을 싫어하는 어떤 사람을 가상하여 그 사람과 대화하는 장면을 상상해 보는 방법이다. 이때 그 인물로 하여금 실제로는 도저히 있을 수 없는 매우 악의적이며 모욕적인 말로 당신을 공격하게 해 본다.

남 : 너무 수줍어하는데! 완전히 홍당무가 됐어.

나 : 사실 난 지금 너무 떨려요. 누구를 처음 만나기만 하면 항상 이렇게 당황하고 수줍어해서 걱정이에요.

남 : 별 웃기는 소릴 다 듣는군! 당신 어디 아픈 거 아냐? 아니면 정신이 좀 어떻게 된 거 아니요?

나 : 내가 좀 수줍어한다고 해서 왜 정신이상 취급을 하죠? 왜 그러나요?

남 : 아, 그건 너무 비정상적이니까. 내가 당신이라면 난 안 살겠어! 난 당신 같은 사람은 딱 질색이야. 아주 지긋지긋해.

나 : 왜죠? 당신이야말로 진짜 웃기는군요. 누구나 수줍어할 수 있는 거 아닌가요? 난 이런 나를 한 번도 창피하다고 생각해 본 적 없어요. 사람이 때로는 긴장할 수도 있고 부끄러워할 수도 있는 거지, 그게 자연스러운 거라구요. 당신은 그럴 때가 없나요?

남 : 절대로 없지! 난 정신병자가 아니거든. 그런 건 정신이 허약한 사람이나 하는 짓이야. 난 정신도 말짱하고 아주 정상이라구.

나 : 그래요, 당신이 나보다 정상일지 모르죠. 그런데 내가 수줍어한다고 무슨 문제가 되나요?

남 : 당신 같은 사람하고 내가 함께 있는 걸 누가 볼까 걱정이 되니까.

나 : 왜 나하고 있는 걸 남들이 볼까 두렵죠? 창피해서 그래요? 아니면 전염될까 봐 그래요? 우리가 함께 있는 걸 누가 보면 당신 체면에 문제가 생기나요?

남 : 물론이지 ! 난 자신감 있고 정신적으로 아주 안정된 사람들하고만 만나니까. 아니, 그렇게 내 말을 못 알아듣다니. 당신은 완전히 환자야!

나 : 당신은 남들이 당신을 어떻게 보는지 굉장히 신경을 쓰는군요. 그렇게 사는 것도 아주 피곤하시겠는데요!

물론 실제로 이렇게 말하는 사람은 없다. 여기서 만들어 본 대화들은 당신의 마음속에 떠오를 수 있는 불안을 투영시켜 본 것에 불과하다. 이 대화의 진짜 목적은 당신으로 하여금 이런 불안의 정체가 무엇인지 철저히 검토해 보고, 그것이 얼마나 비논리적이고 불필요한 것인지를 깨닫게 하려는 데 있다. 실제로 여기에서 당신을 심하게 몰아세운 남이란 다름 아닌 바로 당신 자신이다.

중요한 것은 이 같은 타인 아닌 타인의 공격(실은 자신의 부정적 사고)에 효율적으로 반격하는 방법을 배움으로써 자신에 대한 불만에도 불구하고 당신이 자신을 사랑할 수 있게 하는 것이다. 수줍음 극복에서 최후의 승리는 완전한 자기 관리가 아니라 자기 수용이다. 사고왜곡의 종류나 비합리적 사고를 아는 것은 바로 당신의 내부에 자리 잡고 있는 '절대적 타인'의 공격을 물리칠 수 있는 중요한 전술적 무기들이다.

긍정적인 심상훈련을 해 보자

수줍음을 극복하고 자신감을 고취시킬 수 있는 마지막 방법은 자신의 공상이나 자기 심상을 수정하는 일이다. 매일 잠자리에 들기 전 5분 동안 당신이 다른 사람들 앞에서, 특히 예쁘고 우아한 여자나 멋있는 남자 앞에서 유창하고 매력적으로 대화를 나누며 그들로부터 인기를 끄는 장면을 마음속에 그려 보라. 그리고 당신 자신에 대해서도 매우 긍정적인 감정을 가지고 당신이 만나는 모든 사람들에게 적극적인 관심을 보이는 장면을 상상해 보라. 사람들 앞에서 위트 있는 농담을 하며, 때로는 성적 매력도 풍기면서 사람들의 시선이 당신에게 집중되는 장면을 상상한다면, 기분이 좋아지고 활기가 솟는 것을 느낄 것이다.

이런 연습을 평소에 잘 해 두면 자기도 모르는 사이에 머릿속에 밝고 활기찬 자신의 모습이 자리하게 된다. 그리고 그것은 실제로 다른 사람들과 대화할 때에도 영향을 주어 당신의 표정을 밝게 만들고 자신감을 심어 주는 효과가 있다. 이렇게 되면 어느새 수줍음도 잊어버리고 당신은 밝고 생기 있는 눈빛을 상대방에게 보내게 될 것이고, 그러면 상대방도 분명 당신에게 호감을 갖게 될 것이다.

이 심상요법은 오늘날 운동선수나 때로는 신경증 환자를 치료할 때 자주 쓰는 인지-행동요법의 한 가지 방법이다. 이 기법의 기본이론은 '공상(심상)이 실제로 좋은 감정이나 혹은 나쁜 감정을 창조한다'는 것으로서, 슬픈 심상을 마음속에 그리게 되면 자신의 감정 역시 슬픈 방향으로 변하고 더욱 슬픈 생각만 떠오르게 된다.

즐겁게 대화하는 방법을 연마하자

우리 속담에 "말 한마디로 천 냥 빚도 갚는다"라는 말이 있다. 이것은 대인관계에서 말이 얼마나 중요한 역할을 하는가를 단적으로 보여 준다. 처음 데이트 할 때 무슨 말을 어떻게 해야 되는지 몰라 당황한 사람들이 적지 않을 것이다.

내가 얼마 전에 상담했던 대학 3학년에 재학중인 학생은 대화의 기술이 부족해 연애에 실패한 대표적인 경우이다. 이 학생은 같은 학년의 여학생을 좋아했는데, 그 여학생 역시 그에게 어느 정도 호감을 보이고 있었다. 하루는 그가 여학생에게 줄 선물을 준비했는데 어떻게 건네야 좋을지 몰라서 말없이 선물만 내밀었다. 여학생은 "이게 뭐야? 왜 이걸 나에게 줘?"라고 물었지만, 남학생은 적당한 대답할 말이 생각나지 않아 "그냥 주는 거야" 하고 멋없이 대꾸했다. 이렇게 말하는 그 자신도 자기의 말솜씨에 실망을 느꼈다. 데이트를 할 때도 그는 무슨 말을 해야 할지 몰라 자기 어머니에 관한 이야기만 했다. 그랬더니 여학생은 "왜 자기 이야기는 하지 않고 가족 이야기만 하느냐"고 말했고 결국 그들은 우여곡절 끝에 헤어지고 말았다.

이것은 결코 그들만의 이야기는 아니다. 실제로 많은 젊은이들로부터 이성과 만날 때 무슨 말을 해야 할지 몰라 고민이라는 하소연을 종종 듣는다. 미국에서는 이런 대화법을 학교에서 가르친다고 하는데 우리는 아직 그런 기회가 없는 것이 사실이다. 내 생각으로는 대학의 학생생활연구소와 같은 상담기관에서 이런 대화법이나 남녀교제와 관련되는 심리학적 지식들을 학생들에게 가르쳐 주는 것이 필요하다고 본다.

할 말이 없다고 말하는 사람들은 대개 너무 '중요한'(?) 혹은 감동적인 이야기만을 해야 한다고 생각하는 사람들이다. 그들은 상대방에게 감명을 주거나 크게 흥미 있는 이야기만을 하려고 하며, 그렇지 않고 사소한 이야기를 하면 자신이 마치 '시시한' 사람이라도 되는 것처럼 생각한다. 그러나 사실 유창한 대화의 첫 번째 요령은 바로 이와 같은 부담감을 버리고 '사소한 이야기'부터 자연스럽게 시작하는 것이다.

그런 화제로 가장 좋은 것이 최근의 스포츠에 관한 이야기다. 올해

사람들은 자기를
좋아하는 사람을 좋아한다.
당신이 상대방에게
선의의 흥미를 가지고
그의 장점이나 특징을
높이 평가하면,
그도 당신을 좋아하고
호감을 느낄 것이다.

프로야구에서는 어느 팀이 우세한가? 어느 투수가 각광을 받고, 누가 홈런을 잘 치고, 어느 감독이 인기를 끌고 있는가? 세계 청소년 탁구대회에 남북한이 단일팀으로 참가했는데, 다음번 올림픽에도 남북한 단일팀이 구성될 수 있을까?

두 번째로 좋은 이야깃거리는 날씨에 관한 것이다. 올해는 여름이 빨리 오는 것 같다거나, 지난봄에는 유난히 좋은 날씨가 많았는데 별로 즐겨 보지도 못하고 지나갔다거나 하는 것 등이다.

세 번째로, 최근에 나온 인기 있는 책이나 영화 혹은 음악(노래)도 좋은 화제가 된다. 나는 가수 비의 노래를 가장 좋아하는데 당신은 누구의 노래를 가장 좋아하는가? 당신이 최근에 재미있게 읽은 책은 어떤 것인가? 그러나 이때 상대방의 반응을 잘 살펴가면서 해야 한다. 나는 옛날에 데이트를 할 때 내가 본 영화들에 관해 한참 말하고 난 후 상대방의 소감을 물어보았더니, 그녀는 그중 한 편도 보지 않았었다! 이런 이야기들을 잘하기 위해서는 평상시에 신문이나 주요 텔레비전 프로그램 등에 관심을 두고 있어야 한다.

한 가지 주의할 것은 정치에 관한 이야기는 삼가는 것이 좋다는 것이다. 어느 정당을 어떻게 생각하는가, 요즘의 노사관계를 어떻게 보는가, 다음 대통령은 어느 정당의 누가 되었으면 좋겠는가 등 정치에 관한 이야기는 불필요한 논쟁의 불씨를 제공하지 않기 위해서 가급적 화제로 삼지 않는 것이 좋다.

사람들이 가장 알고 싶어 하는 또 한 가지는 '당신' 자신에 관한 것이다. 당신의 인생목표는 무엇이고, 취미는 무엇이며, 어떤 음악과 어떤 운동을 좋아하는가 등 당신 자신에 관한 사항들이다. 그러나 흔히 사람들은 '나 같은 사람의 취미나 목표가 뭐 그리 대단하냐'고 생각한 나머지 자신에 관한 이야기는 잘 하지 않으려 한다. 너무 겸손한 사람은 자신의 이야기는 자기 자랑이고, 상대를 존중하는 예가 아니라고 생각한다. 다소 편집증적 기질이 있는 사람은 자기의 약점을 상대방이 알게 되면 그것을 미끼로 자기를 이용하거나 해칠지도 모른다는 경계심이 발동하여 말하지 않으려는 경우도 있다.

내가 생각하기에는 나의 인생이 너무 평범해서 세상 누구도 흥미를 느끼지 않을 것 같지만, 다른 사람의 눈에는 나의 인생이 매우 흥미롭기도 하며 때로는 독특한 것으로 보일 수 있다. 세상에 자신과 똑같은 인생을 본 적이 있는가? 당신이 무슨 일을 하고 어떻게 살든 간에 당신의 인생은 세상 어느 누구의 인생과도 다르게 흥미롭고 독특한 것이다.

당신 자신에 관해 어느 정도 개방하고 이야기를 나눌 때 상대방도 당신에게 새로운 흥미를 느끼고 자신을 개방하게 된다. 이런 과정에서 당신의 이야기를 듣던 상대방이 서로 힘을 합쳐 함께 꿈을 이루어 가기로 결심하게 될는지 누가 아는가?

상대방에게 관심을 보이자

흔히 사람들이 가지고 있는 한 가지 잘못된 생각은, 사람들한테 인기를 끌기 위해서는 자신의 행동이나 표정, 매력이나 지식 등으로 상대방에게 깊은 인상을 심어 주어야 한다는 생각이다. 그러나 이런 태도는 역효과를 낼 수 있다. 사람들은 너무 적극적으로 다가오는 사람에게 부담을 느낄 뿐만 아니라, 당신이 다른 사람들에게 깊은 인상을 주려고 과도하게 애를 쓰다 보면 마치 무대에서 스포트라이트를 받는 것처럼 어색하고 불안해진다. 이것은 대단히 불편한 상황이므로 이런 상황에 빠지지 않게 하는 방법을 소개하면 다음과 같다.

관심을 상대방에게 집중하라

다른 사람들이 당신을 얼마나 좋아하는가 혹은 싫어하는가에 집착하는 대신 당신의 관심을 다른 사람에게 집중시키는 방법이다. 다른 사람의 장점이나 독특한 점을 가급적 많이 발견하려 하고, 그것을 높이 평가해 주는 것이 좋다.

사회심리학자들의 연구결과에 의하면, 사람들은 자기를 좋아하는 사람을 좋아한다. 당신이 상대방에 대해 선의의 흥미를 가지고 그의 장점이나 특징을 높이 평가하면, 그도 당신을 좋아하고 호감을 느낄 것이다. 사람은 누구나 사랑과 인정을 받고 싶어 한다. 당신이 먼저 다른 사람에게 인정받고 있다는 느낌을 갖게 해 주면 그도 당신을 좋아하지 않을 수 없게 되는 것이다.

흔히 수줍음을 잘 타는 사람 중에는 매우 흥미롭고 기발한 화제를 찾느라고 고심하는 경우가 많은데, 그런 것은 모두 불필요한 일이다.

이 세상 대부분의 사람들이 바라는 것은 상대방으로부터 주의를 끄는 일이며 관심의 대상이 되는 것이다. 당신이 그들의 욕망을 만족시켜 주기만 한다면 그들이 당신에게 관심을 가지는 것은 당연한 이치이다.

상대방의 말을 다른 표현으로 반복하여 질문한다

상대방이 한 말을 당신의 표현법으로 바꾸어 다시 한번 반복하여 말한다. 만일 상대방이 "또 비가 오는군. 참 구질구질한 날씨야!"라고 말하면, 당신은 "그렇군요. 하늘에 구멍이 뚫렸나 봐요. 오늘도 무척 끈끈하겠는데요"라고 응수하는 것이다. "서울은 대기오염이 심각한 문제야"라고 저쪽에서 말하면, 당신은 "그래요. 지방에 갔다 서울에 돌아오면 이런 공기를 마시며 건강을 유지한다는 게 기적같이 느껴집니다"라고 대꾸하면 된다.

적절한 질문을 던진다

가령, 비 오는 날에 관한 이야기 끝에 어느 계절을 제일 좋아하는가, 여름에는 무엇을 가장 즐겨 하는가 등 자연스럽게 연상되는 이야기를 물어보는 것이 좋다. 만약 대기오염에 관한 화제라면 당신이 가 본 곳 중에서 가장 공기가 맑은 곳은 어디였는가, 가장 공기가 나빴던 곳은 어디였는가, 대기오염의 주범은 무엇이라고 생각하는가, 좋은 해결방법에 대한 당신의 생각은 무엇인가 등을 질문한다면, 그는 매우 신이 나서 자기 나름대로의 묘책이라든가 정부 당국에 대한 불만 같은 것들을 털어놓을 것이다. 당신이 약간의 참을성과 사람에 대한 호기심, 그리고 빈정거리지 않는 진지함만 갖추고 있다면 결코 어려운 일이 아니다. 이것을 잘하지 못하는 주된 이유는 자기 말을 참을 줄 모르고 자기 생각을 과시하려 하며, 적절한 침묵의 슬기를 터득하지 못하기 때문이다.

무엇보다 중요한 것은 상대방에 대한 존중심이다. 학식이 높든 낮든, 잘났든 못났든, 사람에게는 누구나 그 사람만이 가지고 있는 개성과 생각이 있기 마련인데, 그것을 존중하고 이해하며 거기에서 무엇인가를 배우려는 마음만 일단 가진다면 관계형성은 그리 어렵지 않다.

상대방의 주장에서 동의할 부분을 발견한다

이것은 상대방의 분노나 비판을 무력하게 만드는 방법이다. 사람은 누구나 자기가 하는 말에서 상대방이 진리를 발견하거나 거기에 전적으로 동의하면 대단히 기분이 좋아진다. 가령, 누가 자기는 수영을 좋아한다고 하면, 당신은 수영은 심폐기능을 증진시키는 전신운동으로서 남녀노소가 즐길 수 있는 대단히 좋은 운동이라고 말하면서, 당신은 수영을 얼마나 오래 했느냐고 묻는 것이다. 상대방이 정치나 철학에 관해 말하면, 당신은 "그것 참 그럴듯한 생각이군요"라든가 "그건 꼭 간디(혹은 처칠 또는 그 밖의 유명한 사람)의 생각과 매우 흡사하군요"라고 맞장구를 치면 된다.

때로 상대방이 모순되는 말을 하거나 다소 비논리적인 견해를 피력하더라도 그것을 반박하려 하지 말고 거기에서 '약간의 진실'이라도 발견하려고 애써야 한다. 이렇게 하면 그들은 자기가 뭔가 좀 아는 사람처럼 생각하게 되며, 당신의 생각에도 귀를 기울이게 될 것이다.

흔히 인생이란 대단히 어려운 과정이며, 인간이란 대단히 복잡한 존재라고 말한다. 그러나 꼭 그런 것만도 아니다. 인간이란 근본적으로는 매우 단순하며, 그들은 상대방이 자기를 좋아하는 것을 매우 좋아한다. 일부 정신과적인 문제가 있는 사람들(예: 정신분열성 성격장애자) 중에는 다른 사람이 자기를 좋아하는 것에 크게 비중을 두지 않는 것처럼 보이는 사람도 있다. 그러나 그들도 마음속 깊은 곳에서는 자기를 싫어하는 사람보다는 좋아하는 사람을 더 좋아한다.

사람은 누구나 다른 사람이 자기에게 작은 흥미라도 나타내면 기분이 좋아지기 마련이다. 다른 사람이 말하는 것을 자신의 말로 반복하여 표현하고 거기에 대해 구체적으로 질문하고 그들의 말에서 어떤 진실을 발견한다는 것은 인간의 이런 속성을 만족시켜 주는 것이 된다. 사람들로 하여금 자기 자신에 관해 말하게 하라. 당신이 그렇게만 할 수 있다면, 당신은 결코 과도히 수줍어하거나 고독해지지 않을 것이다.

이런 경우를 생각해 보자. 내가 평소에 어떤 사람과 좀 더 가까이 지내고 싶었는데 어떤 학술회의에서 그 사람과 마주쳤다. 그 사람이 말하기를 "김 선생님, 당신이 쓴 책을 내가 읽어 보았는데 너무 논리적이고 이론적인 것 같더군요"라고 했다. 내가 대답하기를 "이 선생님 말에 나도 전적으로 동감이에요. 인생이란 언제나 그렇게 논리적이고 단순한 건 아니지 않겠소? 이 선생 생각에 내용을 이렇게 고쳤으면 하는 점이 있으면 좀 말씀해 주세요. 큰 도움이 되겠는데요."

내가 이렇게 나간다면 상대방의 기분은 어떨까? 나의 무력화 기법으로 인해 상대방은 자기의 뜻이 받아들여졌다고 느끼며 흐뭇해할 것이고, 십중팔구 나를 보다 여유 있고 자기의 생각에 동조하는 사람으로 생각하게 될 것이다. 이 같은 방법은 좋은 토론을 전개할 수 있는 발판이 되고, 또한 좋은 우정의 시작이 될 수도 있다.

반면에, 내가 만일 나의 입장을 방어하고 한바탕 논쟁을 벌였다면 어떻게 되었을까? 결국 나는 그 사람과 가까워질 수 없게 되고, 그 사람은 나를 생각 좁은 꽁생원으로 생각하게 되었을 것이다. 이 과정에서 조심해야 할 것은, 당신의 말이 빈정거리는 투가 된다거나 진지하지 못한 인상을 주어서는 안 된다는 것이다. 만일 그렇게 되면 역효과가 생기게 된다. 내가 상대방의 말에서 조그마한 진실이라도 발견하겠다는 태도를 가지고 임한다면, 설사 상대방의 생각이 황당무계한 것이라 하더라도 그것은 언제나 가능한 일이다.

가령, 어떤 사람이 미국의 "공화당(혹은 민주당) 사람들은 모두 거짓말쟁이들이야"라고 한다면, 당신은 "그렇습니다. 공화당에는 거짓말쟁이도 있어요. 그런데 당신이 보기에는 누가 가장 거짓말을 잘하는 것 같습니까?"라고 말한다. 이렇게 한다면 당신은 거짓말을 하지 않고서도 그 사람의 생각에서 '약간의 진실'을 발견한 격이 된다. 또한 상대방은 자기의 화풀이를 할 기회를 갖게 되고, 당신은 그 사람과 불필요한 논쟁을 피할 수도 있게 된다.

그렇다고 해서 당신이 언제나 반대의견이나 대안의견을 내서는 안 된다는 뜻은 결코 아니다. 사람들 중에는 자기의 의견과 반대되는 생각을 좋아하는 사람도 있는가 하면, 논쟁을 즐기는 사람도 있다. 그러나 한 가지 중요한 것은, 이 과정에서 자기가 평소에 가지고 있던 적대감을 상대방에게 투사한다거나, 자기 의견에만 집착한 나머지 독단적이 되어서는 안 된다는 점이다. 상대방에게 그의 의견에 동의하지는 않지만 그의 의견도 충분히 존중하고 있으며, 인간적으로 그를 깎아내린다거나 무시하지 않는다는 인상을 갖게 하는 것이 매우 중요하다. 가끔 이렇게 하지 못하는 사람들도 있는데, 그것은 그 사람의 성격적 미성숙을 드러내는 것 외에 아무것도 아니다.

특히 성격적으로 적대감이 많거나 편집증적 기질을 가지고 있는 사람들은 다른 사람과의 대화를 이기고 지는 싸움처럼 생각하는 때가 있다. 그들과 대화를 하고 나면 어딘가 찜찜하고 개운치 못하며 때로는 약이 오른다. 그렇지 않고 사람들과의 대화를 당신이 좋아하고 존경하는 사람과 서로 의견을 나누어 보는 기회라고 여유 있게 생각한다면 대화에서 실패하는 일이란 거의 없을 것이다.

대화에서 이기고 지는 것이 어디 있는가? 심하게 공격적이거나 적대적인 사람이나 대화가 끝나고 나서 은근히 불쾌감만 남게 하는 사람이 있다면, 그것은 대개 상대방이 정신과적으로 어디가 아프거나 성격적으로 문제가 있는 경우이다. 그리고 그것은 대화의 예술을 터득하지 못한 상대방의 문제일 뿐, 나의 문제는 아닌 것이다.

맺으면서

우리나라에서 수줍음은 거의 미덕처럼 여겨져 왔으며, 특히 여성들의 경우 마땅히 수줍어해야 하는 것처럼 생각되기도 했다. 그것이 너무 심하여 자기 생각이나 감정을 제대로 표현하지 못할 때, 자기 자신을 너무 과소평가하고 열등감을 느낄 때, 그로 인해 대인관계에서 상처를 너무 많이 받아 자기혐오감이 생기고 자신에게 화가 날 때, 수줍음 때문에 대인관계를 회피하려 하고 특히 이성과의 관계형성을 만족스럽게 하지 못할 때 그것은 문제가 될 수 있다. 일부 사회(대인관계)공포증을 가지고 있는 사람들이 지나치게 수줍음을 호소할 때도 있다. 어느 정도의 수줍음은 겸손이라 할 수 있으나 정도가 지나치면 자신의 정신건강에 해로울 수 있다.

심리학 분야에서는 수줍음에 관해 많은 연구와 저서가 출판되고 있으나 과도한 수줍음의 원인은 아직 확실히 밝혀져 있지 않다. 선천적인 부분이 있다고 주장하는 이론도 있고, 모방학습에 의한 혹은 성장과정에서 심리적 충격(상처)으로 인한 경험적 요인이 원인이라는 이론도 있다. 원인이야 어떻든 해결방법은 비슷하다. 한 가지는 앞에서 제시한 인지-행동적 이론에 근거하여 사고왜곡이나 비합리적 사고를 확인하고 수정하는 방법이고, 다른 한 가지는 '행동실험'을 통해 수줍어하지 않고 과감하게 행동했을 때 어떤 결과가 발생하는지 실험해 보는 방법이다.

이 두 가지가 서로 다른 것은 아니며 보완적인 관계에 있다고 보는 것이 옳다. 행동실험의 한 가지 목적은 비합리적 사고나 사고왜곡의 오류를 증명하는 것이며, 또 다른 목적은 행동습관을 형성하는 것이다. 습관의 힘이 얼마나 센지는 '습관은 제2의 천성'이라는 말에 잘 나타나 있는데, 이 말은 습관을 바꾸면 천성이 바뀔 수도 있음을 의미하는 것이다.

새로운 습관을 형성하는 것은 성격의 변화를 가져오기도 한다. 수줍어하는 습관, 이성 앞에서 너무 자의식에 빠져 긴장하는 습관, 근거 없는 심리추측의 습관, 불필요한 지레짐작의 습관 등을 버리면 사랑에 도전하는 용기가 생기고 의미 있는 인간관계를 경험할 수 있는 기회가 생길 것이다.

---

1. A. Mathews (1990), "Why worry? The cognitive function of anxiety," *Behavior Research and Therapy* 28(6): 455-468.

09

사랑의 성취와 대인관계

사랑이란 아주 사소한 일일지라도 서로 나누며
그 일에 함께 참여하는 것이다.
- Saint-Exupéry

심리적인 문제로 상담을 할 때 우리는 그 사람의 성장과정과 더불어 연애경험, 결혼하게 된 경위, 이혼한 경우라면 그 사유, 성생활 등에 관해 질문할 때가 있다. 이런 질문을 하는 목적은 그 사람의 대인관계 양상을 알아보기 위해서이다. 왜냐하면 사랑과 관련된 일들이 그 사람의 친밀관계 형성이나 인생철학, 가치관, 성격적인 문제 등 대인관계 양상에 관한 많은 정보를 제공하기 때문이다. 사랑은 단순한 성생활이 아니라 그 사람의 인격, 성품 및 성격적 성숙도와도 밀접한 관계가 있다.

부정적 사고와 긍정적 반응

사랑은 희열과 흥분의 도가니인 동시에 불안감의 원천이다. 특히 그 시작이 어려워서 사람들은 걱정 아닌 걱정으로 애태우기도 한다. 이때 흔히 갖게 되는 부정적 사고들은 어떤 것이며, 그것들을 이겨 낼 수 있는 대처방법(대안해석alternative interpretation)은 무엇인지 알아보자.

부정적 사고 : 아무에게나 함부로 말을 걸거나 사소한 이야기를 나누어서는 안 된다.

긍정적 반응 : 물론 아무에게나 말을 걸거나 사소한 이야기를 나눌 '필요'는 없다. 그러나 그렇게 하는 것이 사람을 사귀는 데는 도움이 된다. 그렇게 한다고 해서 나의 위신이나 가치가 떨어지는 것은 결코 아니다. 괜히 겉으로만 근엄한 것은 자신의 부적절감을 위장하고 타인의 거부반응을 회피하려는 술책에 불과하며 오히려 사람들과 사귈 수 있는 기회만 잃게 할 뿐이다.

부정적 사고 : 우정이란 저절로(자연스럽게) 생겨나야 한다.

긍정적 반응 : 인생에서 중요한 일들은 대부분 노력의 결과로 얻어진다. 내가 조금만 노력한다면 친구를 사귀는 일도 보다 쉽고 자연스러워질 것이다. 친구를 사귀는 것도 하나의 기술이며, 자꾸 연마해야만 늘게 된다.

부정적 사고 : 그(녀)는 나 같은 사람을 좋아하지 않을 것이다. 괜히 말을 걸었다가 나만 웃음거리가 되기 쉽다.

긍정적 반응 : 누구든지 때로는 웃음거리가 될 수 있다. 한 번쯤 웃음거리가 된다 해서 어떻단 말인가? 설사 그렇다고 해서 내 인생이 당장 끝장나는 것은 아니다.

부정적 사고 : 그(녀)는 내가 이렇게 떨리고 불안해하고 있는 것을 안다면, 나를 못난이라고 생각할 것이다.

긍정적 반응 : 처음 여자(남자)하고 사귀려고 할 때 떨리는 건 지극히 자연스러운 현상이다. 다른 사람들은 안 그런가? 누구나 마찬가지다. 이성관계란 시도한다는 것이 중요하며 그것만으로도 충분히 의미 있는 일이다.

부정적 사고 : 그(녀)는 나 같은 사람에게 별로 흥미가 없을 것이다.

긍정적 반응 : 그렇다는 증거가 어디 있는가? 그건 미리부터 알 수 있는 일이 아니다. 우선 나에 대한 상대방의 생각을 알아보고, 나를 좋아하는지 싫어하는지를 실제로 확인해 보자. 확인도 하지 않고 기분으로 결과를 예측하는 것은 '감정적 판단'이라는 사고왜곡이다.

부정적 사고 : 나는 그(녀)에게 진짜로 관심이 있는 건 아니다. 그(녀)는 나와 맞지 않는다.

긍정적 반응 : 그건 변명일 뿐이다. 나는 아직 그(녀)를 제대로 잘 알지도 못하며, 서로 잘 맞지 않는다면 좋은 실습을 해 본 것으로 치면 된다.

부정적 사고 : 나는 그(녀)에게 이 상태에서 말을 걸고 싶지 않다. 지금은 너무 떨리고 그럴 기분이 아니다.

긍정적 반응 : 그럴 기분이 될 때까지 기다린다면 아마 영원히 기다리게 될지도 모른다. 좋든 싫든 우선 인사부터 건네 보자. 일단 대화가 시작되기만 하면 좀 더 마음이 안정될 수 있을 것이다.

부정적 사고 : 이런 곳(강의실이나 길거리, 구내식당, 지하철 등)에서 처음 말을 붙인다는 것은 적절치 못하다.

긍정적 반응: 사람이란 그들이 원하는 곳이라면 어디서나 만날 수 있는 것이다. 적절한 장소가 특별히 정해져 있는 것은 아니다.

부정적 사고: 내가 만나자고 하면 그(녀)는 나를 경박한 바람둥이로 취급할지도 모른다.

긍정적 반응: 이성 간에 데이트 신청을 한다고 해서 무조건 경박하거나 바람둥이가 되는 것은 아니다. 그렇다면 적극적이고 사교적인 사람들은 모두 경박하며 바람둥이란 말인가?

부정적 사고: 만일 그(녀)가 퇴짜를 놓거나 그 장면을 다른 사람이 본다면 나를 얼마나 못난 사람으로 생각하겠는가?

긍정적 반응: 그건 누구에게나 있을 수 있는 일이다. 그렇다고 해서 내가 못난 인간이 되는 것이 아니라, 매우 인간적이 되는 것이다. 실패에 대한 과도한 불안은 성공의 최대의 적이며, 중요한 것은 실패를 통해 무엇을 배울 줄 아는가 하는 것이다.

실패 혹은 이 경험을 통해 내가 무엇을 배울 수 있는가에 평가기준을 둔다면, 어떤 일을 시작하는 데 대한 불안을 줄일 수 있다. 뿐만 아니라 그 같은 대가를 지불하고 내가 얻으려 했던 것의 가치를 충분히 인정하는 마음이 무엇보다 중요하다. 인간관계는 우리 영혼의 양식이며 가장 큰 보람과 행복을 느끼게 하는 원천이다. 더욱이 남녀 간의 깊은 사랑은 보통의 친밀관계와는 다른 차원의 행복감과 만족감을 느끼게 한다. 그런 수확을 위해서 실패에 대한 불안, 체면과 자존심이 다소 손상되는 정도의 대가를 지불하는 것은 충분히 그럴 만한 가치가 있는 일 아니겠는가?

성격장애

근본적으로 성격적인 장애personality disorder가 있는 사람들은 원만한 대인관계를 지속하기 어렵고 행복한 사랑(관계)을 형성하고 유지하기 어려운 때가 많다. 그 원인이 성격장애라는 것을 모를 때 상대방(배우자)은 많은 마음의 고통을 겪고 때로는 신체적인 폭력까지 당하게 된다.

여기서는 성격장애의 몇 가지 유형만 간략하게 소개하기로 한다. 우선 요즘 한국 사회에서도 늘고 있는 자아도취형 성격narcissistic personality을 들 수 있다. 이들은 진실한 사랑을 성취하기 매우 어려운 사람들이다. 그들은 내면으로는 심한 공허감을 느끼고 있으면서 그것을 부인하기 위해 겉으로는 자기 과시를 하고 사랑도 이런 맥락에서 시도한다. 그러나 그들에게는 서로 주고받는다는 호혜 개념이 없으므로 사랑이 서로를 위해서 공헌하는 관계라는 것을 이해하지 못한다. 또 한 가지 특징으로 그런 사람들은 감정이입을 잘 할 수 없으므로 죄책감이나 후회 같은 걸 충분히 느끼지 못한다. 그런 사람들에게 배우자가 자신의 욕구를 표현하면 그것을 비난이나 위협으로 느끼고 자기를 버리고 떠나려는 행위로 받아들인다. 이 같은 사람과 함께 살려면 끊임없이 칭찬하고 아양을 떨어야 하는데, 그래도 만족할 줄 모르고 자기가 충분히 존중받지 못했다고 생각하며, 때로는 다른 사람을 찾는다. 견디지 못한 나머지 상대방(배우자)이 떠나 버리면 심한 마음의 고통을 겪고 우울증에 빠지기도 하나 다시 관계를 시작하면 옛날 버릇이 또다시 나타난다.

또 하나의 성격장애로는 반사회적 성격antisocial personality을 들 수 있는데, 이런 사람들은 거짓말을 밥 먹듯이 하고 직장에서나 가정에서나 책임감이 없고 자기의 의무를 다할 줄 모른다. 충동조절이 잘 되지 않기 때문에 폭력을 일삼고 범죄를 저지르기도 하며, 조화로운 사회생활과 지속적인 결혼생활이 어렵다. 그러나 겉으로는 말주변이 좋고 상대방을 현혹시키는 재주가 있어서 이런 남자에게 순진하고 온순한 여성들이 속아 넘어가는 경우가 있다.

세 번째 유형으로 편집성 성격paranoid personality이 있다. 편집성 성격 소유자의 핵심적인 문제는 '불신'이다. 그들은 다른 사람을 믿지 않으며, 누가 친절하게 대해 주면 그 저의가 무엇인지 의심한다. 그들은 다른 사람이 자기를 해칠까 봐 항상 경계하고 있으며, 이 세상은 적의를 가진 사람들로 가득 차 있다고 생각한다. 실제로는 자신의 적의를 상대방에게 투사하는 것이다. 자신이 피해자라는 생각을 갖고 있기 때문에 상대방이 자기 뜻에 따르지 않으면 금방 폭력을 행사한다. 의처증이나 의부증을 나타내는 사람들이 바로 여기에 속한다. 따라서 이런 사람들은 데이트할 때까지는 자기의 의심이나 불신감을 용케 참고 아닌 척하지만, 일단 결혼하고 난 후에는 본심이 드러내기 때문에 부부 불화가 많고 폭력으로 인해 원만한 가정생활이 어려운 때가 많다.

성숙한 사람은 어떻게 하나

성숙한 사람은 대인관계에 대한 욕구와 필요성을 느낄 줄 알며, 그것을 성취하기 위해 노력할 뿐만 아니라 때로는 그에 따르는 상당한 대가도 지불할 용의가 있다고 생각한다. 이런 사람들은 만족스런 관계를 형성하기 위해 필요한 기술도 배우고 연마하며, 실패에 대한 두려움으로 관계 형성에 대한 시도를 쉽게 포기하지도 않으며, 힘들여 얻은 친밀한 관계에 희열하고 환호하며 거기에서 인생을 느낀다. 사랑을 느낄 때 그들의 인생은 그만큼 풍요롭고 충만하며, 자신의 존재를 확인한다.

성숙한 사람들은 대인관계에서 생기는 갈등이나 불편함을 슬기롭게 해결하는 능력을 가지고 있다. 그들은 적당한 때와 장소에서 자기 자신의 불안이나 욕망, 공상 등을 다른 사람에게 드러내 보이기도 하고, 자신의 단점을 노출함으로써 사람들과 더 가까워짐을 경험하며, 상대방이 자신의 약점을 이용하여 자신을 위험에 빠뜨리거나 해롭게 할 것이라고 생각하지 않는다. 특히 그들은 상대방에게 자신의 감정을 솔직히 표현하고, 서로 비슷한 감정을 함께 나누며 확인하고, 그것을 즐길 줄 안다.

누군가 정서적 감정을 음식의 양념에 비유한 적도 있지만, 나는 오히려 중요한 영양소라고 말하고 싶다. 왜냐하면 그것의 적절한 만족 없이는 우리의 사고기능이나 신체기능이 충분히 발달하지 못할 뿐만 아니라 맡은 역할들을 충분히 해낼 수 없기 때문이다.

친밀관계 공포

사람 중에는 다른 사람과 너무 가까워지는 것을 두려워하는 사람들이 있다. 그들은 친밀한 관계란 자유를 구속한다고 생각하고, 누군가와 장기적으로 친밀한 관계를 갖거나 한 사람하고만 깊이 사귀게 되면 올가미에 걸려 있는 것처럼 느낀다. 그들에게 사랑이란 신나는 모험이기보다 자유를 앗아가는 무거운 짐이거나 책임인 것이다. 외국에서는 이미 오래 전부터 가족을 부양하던 가장이나 가계를 돌보던 주부가 하루아침에 아무 말도 없이 가출하여 다른 도시에 가서 다른 이름으로 사는 일이 가끔 일어나고 있다. 대개의 일반적인 사람들은 약혼이나 결혼을 하고 나면 이젠 아무하고나 데이트할 수 있는 자유로운 시절이 끝났다고 아쉬워하기도 하지만, 다른 한편으로는 이젠 더 이상 방황하지 않아도 된다는 안도감이나 안정감을 느낀다.

다음과 같은 생각이 들지는 않는지 스스로를 점검해 보자.

(1) 연애를 하다 보니 충분한 개인적 자유가 없다.

(2) 사랑을 고백하는 일이 스릴 있는 모험보다는 짐스러운 부담으로

느껴진다. 사랑을 하게 되면 행복감이나 희열보다는 희생과 의무만 더 늘어날 뿐이다.

(3) 관계가 깊어질수록 점점 더 행동이 자유롭지 못하고, 성적 흥분과 애틋한 정도 덜 생긴다. 처음 사귈 때 느끼던 신비로운 감정은 급속도로 줄어들고 사랑이 힘들고 따분한 일처럼 생각되기 시작한다.

(4) 일순간에 화끈하게 달아오르는 정사(情事)라든가 하룻밤의 관계가 더 자극적이고 황홀해서 좋다. 한 사람에게 오래 매어 있는 것은 마치 지루한 의식에 참석하는 것처럼 재미가 없다.

(5) 때로 상대방이 나의 시간과 관심을 너무 많이 요구한다는 생각이 들고 그런 요구를 받을 때 마음이 내키지 않더라도 거절하지 못한다. 두 사람 사이에 데이트에 소요되는 시간이나 횟수 등에서 서로 생각이 잘 맞지 않는다.

(6) 데이트 상대에게 나의 감정이나 진정으로 원하는 것이 무엇인지 잘 말할 수 없다. 화가 나고 짜증스럽더라도 그런 감정을 부인하거나 속에 담아 두고 있을 뿐, 드러내 놓고 표현할 수 없다. 가급적 상대와 싸우거나 기분 상하게 하는 일은 피하려 하나, 마음속에서는 신경이 날카로워지고 은근히 화가 난다.

(7) 데이트 상대가 기분이 상해 있거나 우울해 하면 괜히 죄책감을 느끼고 자신을 탓하는 경향이 있다. 상대방에게 어떤 문제가 있으면 마치 그 문제를 내가 해결해 주어야 할 책임이라도 있는 것처럼 느낀다. 처음에는 그런 역할을 하는 것이 보람 있고 나의 중요성을 인정해 주는

것 같아서 좋았으나, 시간이 흐르면서 상대방이 점점 더 내게 기대는 것 같아 그런 느낌마저 희박해져 가고 있다. 연애감정이 시들어 감에 따라 상대와의 관계가 즐거운 시간이 아니라 고된 일처럼 느껴진다.

이런 상태가 되면 당신은 올가미에 걸려 있다는 생각이 들며, 그것으로부터 도망치고 싶어진다. 그래서 관계를 청산하거나, 다른 상대와 비밀스런 관계를 갖거나, 혹은 현재의 관계가 너무 깊어지지 않도록 예방조처를 취하게 된다.

주된 원인은 어디에 있는가?

그 원인은 외부현실에 있는 것이 아니라 바로 당신의 마음속에 있다. 그것은 연애관계에 대한 당신의 몇 가지 자기 패배적인 태도와 비논리적인 사고 때문인데, 그 대표적인 것을 들면 다음과 같다.

(1) 나는 상대의 모든 요구나 기대를 만족시켜 주지 않으면 안 된다.

(2) 나는 상대방의 행복에 대한 책임이 있으며, 만일 그(녀)가 불행하게 느낀다면 그것은 나의 잘못 때문이다.

(3) 나의 애인은 매우 약하고 능력이 없어서, 마치 당뇨병 환자가 인슐린을 필요로 하듯이, 그도 항상 나의 사랑과 관심을 필요로 한다.

(4) 내가 실제로 필요로 하는 것이나 나의 감정을 솔직하게 표현했다가는 그(녀)가 나를 떠날 위험이 있으며, 그것은 나에게 감당하기 힘든 너무 큰 충격이 될 것이다, 등등.

이렇게 상대방을 즐겁게 해 주는 일에 집착한 나머지 그것의 포로가 될 때, 그 관계는 쾌감을 동반한 성장과 나눔의 기회가 아니라 스트레스를 가중시키는 부담이 될 뿐이다.

이런 현상을 가져오는 사고왜곡의 종류와, 그것에 대처할 현실적 논리 몇 가지를 소개하면 다음과 같다.

(1) 내가 상대방의 요구나 기대를 모두 만족시켜 주어야 한다는 생각은 '않으면 안 돼'의 과용이다. 그것은 현실적으로 불가능한 일이다. 나에게는 그럴 능력도 없거니와, 그 사람의 요구나 기대가 좀 충족되지 않는다 해서 무엇이 크게 잘못되거나 부당한 것도 아니다.

(2) 상대방의 행복이나 불행에 대한 책임이 나에게 있다고 생각하는 것은 '모두 내 탓이오'의 사고방식이다. 그 사람의 행복과 불행은 궁극적으로 그 사람의 책임이지 나의 책임은 아니다.

(3) 나의 애인이 그렇게 허약하다거나 나의 사랑과 관심을 그렇게 필요로 한다는 생각은 '잘못된 심리추측'이나 '부정적인 이름 붙이기'의 사고왜곡일 수도 있다. 정말 그런지 아닌지를 어떻게 알 수 있는가?

(4) 내 감정이나 필요사항을 솔직하게 밝히면 상대방이 나를 거부할지도 모르며 그것은 감당하기 힘든 충격이라는 생각은 '지레짐작의 과오'와 '과잉확대(재앙화catastrophizing)'일 수 있다. 그(녀)의 반응이 반드시 그렇지 않을 수 있을 뿐만 아니라, 최악의 경우 그(녀)가 나를 떠난다 하더라도 내 인생이 끝나는 것은 결코 아니다.

감정이나 생각을 솔직히
털어놓을 수 있어야 한다.
감정의 자유로운 표현 자체는
결코 죄가 될 수 없으며,
다만 문제가 될 수 있는 것은
그 방법이나 그에 수반된
행동일 따름이다.

어떻게 해결할까?

3단계 분석표를 만들어 본다

제일 왼쪽에 그때 떠오르는 자동적 사고를 나열하고 중간에는 그 자동적 사고가 해당되는 사고왜곡의 이름을 써 넣는다. 가장 오른쪽에는 그 같은 자동적 사고의 오류를 바로잡는 합리적 반응(보다 현실적이며 긍정적인 사고)을 써 넣는다. 그런 후에 자신의 기분이 얼마나 달라졌는지를 등급으로 나누어 채점해 본다. 이 과정에서 명심할 일은 합리적 반응이란 자기변명이나 합리화가 결코 아니며, 그것은 비논리적인 자동적 사고를 공박하는 현실적이며 논리적인 해석(결론)이라는 사실이다. 그래도 자신을 설득할 수 없으면 다음과 같이 해 본다.

상대방의 생각이나 기분(감정)에 대해 직접 물어본다

흔히 사람들은 자신의 생각이나 감정을 솔직하게 표현하지 못하는 경우가 많으므로, 누가 직접 물어보기 전까지는 그것을 밝히지 못할 때가 있다. 물어보지도 않고 상대방의 생각이나 감정을 점치는 것은 오류를 범할 가능성이 매우 크다. 따라서 상대방의 숨은 감정이나 요구사항을 표현하도록 격려하고, 그가 진짜로 두려워하는 것이 무엇인가 알아보려고 노력해야 한다. 그러나 직접 물어본다고 하여 마치 수사관이 죄인 심문하듯이 해서는 안 된다. 상대방이 자기의 마음을 열어 놓을 수 있는 분위기를 최대한 만들어 주어야 한다. 그러기 위해서는 상대방의 생각과 감정을 이쪽에서도 어느 정도 이해하고 있다는 표시를 보여 주는 것이 좋다.

상대방의 말을 다시 요약하여, 정확히 이해되었는지 확인한다

상대방의 말을 요약하여 반복하되, 그 사람의 입장에서 그 사람의 감정과 사고를 이해하여 당신의 표현법으로 표현해야 하며, 결코 심판하는 투로 말해서는 안 된다. 이 과정에서 당신의 생각이나 요구사항을 너무 강조하면 자기중심적이 되고 타인에 대한 무감각성을 보이게 된다. 반면에 상대방의 감정이나 요구사항에 너무 집착하면 마치 상대방에 굴욕적으로 따르는 것 같고 자존심이 부족한 느낌을 주게 된다. 따라서 자신의 요구사항과 상대방의 그것 사이에 균형을 유지해야 하는데, 사실 이것은 말처럼 쉽지 않다.

당신 자신에게 충분히 관심을 가지는 동시에 다른 사람에게도 깊은 관심을 가지는 것이 진정한 사랑이며 스스로 자유로워질 수 있는 길이다. 화를 내거나 적대감 없이 자신의 감정을 솔직히 표현할 줄 알아야 한다. 그래야만 상대방의 말에 대해 죄책감을 갖거나 방어적인 태도를 취하지 않게 되며, 올가미에 걸렸다는 느낌을 받지 않고 충분히 귀를 기울이고 공감할 수 있게 된다.

재치 있게 자기표현을 한다

우리는 흔히 자기의 감정이나 생각 혹은 필요사항을 밖으로 표현하는 것은 미덕이 아니라고 교육을 받아 왔고, 그럴 경우 상대방의 기분을 상하게 하거나 당돌하다는 소리를 들을지도 모른다고 생각한다. 그러나 감정이나 사고를 오직 마음속에만 담아 두고 끙끙 앓기보다는 오히려 솔직히 표현하는 것이 찜찜한(덫에 걸린 것 같은) 기분을 해소하는 데 더 도움이 된다. 이 과정에서 명심해야 할 일은 상대방을 깎아내리거나 그의 자긍심에 상처를 주지 않는 일이다. 또한 자신의 감정과 사고를 표현하면서, 동시에 상대방에게도 자기의 감정이나 생각을 솔직히 털어놓을 수 있도록 기회를 주고 격려해 주어야 한다. 감정의 자유로운 표현은 정당한 것이며, 다만 문제가 될 수 있는 것은 그 방법(혹은 수반된 행동)일 따름이다.

타협하고 절충한다

각자의 필요사항과 감정 등에 관해 서로 충분히 의사소통을 하고 확인한 다음에는 절충과 타협의 절차가 남아 있다. 아무리 사랑하는 사이라 하더라도 서로의 욕구를 완전히 만족시킬 수는 없으므로, 각자가 상대방의 욕구를 만족시킬 수 있는 것과 없는 것을 타협하고 절충해야 한다. 이 과정은 맹목적 연애관계의 신비로움과 낭만을 어느 정도 덜하게 하는 대신 현실에 뿌리를 내린 다른 차원의 친밀감과 만족감을 더 느끼게 해 줄 수 있다. 이런 관계라면 당신은 사랑하는 관계가 하나의 올가미가 아니라 성장과 성숙의 기회가 되며, 그 속에서 적당한 구속과 적당한 자유가 균형을 이룬 행복감을 느낄 수 있을 것이다.

맺으면서

사랑의 핵심인 친밀감, 우정, 약속/책임감(신뢰와 충성심), 용서와 관용 같은 특성들은 사랑뿐만 아니라 일반적인 대인관계의 핵심이 된다. 따라서 일반적인 대인관계가 어려운 사람들, 특히 성격장애를 가지고 있는 사람들에게서 원만한 사랑을 기대하기는 어렵다. 성격장애가 있는 사람들은 그것을 치료한 후에 친밀한 사랑을 시도하는 것이 좋다. 사랑을 시도하기가 너무 불안한 사람이나 너무 친밀한 관계가 부담스러운 사람들 역시 정도와 종류의 차이는 있어도 일종의 불안감이나 어떤 성격적인 문제를 가지고 있는 사람이라고 할 수 있다. 이런 문제를 해결하도록 도와주는 것이 심리치료이다.

사랑을 시도하면서 자신에게 이런 문제가 있다고 생각될 때는 용기를 내어 (심리치료를 통해) 문제를 해결한 다음 결혼하는 것이 바람직하다. 결혼생활은 연애보다 더 친밀한 관계를 바탕으로 하는 사회(대인관계)생활이기 때문에 서로가 성격적으로 건강하지 않으면 더 많은 갈등과 불행을 겪게 되기 쉽다. 실제로 행복한 결혼생활을 하려면 서로 간의 신뢰와 협조가 있어야 하는데, 이것은 결국 원만한 대인관계의 연장이라 할 수 있다. 앞에서 언급한 성숙한 성격을 가진 사람의 모습은 자신을 비쳐 볼 수 있는 좋은 거울이 될 것이다.

10

나는 왜 고독한가

자기 회의와 자기 증오는 인간관계와 신뢰를 왜곡하고 파괴하며,
인간성을 황폐하게 만드는 암 같은 것이다.
- John Powell

최근의 설문조사 결과를 보면 독신으로 살겠다는 사람들이 점차 늘어나는 경향이 있고, 사랑은 하고 싶은 마음이 있더라도 이런저런 이유로 회피하는 사람들이 있다. 그들은 종종 완벽한 상대가 없다거나, 자신이 너무 부족하다거나, 미지근한 사랑은 싫다고 말한다. 그러나 실제로는 사랑을 회피하는 이런 이유 뒤에 남모르는 불안감이 숨어 있거나 성격적인 곤란이 자리 잡고 있을 수도 있다.

완벽한 상대가 없어서

'완벽한 상대' 증세에 걸린 사람은 상대를 만날 때마다 그의 결점만 보인다. 머리는 좋은데 키가 작고, 용모는 준수한데 학벌이 나쁘고, 지식은 많은데 성격이 나쁘고, 학벌도 좋고 가정도 좋은데 로맨틱하지 못하고, 그래서 그는 결혼 상대를 결정하지 못한다.

고독에 대한 연구로 유명한 털사Tulsa대학의 심리학 교수인 존스Warren

Jones는 고독한 사람들이 타인과 인생 일반에 대해서 냉소적이며 거부적인 태도를 가지고 있다고 말한다. 그의 연구결과에 따르면, 고독한 사람들은 다른 사람의 감정이나 관심 및 요구에는 반응을 덜 보이며 자기중심적이다. 고독감은 그 사람이 가지고 있는 친구의 수나 데이트 횟수, 가족과의 접촉량 등과는 상관이 없으며 다른 사람과의 관계에서 만족을 느끼는 정도와 밀접한 관계가 있다.

좋은 관계를 가지는 비결은 '완벽한 상대'를 발견하는 데 있는 것이 아니라, 함께 문제를 해결하고 관계를 공고히 하고자 하는 자신의 의지에 달려 있다. 완벽성을 고집하는 한 고독을 면할 수는 없다. 다소 덜 완벽한 사람이라도 데이트를 하다 보면 처음에는 잘 몰랐던 장점들을 새로 발견하고 끌리게 될 뿐만 아니라, 전에는 좋았다고 생각했던 점들이 좋았던 게 아님을 발견하기도 한다. 그런 과정을 통해 데이트 기술도 늘 뿐만 아니라 정서적 불안정감이나 과도한 감정억제를 극복할 수 있고 편안해지게 된다. 그러면 상대편에서도 편안해지고 나에게 더 끌리게 되는 것이다. 내가 진정한 사랑을 느끼려면 어떤 환상적인 상대를 만나야만 가능하다는 생각은 망상에 불과하다. 이 세상에서 자신을 행복하게 해 줄 수 있는 사람은 단 한 사람, 바로 자신이다. 때로 사랑스런 상대가 자신을 어느 정도 행복하게 해 줄 수도 있지만, 궁극적으로 자신의 인생과 감정을 책임질 사람은 자신밖에 없는 것이다.

사랑의 상대를 아직 찾지 못한 사람들에게 사랑하는 사람이 왜 없느냐고 물어보면, 마음에 들 만한 상대는 이미 다른 사람이 차지해 버렸고, 임자 없는 사람들은 별 볼 일이 없어서라고 대답할 것이다. 그것은 어딘가 잘못된 생각이 아닐까? 이 세상에 모든 사람들이 똑같이 매력을 느끼고 마음에 들어 하는 사람은 하나도 없다. 톰 크루즈가 아무리 잘생겼다 해도 박력이 부족해서 싫다는 사람이 있고, 실베스터 스탤론이 아무리 남성미가 철철 넘쳐흐른다 해도 지성미가 없어 싫어하는 사람들도 있다. 왕년의 명화 〈길La Strada〉(1954)의 여주인공 줄리에타 마시나를 보라. 그녀의 어디가 그리도 잘생겼는가? 그래도 사람들은 그녀를 좋아했으며, 그녀는 당대의 명감독인 페데리코 펠리니와 결혼했다.

당신이 요구하는 '완벽한 상대'의 조건은 무엇인가? 바로 그것이 당신 자신의 문제를 투사(자신의 생각이나 감정을 타인의 것으로 돌리는 것)하는 것은 아닌가? 중요한 것은 그것을 깨달음으로써 자신의 문제를 바로잡아 가는 지혜와 용기를 갖는 것이다. 당신의 진짜 문제는 무엇인가? 그것은 실제로 당신의 자기 사랑 부족과 과도한 정서적 억제가 아닌가? 눈을 감고 생각해 보라. 이성과의 관계에서 당신은 무엇을 가장 두려워하는가?

나는 너무 부족해

일반적으로 말하는 미모나 학벌, 재산 등으로 자신을 평가하여 자기는 그중 어떤 것이 부족하므로 사랑을 할 자격이나 자신이 없다고 말하는 사람들이 있다. 즉 남들과 비교하여 인물이나 능력과 같은 객관적인 여건들에서는 전혀 손색이 없음에도 불구하고 자기는 부족한 점이 많다고 '생각'하며, 그래서 바람직한 애인감이 못 된다고 '생각'하는 것이다. 그들은 자긍심self-esteem의 기준을 외모나 재산, 교육 등과 같은 객관적인 것에 둔 나머지 자기는 키가 너무 작다거나(혹은 너무 크다거나), 경제적 능력이 없다거나, 혹은 교육을 못 받아서 좋은 연애 상대자가 될 수 없다고 단정하고 고독해한다.

이런 사람의 가장 큰 문제는 무엇인가? 그는 사랑하기 위해서 자신이 완벽한 사람이 되어야 한다고 주장한다. 그러나 사실 그가 요구하는 완벽성은 완전히 허구에 불과하며 비현실적이다. 이 세상에 완벽한 사람이 어디에 있는가? 실제로 이 사람에게 부족한 것은 신체적 매력이나 교육이 아니라 자긍심이다.

그러나 고독한 사람들은 대개 자신의 자긍심 부족을 알지 못하며, 자신이 다른 사람들에게 투사하는 적대감을 부인한다. 그들은 스스로 끊임없이 자신을 학대하고 있다는 사실을 전혀 깨닫지 못하고, 자신이 고독한 이유를 단지 '다른 사람들'이 자신을 좋아하지 않기 때문이라고 주장한다. 그들은 자신의 불행이 자기 내부로부터 연유하며, 자신을 불행하게 만드는 가장 큰 원인이 자신에 대한 긍정적 감정의 결여라는 사실을 알지 못한다. 그들은 실제로 자신을 어떻게 사랑해야 하는지 알지 못하기 때문에 고독하고 괴로워하며, 이것이 궁극적으로는 다른 사람들을 쫓아 버리는 결과를 가져오는 것이다.

당신이 자신을 사랑하지 않으면 이 세상에 당신을 사랑해 줄 사람은 없다. 이것은 아주 기본적인 진리이다. 당신이 자신을 긍정적으로 생각하기 시작하는 바로 그 순간부터 그 사랑이 자신의 얼굴을 환하게 빛나게 하고 생기가 넘치게 하며, 곧 그런 긍정적인 감정을 다른 사람들에게도 투사하게 된다. 사람들은 이내 당신 내부의 그 같은 사랑과 긍정적 태도를 감지하고 당신에게 끌리게 되는 것이다.

당신이 다른 사람에게 매달리고 가까이 오기를 갈망할수록 다른 사람들은 그런 당신을 더욱 멀리하게 된다. 그 이유는 당신이 그렇게 간절하게 찾고 있는 그 특별한 사람 역시 고독하고 도움을 필요로 하는 사람이 아닌, 자신을 흥분시켜 주고 자기 삶을 한 단계 올려 줄 사람을 찾고 있기 때문이다. 반대로 당신이 다른 사람에 대한 의존성을 버리고 자기 자신에 대해 만족해하고 긍정적으로 평가할 때, 점차 그런 당신을 찾는 사람들이 많아짐을 알 수 있을 것이다. 이것은 그야말로 역설적 현상이 아닐 수 없다. 사람들이란 당신이 그들을 간절히 원하고 있다고 생각될 때는 도망치고, 스스로 만족해하며 더 이상 그들에게 매달리지 않을 때는 오히려 당신을 필요로 하고 쫓아오는 것이다. 바로 그때 당신은 그들 중에서 가장 특별한 사람을 골라 의미 있는 관계를 맺으면 된다.

결국, '완전한 나'란 무엇인가? 그것은 영원히 충족될 수 없는 여러 가지 조건들을 기준으로 불필요하게 남들과 자신을 비교해 본 끝에 존재하는 '나'가 아니라, 장점과 더불어 단점까지도 가지고 있는 자신을 아끼고 소중히 여기며, 창조적이고 생산적인 인생을 열심히 살려고 하는 자신의 모습이다. 객관적 조건으로 평가되는 '완전한 나'란 영원히 존재하지 않는다. 혼자라는 사실에 대한 불안을 회피하려 하지 않고 그것과 직면하여 극복하며, 불필요한(비현실적인) 자기 패배적 태도를 버리고 보다 긍정적이며 건강한 가치체계를 개발해 나가며, 결코 자신을 학대하거나 함부로 취급하지 않는 것이 가장 '완벽한 나'의 모습인 것이다.

미지근한 사랑은 싫어

사랑이란 두 사람 사이에 완전히 감정의 일치가 이루어지는 상태로서, 언제나 흥분과 낭만으로 가득해야 된다고 생각하는 사람들이 있다. 이들은 처음에 느꼈던 흥분이나 낭만적 감정이 조금만 퇴색해도 사랑이 식어 버렸다고 결론짓는다. 사랑하는 사람끼리는 싸워서도 안 되며, 의견의 불일치는 두 사람의 관계를 위험하게 만들 수 있다고 생각하기 때문에 이런 사람들은 갈등을 매우 두려워한다. 서로 사랑하는 사이라면 항상 긍정적이고 아끼는 마음만 있어야 하며, 조금이라도 싫증 또는 화를 내거나 무관심해서는 안 된다고 주장한다.

이것은 대단한 완벽성이며 비현실적인 생각이다. 실제로 우리는 낭만적 감정 때문이 아니라 낭만적 감정에도 불구하고 좋은 관계를 형성하게 된다고 말하는 것이 오히려 타당하다. 낭만적 감정이 할 수 있는 일이란 처음에 두 사람을 서로 끌리게 하는 것으로 충분하다. 이 같은 감정은 오래 지속되지 못할 뿐만 아니라 행복한 관계를 지속적으로 유지하는 것을 보장하지도 못한다.

결혼이란 상대방이 자신의 꿈을 모두 실현시켜 주는 것이 아니라 서로가 성장할 수 있는 기회라고 생각하는 것이 바람직한 사고방식이다. 두 사람이 서로 부족한 점을 보완하며 차이점을 이해하려고 노력한 결과 얻어지는 만족감은 그 어떤 낭만적 흥분보다 더 깊이 있고 흐뭇한 친밀감과 애정을 느끼게 해 주는 것이다.

행복의 비결은 당신이 원하는 것 모두를 얻는 데 있는 것이 아니라, 처음엔 그것 없이 도저히 살 수 없을 것이라고 생각했던 그 혹독한 착각에서 해방되는 데 있다. 우리가 그렇게도 중요하다고 생각했던 것들이 때로는 그렇지 않음을 깨달을 때 우리의 마음에 평화와 행복이 비로소 찾아든다는 것이다. 이것은 불교에서 집착을 버리라는 가르침과 매우 일맥상통한다. 이것은 또한 현실적으로 불가능한데도 어떤 기준(이상)에 반드시 도달해야 된다고 고집하며, 그렇지 못할 때 스스로 자신을 학대하기보다는 자신을 있는 그대로 받아들임으로써 마음의 평화를 발견하게 되는 수용의 역설적 현상acceptance paradox과도 맥을 같이한다.

부족한 점을 서로 보완하며
차이점을 이해하려고 노력할 때,
그 어떤 낭만적 흥분보다 깊이 있는
친밀감과 애정을 느끼게 된다.

결국, 완벽한 사랑을 고집하는 것은 다른 사람과 가까워지는 데서 생기는 불안을 회피하기 위한 핑계에 불과하다. 이 세상의 어떤 연인도 그리고 어떤 사랑도 완벽할 수는 없는 만큼, 과도하게 높은 기준을 설정하는 것은 모든 사람을 뿌리치기에 편리한 구실일 뿐이다.

거부에 대한 불안을 일으키는 사고왜곡

사랑하는 사람을 갖지 못하는 사람들은 흔히 상대방으로부터의 거부에 대한 불안이 너무나 심한 나머지 데이트를 청한다거나 친해지는 데 필요한 모험을 하지 않으려 한다. 앞에서도 여러 번 언급했듯이 데이트를 청하거나 사랑을 주는 것은 하나의 큰 모험이다. 따라서 거절당했을 때는 자존심에 상처를 입을 수도 있다. 그러나 값비싼 진주를 따기 위해서는 깊은 바다 속으로 뛰어들어야 하는 것처럼, 소중한 사랑을 얻으려면 사랑의 모험을 감행하지 않으면 안 된다. 거절에 대한 과도한 불안을 일으키는 대표적인 사고왜곡의 종류 몇 가지를 소개하면 다음과 같다.

과잉일반화

한 번 거절을 당하면 앞으로도 계속 그럴 것이라고 생각하며, 그 주된 이유는 자신에게 결함이 있기 때문이라고 생각하는 사고방식이다.

내가 만나 보았던 어느 젊은 여자 환자는 2년여 지속되던 연애가 남자 쪽에서 마음을 바꿈으로써 실연으로 끝났다. 그 다음부터 그녀는 누구와도 데이트를 하지 않고 우울증에 빠지게 되었다. 그녀는 자신에게는 남자들이 좋아하는 어떤 '기본적 요소'가 결여되어 있기 때문에 앞으로도 사랑에 성공하지 못할 것이라고 생각하고 있었다. 그 '기본적 요소'가 무엇인지 분명하게 밝히지는 못하면서 어쨌든 자기는 남자들로부터 사랑을 받을 수 없는 사람이라고 했다. 여러 번의 상담을 통해 그 '기본적 요소'란 실제로 존재하지 않는 그녀의 비현실적 생각의 산물이라는 것이 밝혀지고, 새로운 관계형성을 통해 그와 같은 생각의 타당성이 부정된 다음에야 그녀의 우울증은 완전히 사라질 수 있었다.

한 번 혹은 몇 번 실패했다고 해서 영원히 사랑에 성공할 수 없는 근본적인 결함이 자신에게 있는 것처럼 결론짓는 것은 과잉일반화이다. 실패의 원인으로 자기 이행적 예언이 작용하지는 않았는지, 혹은 방법상의 오류가 있지는 않았는지 객관적으로 검토할 필요가 있다.

자기 비난

사랑을 잘 못하는 사람들은 연애에 실패하고 나면 그것은 모두 자신의 잘못 때문이라고 생각한다. 친구나 주위 사람들이 그건 그렇지 않고 두 사람 모두의 책임이라고 아무리 설득해도, 그들의 가슴 깊은 곳에서는 그래도 문제는 자신에게 더 있다고 주장한다. 이런 사람들은 아주 어렸을 때부터 부모의 무조건적 사랑을 충분히 받지 못한 나머지 무의식 깊은 곳에 부정적 자아상이 자리 잡고 있어, 자신은 사랑받을 자격이 없는 '나쁜' 사람이라는 생각이 도사리고 있을 수 있다. 때로는 부모가 싸우거나 무슨 일이 잘못되었을 때 그 원인이 어린아이에게 있다고 야단치거나 그런 인상을 심어 주었을 가능성도 있다.

사랑이 실패로 끝난 것이 왜 꼭 나의 결함 때문이며 나에게만 책임이 있는가? 그것은 말도 안 되는 논리이다. 두 사람이 서로 잘 맞지 않았을 뿐이며 잘못 만났을 뿐이다.

이분법적 사고

사랑이 깨어지게 되면 그 관계의 문제점을 밝히고 그것을 통해 무언가를 배우고 성장하는 계기로 삼으려 하기보다, 그 관계는 '완전한 실패작'이었다거나 자신이 완전한 실패자라는 생각에만 골몰하는 경우가 있다. 뿐만 아니라 떠나간 상대방을 이상화하고 그의 좋은 점만을 생각하며 단점들은 무시한 나머지, 그가 없는 자신의 인생은 완전히 무의미하고 오아시스 없는 사막 같다고 결론지어 버린다.

그가 그렇게도 완전한 애인이었는가? 그런 '완전한' 애인을 이 세상에서는 두 번 다시 만날 수 없다고 누가 그러던가? 그런 애인, 그런 사랑이 아닐 바에는 그 어떤 사랑도 아무런 가치가 없는가? 그렇지 않을 것이다. 그래도 해는 내일 아침에 또다시 뜨며, 다른 가치 있는 사랑이 세상에는 얼마든지 있을 수 있다. 다만 놓쳐 버린 새가 더 커 보일 뿐이다. 더구나 사랑의 성패로 어떻게 나의 인생 전체를 평가할 수 있겠는가?

잘못된 심리추측

자기 사랑이 부족하고 자긍심이 낮은 사람들은 다른 사람들이 자기에게 부정적 감정이나 생각을 가지고 있다고 지레짐작하는 경우가 많다. 그 결과 실제 상황을 잘못 해석하는 때가 흔히 있다. 특히 외로운 사람들은 완전히 중립적인 상황도 자기를 거부하는 것으로 잘못 판단한다. 그들은 거부반응에 대해 과도하게 예민한 나머지, 조금이라도 그런 기미가 보이면 (실제는 그렇지 않은데도) 상대방이 자기를 거부한다고 단정해 버린다.

어느 회사의 여직원이 하루는 용기를 내어 동료 남자직원에게 점심을 함께 하자고 청했다. 마침 그는 선약이 있던 터라 다음날로 미루면 안 되겠냐고 말했고, 그녀는 그가 자기를 싫어해서 거절하는 것이라 생각하여 크게 자존심이 상한 나머지 다시는 그와 말도 하지 않았다. 후에 우연히 그 남자 역시 그녀에게 호감을 갖고 있었음을 알게 되었으나 때는 이미 너무 늦은 뒤였다.

가장 좋은 방법은 직접, 아니면 간접적인 방법으로라도, 상대방의 태도를 확실하게 확인하는 것이다. 그러나 이러한 확인과정을 꺼리는 한 가지 이유는 짐작만 하던 거부가 확인을 통해 기정사실화될 때의 참담한 심정 때문이다. 왜 그렇게도 참담해지는가? 반드시 그런 감정상태가 될 수밖에 없는가? 그렇지 않다. 앞에서도 말했지만 대개의 경우 감정이란 생각의 소산이며, 생각을 달리하면 감정반응도 달라질 수 있는 것이다. 문제는 잘못된 심리추측으로 인해 불필요한 마음고생을 하게 되고, 좋은 결과를 가져올 수 있는 일을 내 손으로 망치는 경우가 없도록 유의할 필요가 있다.

항상 남을 비방하는 태도(자기 사랑의 부족)

모든 사람에게 항상 화가 나 있는 사람들을 종종 볼 수 있다. 그들의 눈에는 다른 사람의 친절이나 장점 같은 것은 전혀 보이지 않고 오직 불친절함이나 나쁜 점만 보인다. 그들은 근본적으로 사람을 별로 좋아하지 않는 것 같은 인상을 준다. 그리고 그들은 자신의 부정적 태도와 자신이 당하게 되는 대인관계의 문제 사이에 밀접한 관계가 있음을 전혀 이해하지 못한다. 사실 이런 사람들은 자기의 대인관계에 문제가 있다는 사실조차도 잘 모른다. 만일 문제가 있다면 그건 전부 다른 사람들 때문이며, 그 사람들이 인간미가 없고 자기를 좋아하지 않기 때문이라고 주장한다. 자기가 다른 사람들을 얼마나 멀리하고 있고 어떻게 쫓아버리고 있는지에 대해서는 별로 생각해 보고 싶지도 않으며, 누가 그것을 지적해 주어도 이해가 잘 되지 않는다. 자기의 장점, 자기의 속 깊이에 내재하고 있는 착한 마음을 다른 사람들이 몰라주는 것만이 야속하고 자기를 멀리하는 사람에 대해 서운할 뿐이다.

만일 누가 이런 사람에게 그의 문제점을 지적해 주면, 그는 곧 자기 방어적이 되어 화를 내고 상대방을 공격하며, 타인의 비평에 대해 적절하고 객관적인 평가를 할 줄 모른다. 그 결과, 다른 사람들은 더욱 그를 싫어하고 피하게 되며, 그것은 또 그 사람을 진짜 화나게 만듦으로써 악순환의 고리가 형성되는 것이다.

그가 그렇게 행동하는 것은 자기 사랑과 자긍심이 부족하기 때문이다. 자기 자신을 진정으로 아끼고 사랑하는 사람은 다른 사람의 인격을 존중하고 장점을 높이 평가하며 단점을 감싸 주는 아량을 가진다. 그러나 자기 자신을 싫어하고 수용하지 못하는 사람은 이 같은 혐오감이나 증오감을 다른 사람에게 투사하고 공격하며, 그렇게 함으로써 자신의 정당성을 인정받으려 한다. 그에게 가장 필요한 것은 자긍심을 향상시키고 자기 수용적 태도를 증가시킴으로써 이 악순환에서 벗어나는 일이다. 그러지 않는 한 더욱 고독해질 뿐이다.

다른 사람들의 행동에 분개하고 혈압을 올리는 사람들에게 나는 엘리스Albert Ellis의 저서를 권하고 싶다. 세상에 털어서 먼지 안 나는 사람을 본 적이 있는가? 다른 사람들에게서 내가 싫어하는 특성들이 나에게는 없는가? 실제로 사람들은 자신에게 있는 문제를 다른 사람에게서 잘 보는 경향이 있다. 무의식적으로 자신의 문제를 부인하고 다른 사람에게 투사하는 것이다. 다른 사람을 탓하기 전에 내가 먼저 사랑받을 만한 사람이 되는 것이 필요하다.

이 밖에도 직장 일이 바빠서, 시간이 없어서, 마땅한 상대가 없어서, 귀찮아서 등등 사랑을 하지 않는 이유는 많을 것이다. 그중에는 정당한 이유도 있다. 사실 사랑이란 그리 쉬운 일은 아니다. 누가 사랑을 쉽고 아름답다고 했는가? 사랑하지 않고는 못 견디는 필연 때문에 사랑을 하게 되며, 그 필연성은 우리의 존재와 직결되는 것이다. 존재하기 위해서는 사랑이 꼭 있어야 한다는 의미도 될 수 있다. 따라서 사랑을 하지 않는 이유를 확고하게 정립시키지 말고 성공적으로 사랑할 수 있는 방법을 더 찾아야 할 것이다.

맺으면서

사랑에는 불안이 따른다. 내가 사랑하는 만큼 저쪽에서도 나를 사랑할까, 내 마음이 상대방에 충분히 전달되었을까, 혹은 다른 사람이 생겼을까 불안해지기도 한다. 사랑의 불안과 고통을 겪지 않는 방법은 사랑을 하지 않는 것이고, 거기에는 그럴듯한 이유가 있어야 한다. 그래야만 나 자신뿐만 아니라 다른 사람들에게도 비겁하다는 소리를 듣지 않을 수 있다. 그런 이유에서 사랑에는 용기가 필요하다.

나의 부족한 점도, 상대방의 부족한 점도, 그리고 사랑 같지 않은 미지근한 사랑도 모두 너그럽게 용서한다면 사랑이 그렇게 어렵지도 않고 덜 고통스럽게 느껴질 것이다. 가장 중요한 것은 내가 나 자신을 용서하고 사랑하는 마음이다. 사랑할 줄 모르는 나도 용서하고 항상 고마워하는 마음을 가지고 살면 모든 것이 사랑스러워진다.

부모가 나를 잘못 키웠다고 탓하지 말자. 나의 부모도 그렇게 자랐기 때문이다. 그렇게 생각해 보면 부모에 대한 원망이 동정으로 바뀌고 용서하고 싶은 마음이 생긴다. 그러면 부모를 사랑하고 싶어지고 나 자신도 사랑하고 싶어질 것이다.

11

호감의 심리학과 사랑

우리는 다른 사람이 잘해 준 만큼 그들을 좋아하는 것이 아니라,
우리가 그들에게 잘해 준 만큼 그들을 좋아한다.
- Leo Tolstoy

사랑에 빠지면 우리는 어떻게 하면 상대방을 더 기쁘게 하고 상대방이 나를 더 좋아하게 만들 수 있을까를 고민하게 된다. 흔히 사랑하는 사람의 행복은 곧 나의 행복이며, 사랑하는 사람의 고통은 곧 나의 고통이므로, 상대방을 기쁘게 하고 행복하게 해 주는 과정이 곧 나의 인생이라고 생각한다. 따라서 사람이 사람을 좋아하게 되는 이유를 알게 된다면 사랑을 시작하려는 사람뿐만 아니라 이미 서로 사랑하고 있는 사람들이 그들의 사랑을 더욱 깊고 튼튼하게 하는 데 도움이 될 것이다.

호감의 요소

일반적으로 사람들은 어떤 사람을 좋아하는가? 애론슨Elliot Aronson은 그의 저서 『사회심리학』[1]에서 사람들은 대개 (1) 생각이나 흥미가 자기와 비슷한 사람, (2) 어떤 기술이나 능력 혹은 재주를 가지고 있는 사람, (3) 신뢰성, 합리성, 정의감, 친절함 등 유쾌하고 칭찬할 만한 특성을 가진 사람, (4) 자기를 좋아하는 사람 등을 가장 좋아한다고 말한다.

카네기Dale Carnegie는 "다른 사람이 당신을 좋아하기를 원한다면 유쾌하게 행동하고, 당신도 그를 좋아하는 듯이 행동하며, 그 사람이 관심을 갖고 있는 일에 당신도 관심을 보이며, 칭찬을 아끼지 말고 그의 의견에 동의하라"라고 권고한다.[2] 이와 같은 카네기의 권고를 잘 통제된 실험실에서 검증해 본 결과, 역시 많은 부분들이 적어도 제한된 범위에서, 특히 관계형성의 초기단계에서는 효과가 있는 것으로 인정되었다.

사람들은 불쾌한 특징보다는 유쾌한 특징을 가진 사람을 더 좋아하며, 자기 의견에 동의하지 않는 사람보다는 동의하는 사람을 더 좋아하고, 자신을 싫어하는 사람보다는 좋아하는 사람을 더 좋아하며, 자신과 경쟁하는 사람보다는 협조하는 사람을 더 좋아할 뿐만 아니라, 자신을 비판하는 사람보다는 칭찬하는 사람을 더 좋아한다는 것이 심리학적 연구에서 입증되고 있다. 이것을 매력에 대한 '일반적 보답 이론general reward theory'이라고 부른다.

특히 여러 심리학자들의 실험 결과에 의하면, 사람들이 서로 협동하는

데 많은 시간을 소비하게 되면 상호 간에 매력이 더욱 증가하는 것으로 밝혀졌는데, 이것은 협동적인 행동이 각자에게 어떤 보답이 되기 때문이라고 해석한다. 즉 협동하는 사람들은 서로 도움을 주고, 상대의 의견을 귀담아 들어 주고 충고해 주며 책임을 분담하게 되는데, 이것이 보답의 역할을 하는 것이다.

그러나 모든 대인매력이 일반적 보답 이론으로 설명되는 것은 아니다. 때로는 사람들이 무엇 혹은 누구를 위해 고생한 경우에 그(것)들을 더 좋아하게 되는 때도 있다. 예를 들어, 어떤 집단의 단원이 되기 위해 불쾌한 입단 절차를 겪었던 사람들이 시간과 노력을 적게 투자하고 입단한 사람들보다 그 집단을 더 좋아하게 되었다는 연구결과가 있다. 그리고 사랑을 이루기 위해 두 사람이 오랫동안 협동하고 그 과정에서 고생이 많았다면, 그만큼 둘의 관계에 대해 애착을 더 느끼며 서로를 더 매력적으로 볼 가능성이 많다. 예를 들어, 부부가 부모로부터 유산을 받지 않고 자기들만의 힘으로 집과 살림을 장만하느라 오랜 시간 동안 함께 고생하며 노력했을 때 두 사람 사이의 관계는 더 공고해질 수 있다.

칭찬과 호의

사람들은 자신을 부정적으로 평가하는 사람보다는 긍정적으로 평가하는 사람을 훨씬 더 좋아한다. 대인관계를 만족스럽게 하기 위해 "아낌

없이 칭찬하라"는 카네기의 충고는 심리학에서도 매우 유효한 것으로 인정되고 있다.

교수의 강의에 대해 무조건 명강의라고 칭찬하고 기분 좋은 표정을 짓는 학생과, 이와는 반대로 비판적인 태도로 강의 내용에서 잘못된 점을 정확하게 지적하며 냉소적인 표정을 짓는 학생이 있다고 하자. 이때 교수는 비판하는 학생의 논리가 충분히 타당하고 이유 있음을 인정하더라도, 또한 그의 비판 덕분에 교수가 자기 이론을 보다 낫게 수정할 수 있는 계기가 되어 고맙게 생각하더라도, 마음속에서는 그 학생을 반드시 더 좋아한다고 할 수는 없다. 때로는 정확하게 논리적으로 비판을 잘하는 사람을 마음속에서 존경할 수는 있어도 좋아하지는 않는 것이 인지상정이다. 비판을 좋아하는 사람은 이 점을 명심하는 것이 좋을 것이다.

칭찬이 무조건 상대방으로부터 호감과 애정(매력)을 불러일으키는 것은 아니다. 사람들은 칭찬받기를 좋아하고 칭찬하는 사람을 좋아하는 경향이 있다 하더라도, 그로 인해 조종당하는 것은 싫어한다. 만일 칭찬이 너무 지나치고 뚜렷한 근거가 없는 경우나, 상대방의 비위를 맞춰 어떤 이익을 얻기 위해 하는 칭찬이 분명할 경우에는 그런 사람들에 대해 좋은 감정을 갖지 않게 된다.

사람들은 자기에게 호의를 베푼 사람 역시 좋아하는데, 칭찬의 경우와 마찬가지로 호의를 베푸는 사람을 무조건 좋아하는 것은 아니다. 호의를 베푸는 사람이 그 호의에 어떤 조건을 달아 놓았을 경우에는, 그것이 호의를 받는 사람의 자유를 위협하기 때문에 사람들은 그 호의를 좋게 받아들이지 않는다. 특히 어떤 사람이 호의를 베풀고 나서 이익을 볼 위치에 있을 경우에는 더욱 그렇다. 가령, 보통 때는 학생들로부터 어떤 선물을 받으면 즐거워하던 선생에게 낙제점에 가까운 학생이 시험 점수를 매기기 직전에 아주 값비싼 선물을 가져왔다면, 그 선생은 마음이 아주 불편해질 것이다.

한 가지 재미있는 실험 예가 있다. 브렘Jack Brehm과 코울Ann Cole[3]은 다른 사람의 첫인상을 말하게 하는 면담에 피험자로 참여할 대학생들을 모아 놓고 실험 차례를 기다리게 했다. 그들이 차례를 기다리는 동안 실험 조수가 잠시 방을 나갔다 오겠다고 말하고, 한 조건에서는 그냥 다시 자기 자리에 돌아와 앉았다. 다른 조건에서는 실험 조수가 방을 나갔다가 콜라 두 병을 가져와, 한 병은 자기가 마시고 다른 한 병은 다른 피험자에게 주었다. 그 후에 실험 조수는 지금부터 자기가 매우 재미없고 따분한 일을 한 가지 해야 하는데, 누가 좀 도와줄 수 없겠느냐고 부탁했다. 그 결과 매우 놀랍게도 실험 조수한테서 콜라를 받지 않았던 학생들이 콜라를 받은 학생들보다 더 잘 도와주었다.

이 실험의 결론은, 호의와 칭찬이 보편적인 보답이 아니라는 것이다. 배고픈 사람에게는 음식물을 어느 사람이 어떤 상황에서 주건 간에 보답이 되지만, 칭찬이나 호의는 매우 미묘한 상황적 변인에 따라 보답으로 작용할 때가 있고 그렇지 않을 때가 있다. 때로는 칭찬이나 호의를 베풀지 않고 그저 가만히 있었던 사람이 호의를 베푼 사람보다 더 매력적으로 느껴질 수도 있다. 그러므로 카네기의 권고가 항상 옳은 것만은 아니다. 만일 당신이 어떤 사람이 당신을 좋아하게끔 만들려면, 아첨의 수단으로 호의를 베푸는 것은 역효과를 낼 수도 있음을 알아야 한다.

결혼하고 나서 아내에게 한 번도 예쁘다고 칭찬을 하지 않던 남편이, 하루는 갑자기 비싼 선물을 사들고 와서 당신처럼 예쁜 여자는 이 세상에 없노라고 말한다면, 부인은 기분 좋은 감정보다는 남편이 갑자기 이렇게 친절한 이유가 무엇인지 하는 의심이 앞설 수 있다. 언제나 까다롭고 냉정하던 직장 상사가 갑자기 부하 직원에게 칭찬과 아량을 푸짐하게 베풀면, 부하 직원은 또 무슨 일이 있을까 하고 오히려 불안해질 수도 있다. 칭찬이나 호의는 그것이 순수한 동기에서 나왔을 경우에만 매력의 효과를 발휘하며, 무조건 또는 언제나 매력적이라고 생각해서는 안 되는 것이다.

호의와 관련하여 매우 재미있는 현상은 어떤 사람으로 하여금 당신을 위해 호의를 베풀도록 만들면 당신이 그 사람에게 호의를 베풀 때보다 당신의 매력을 더 증가시키는 효과가 있다는 것이다. 이것을 심리학에서는 '한발 들여놓기foot-in-the-door' 방법이라 한다.

일반적으로 사람들은 자기가 어떤 사람에게 해를 끼치게 되면, 실제보다 그 피해자를 더 심하게 나쁜 사람으로 비하시킴으로써 자기의 공격행위를 정당화하는 경향이 있다. 그와 마찬가지로 우리가 누군가에게 호의를 베풀면 그 호의를 받은 사람이 매우 매력적이고 좋아할 만하며 호의를 받아 마땅한 사람이라고 자신에게 확신시킴으로써, 자신이 호의를 베푼 행동을 정당화시키려 한다. 이때 우리는 스스로에게 "도대체 그를 위해 내가 왜 이 많은 노력과 돈을 투자하는가? 그것은 그가 그럴 만한 가치가 있는 훌륭한 사람이기 때문이지!"라고 말하는 것이다.

벤자민 프랭클린Benjamin Franklin[4]의 일화 역시 재미있다. 그는 자기에게 매우 적대적인 펜실베이니아 주의회 의원 한 사람을 꺾어 버리기 위해 다음과 같은 일을 꾸몄다.

"그 사람의 호의를 얻으려고 나는 굴욕적인 존경을 표하지는 않았지만, 얼마의 시간이 흐른 후 다른 방법을 사용했다. 그 주의원(州議員)이 매우 희귀하고 진귀한 책을 소장하고 있다는 말을 듣고, 나는 그 책을 숙독하고 싶은데 며칠간만 빌려 줄 수 없겠느냐고 요청하는 편지를 보냈다. 그는 그 책을 즉시 빌려 주었고, 나는 일주일 안에 매우 감사하다는 편지와 함께 그 책을 돌려주었다. 그 다음 우리가 의사당에서 만났을 때 (그는 예전에는 결코 그런 적이 없었으나) 내게 말을 걸었고 매우 친절했다. 그 후 그는 어떤 일이든지 나를 도와주려 했고, 우리는 아주 친한 사이가 되었으며, 우리의 우정은 그가 죽을 때까지 계속되었다. 이것은 내가 옛날에 배웠던 '예전에 너를 한번 도와준 일이 있는 사람은 네가 은혜를 베풀었던 사람보다 더 너를 다시 도와줄 준비가 되어 있다'라는 속담의 또 하나의 실례가 된다."

이 성공담을 실험을 통해 증명해 보인 사람은 젝커Jon Jecker와 랜디David Landy[5]였다. 그들은 상당액의 돈을 벌 수 있는 실험에 참가한 학생들을 대상으로, 피험자의 1/3에게는 실험이 끝난 후 다가가서 자기는 개인 돈으로 이 실험을 수행하고 있는데 돈이 모자라서 잘못하면 이 실험을 중단하지 않으면 안 될 것 같다고 말했다. 그러고 나서 "특별히 부탁드리는 건데, 받은 돈을 되돌려 줄 수 없겠는지요?"라고 말했다. 피험자의 다른 1/3에게는 실험자가 아니라 심리학과의 사무직원이 다가가서 심리학과 연구기금이 거의 다 바닥났는데, 특별히 호의를 베풀어 그 돈을 돌려줄 수 없겠느냐고 요청했다. 그리고 다른 나머지 1/3의 피험자들에게는 돈을 돌려 달라는 요청을 하지 않았다. 실험이 끝나고 모든 피험자들에게 설문조사를 한 결과 실험자에게 돈을 되돌려 주었던 피험자들이 그 실험자를 가장 매력 있는 것으로 평가했으며, "그는 매우 점잖고 돈을 돌려받아 마땅한 사람"이라고 생각하고 있었다.

이렇게 사람들은 누군가에게 호의를 베풀게 되면 그 사람을 더욱더 좋아하게 된다. 그러나 당신의 노력이 어떤 성공적인 효과를 발휘했을 때에만 그를 더욱 좋아하게 됨을 알아 둘 필요가 있다.

개성이 호감을 좌우한다

사람을 좋아하게 되는 이유 중에서 그 사람이 가지고 있는 특성이 중요한 역할을 한다. 일반적으로 사람들은 진지하고, 유능하고, 똑똑하고, 정력적인 사람을 더 좋아하는 경향이 있다. 그와 같은 특성 중에서 대표적인 것은 능력과 신체적 매력이다.

능력

만일 다른 모든 조건들이 동등하다면, 그 사람이 유능할수록 우리는 그를 더욱 좋아하게 되는 경향이 있다. 아마도 그것은 우리도 그 사람처럼 유능하게 되고 싶은 욕구가 있기 때문일지 모른다. 그러나 사람의 호감을 사는 이유가 반드시 능력에만 있는 것은 아니다.

문제해결집단에서 가장 유능하고 뛰어난 아이디어를 가진 사람이 호감을 많이 얻지 못하는 경우도 있다. 그 이유는 무엇일까? 비록 우리가 유능한 사람과 어울리기를 좋아하지만, 너무 능력이 많은 사람은 접근하기 어렵게 생각되고 우리 자신의 마음을 불편하게 만들 수도 있기 때문이다. 오히려 유능하지만 약간의 결점이 있는 사람을 우리는 더 좋아하게 된다. 예를 들어, 아주 우수한 수학자가 동시에 농구선수이며 옷도 멋쟁이로 잘 입는 사람이라면, 만일 그가 가끔 숫자 계산에 틀리고 아주 쉬운 농구 슛을 실패하고 넥타이에 국물이 묻은 채로 대중 앞에 나타날 때 사람은 그를 더욱 좋아하게 되는 것이다.

미국의 케네디 대통령이 1961년 쿠바 침공에 실패한 직후 미국의 언론들은 그의 인기도를 묻는 여론조사를 실시했는데 놀랍게도 그의 개인적 인기는 오히려 상승한 것으로 나타났다. 그 이유를 심리학자들은 이렇게 설명한다. 즉 그는 젊고 미남이며, 재치 있고 명석하며, 운동도 잘하고, 대단한 독서가이며, 훌륭한 정치가이며, 전쟁영웅일 뿐만 아니라 신체적 고통도 불평 없이 인내하는 사람으로 알려져 있으며, 화목한 가정을 이루고 있다. 이런 상황에서 그는 큰 실수를 했고, 그 실수에 대해 변명하거나 책임을 전가하려 하지 않고 자기가 모든 책임을 지는 용기를 보였다. 이 경우 케네디는 너무나 완벽한 사람이었기에, 실수는 오히려 그의 매력을 증가시키는 결과를 가져온 것이다.

이 현상을 실험실에서 연구한 사람들이 있다. 애론슨E. Aronson 등[6]은 대학생들을 피험자로 하여 (1) 거의 완벽한 사람, (2) 거의 완벽하면서도 실수를 저지른 사람, (3) 어설프고 서툰 사람, (4) 어설프고 서툴면서 실수를 저지른 사람 등의 네 가지 자극인물을 설정했다. 그리고 이들을 기초로 하여 다음과 같은 네 가지 실험조건을 만들었다. (1) 능력은 우수하나 실수를 저지른 사람, (2) 능력도 우수하고 실수를 저지르지 않은 사람, (3) 능력은 보통인데 실수를 저지른 사람, 그리고 (4) 능력은 보통이나 실수를 저지르지 않은 사람 등이다. 실험결과 '실수를 저지른 우수한 사람'이 가장 매력적으로 평가되었고, '실수를 저지른 보통사람'이 가장 매력이 없는 것으로 평가되었다. '실수를 저지르지 않은 완벽한 사람'은 매력에서 2위였으며, '실수를 저지르지 않은 평범한 사람'은 3위를 차지했다.

이렇게 실수는 완벽한 사람의 경우에만 그를 더욱 매력적으로 보이게 하고, 똑같은 실수가 못난 사람의 경우에는 그를 더욱 못나 보이게 하여 덜 매력적으로 만드는 것으로 나타났다. 이 실험은 비록 능력이 많을수록 그를 매력적으로 보이게 하더라도, 어떤 결점이 있다는 것이 그 매력을 더욱 증가시키는 효과가 있다는 사실을 뒷받침한다. 이와 같은 현상을 '실수효과pratfall effect'라고 한다.

이 현상과 관련된 여러 심리학적 실험결과들을 종합한 결과, 기본적으로 자극인물과 묵시적인 경쟁의 위협이 있는 경우에 실수효과가 더욱 뚜렷하게 나타났다. 따라서 실수효과는 남자에게 더욱 강하게 나타나는데, 실험에 참가한 대부분의 남자 피험자들은 실수를 범한 유능한 남자를 더 좋게 평가했고, 여자들은 그 대상인물의 성별에 상관없이 실수를 범하지 않은 유능한 사람을 더 좋아하는 경향이 있었다. 또한 자긍심이 중간 정도인 남자 피험자들은 실수를 범한 유능한 사람을 더 좋아했으나, 자긍심이 낮은(자극인물과 경쟁심을 거의 느끼지 못하는 것이 분명한) 남자들은 실수를 저지르지 않은 유능한 사람을 더 좋아했다. 특히 여기서 자긍심의 정도와는 상관없이 상당수의 사람들은 '평범하고 서툰 인물'을 좋아하지 않았다는 사실은 유의할 만하다.

신체적 매력

이성 간의 교제에서 상호 간의 매력에 작용하는 가장 결정적 요인은 무엇인가? 지능인가, 성격인가, 감각적 예민성인가, 아니면 정열인가?

그 어느 것도 아니다. 상호 간의 매력에 가장 중요한 것은 단연 잘생긴 외모이다.

사람들은 보통 신체적 외모가 뭐 그리 중요하냐고 말하지만, 연구결과 대학생들은 전적으로 신체적 매력physical attractiveness에 따라 데이트 상대를 결정하는 것으로 밝혀졌다. 특히 잘생긴 남학생과 잘생긴 여학생이 데이트 파트너가 되면 그들은 서로 데이트를 오래 계속하려고 하였다. 일단 데이트를 하게 되었을 때 그 관계가 오래 지속되게 하는 결정적인 요인은 두 사람의 매력의 유사성이었다.[7] 데이트를 시작한 지 9개월이 지난 후에 측정해 본 결과, 두 사람 간의 신체적 매력이 차이가 나는 경우보다 서로 비슷한 경우에 더욱더 깊이 사귀고 있음이 위의 연구에서 확인되었다.

심리학자 다이온Karen Dion과 그의 동료들[8]은 대학생들에게 비슷한 나이의 세 사람의 사진을 보여 주었는데, 그중 첫 번째 사진은 매력적인 외모의 사람이고, 두 번째 사진은 평범한 외모의 사람이고, 마지막 사진은 전혀 매력이 없는 사람이었다. 피험자들에게 이 사진에 나온 각 인물을 스물일곱 가지 성격 특징에 관해 평가하게 하고, 특히 그들이 장래에 어느 정도 행복하게 살 것인지를 예측하게 했다. 그 결과 신체적으로 매력이 있는 사람이 가장 바람직한 특징을 많이 가지고 있고 장래에도 행복하게 살 것이라고 피험자들은 예측했다. 이런 결과는 남자가 남자를, 남자가 여자를, 여자가 남자를, 그리고 여자가 여자를 평가할 경우에도 동일한 경향을 나타냈다.

이와 비슷한 결과가 유아원에 다니는 어린이를 대상으로 한 실험에서도 나타났다. 어린이들 세계에서도 매력 있는 아이는 매력 없는 아이보다 다른 아이들의 호감을 더 샀으며, 특히 매력 없는 아이는 매력 있는 아이보다 더 공격적인 것으로 간주되었다. 매력 있는 아이가 어떤 잘못된 행동을 했을 때 주위 사람들은 그것을 당시의 상황이나 다른 사람이나 불행한 사고 탓으로 돌리며 용서해 줄 수 있는 것으로 생각했다. 그러나 매력 없는 아이들이 잘못된 행동을 했을 경우에는 그들의 성격이나 쉽게 변할 수 없는 내면적 요인에 원인이 있다고 생각하는 경향이 있었다.

다음에는 외모가 다른 사람에게 주는 영향에 관해 알아보자.

여기서도 아름다운 여자가 하는 평가는 그렇지 못한 여자의 평가보다 영향력이 더 큰 것으로 나타났다. 해롤드 시갈Harold Sigall은 엘리어트 애론슨E. Aronson과 함께 다음과 같은 실험을 했다.[9]

미모의 여자로 하여금 한번은 예쁜 모습으로 다음은 예쁘지 않은 모습으로 꾸미고, 임상심리학을 전공하는 대학원생으로 가장하여 여러 명의 남자 대학생들과 성격평가를 위한 면접을 하게 했다. 미리 계획된 대로, 피험자의 절반에게는 매우 호의적인 평가를 하고 나머지 절반에게는 비호의적인 평가를 하였다. 그녀가 매력적이지 않은 모습이었을 때 남자 대학생들은 좋은 평가를 받거나 좋지 못한 평가를 받거나 별로 신경을 쓰지 않았다. 어떤 평가를 받든지 그녀를 어느 정도 좋아했다.

어떤 사람으로 하여금
당신에게 호의를 베풀도록 만들면
당신이 그 사람에게 호의를
베풀 때보다 당신의 매력을
더 증가시키는 효과가 있다.
심리학에서는 이것을
'한발 들여놓기' 방법이라 한다.

그러나 그녀가 매우 예쁜 모습이었을 때는 그녀로부터 긍정적인 평가를 받은 대학생들은 그녀를 매우 좋아했고 부정적인 평가를 받은 대학생들은 그녀를 대단히 싫어했다.

흥미로운 것은 매력 있는 여자로부터 부정적인 평가를 받은 대학생들이었는데, 그들은 그녀를 싫어한다고는 했지만, 그녀와 다시 만나기 위해 앞으로 있을 실험에 한 번 더 참가하고 싶다고 답했다는 것이다. 이것은 아름다운 여자로부터 부정적인 평가를 받는 것은 피험자에게 매우 중요하기 때문에, 그들은 또 한 번 기회를 가져 그 여자의 부정적인 평가를 바꾸어 놓으려는 것으로 해석된다.

그러나 아름다운 여자라고 하여 사람들이 무조건 좋아하는 것은 아니다. 사람들은 아름다운 여자들이 자신의 미모를 이용하고 있다는 의심이 들지 않을 때에만 미인을 좋아하는 것으로 나타났다.[10] 남녀 대학생들을 대상으로 법정에서 분명히 유죄로 인정되는 피고의 조서를 읽게 하고 적절한 징역형을 선고하라는 실험이 이루어졌다. 그 결과 피고가 신체적 매력은 있으나 그 범죄가 신체적 매력과 관련이 없는 경우(예: 절도죄의 경우) 선고된 형량이 매우 가벼웠으나 그 범죄가 그녀의 미모와 관련이 있을 때(예: 피고가 중년의 독신 남자를 속여서 유명회사에 돈을 투자하게 하여 사기를 한 경우) 선고된 형량이 훨씬 무거웠다. 이런 결과들로 보아, 예쁜 여자들은 그 신체적 매력을 어떻게 사용하는가에 따라서 사람들로부터 받는 대우의 방향 — 좋은 방향 혹은 나쁜 방향 — 에 커다란 영향을 주게 된다.

개인의 신체적 매력의 효과는 우리가 그 사람을 어떻게 평가하는가, 혹은 그 사람으로부터 어떤 평가를 받는가 하는 데에 그치는 것이 아니라 그 사람이 사귀고 있는 사람에 대한 우리의 지각에도 영향을 준다. 한 실험에서 아주 매력적인 여자 옆에 앉아 있는 남자에 대해 사람들은, 똑같은 남자가 매력 없는 여자 옆에 앉아 있을 때보다 그를 더 좋아하고 더 친절하며 자신감이 넘치는 사람으로 평가했다.[11]

이러한 연구들을 볼 때, 신체적 매력은 단지 겉으로 나타나는 것 이상의 문제라는 것이 분명하다. 우리들은 신체적으로 매력 없는 사람보다는 매력 있는 사람으로부터 더 많은 영향을 받게 되며, 그 매력으로 우리를 이용하려 들지만 않는다면 매력 있는 사람을 더 좋아한다. 어떤 문제가 생겼거나 복잡한 일이 있는 상황에서 매력적인 사람은 불리한 의심을 덜 받는 경향이 있다.

일반적으로 매력적인 사람은 그렇지 못한 사람보다 더 호의적인 대우를 받는데, 이런 대우는 아주 어렸을 때부터 시작된다. 어렸을 때의 호의적인 대우는 자기 이행적 예언self-fulfilling prophecy 효과를 가질 수 있다. 즉 사람은 자기가 받는 대우에 부합하는 행동을 하고 그에 상응하는 자아개념을 갖게 되는 것이다. 일반적으로 사람들은 자기의 자아개념과 일치하는 방식으로 행동하며, 어렸을 때부터 그들이 대우받은 바와 일치하는 양식으로 자신을 생각하고 행동한다. 이 말은 정신건강이나 사랑의 심리학적 견지에서 매우 중요한 의미를 가지고 있다.

태도의 유사성과 매력

사람들은 어떤 현상이나 문제에 대해 자기와 같은 생각(의견 혹은 태도)을 가지고 있는 사람을 좋아한다. L 씨는 P 씨와 함께 술을 마시면서 현 정부의 북방정책, 남북통일에 관한 문제에서부터 시작하여 자녀양육의 방법, 술을 마실 때 집에 미리 전화를 해야 하는가 하지 말아야 하는가에 이르기까지 서로 의견의 완전일치를 보았다. 그 다음부터 L 씨는 만나는 사람 누구에게나 P 씨는 생각이 깊고 합리적이며, 점잖고 머리가 우수한 사람이라고 칭찬하게 되었다.

이와 같은 의견의 일치가 사람들이 서로 좋아하게 되는 데 왜 중요한가? 여기에는 적어도 다음과 같은 두 가지 이유가 있다.

첫째, 어떤 문제에 대해 의견을 같이하는 사람은 우리가 가지고 있는 생각에 대해 그것이 옳다는 일종의 타당성을 부여해 준다. 즉 그는 우리가 생각을 바르게 하는 사람이라고 느끼게 해 주며, 그것이 하나의 보답이 되어 우리는 그 사람을 좋아하게 되는 것이다. 만일 어떤 사람이 우리와 의견을 달리하게 되면, 그것은 우리가 틀렸을는지도 모른다는 가능성을 보여 주는 것이 되며, 이런 가능성은 일종의 처벌처럼 느껴지기 때문에 동의하지 않는 사람을 우리는 좋아하지 않게 된다.

둘째, 어떤 중요한 문제에 대해 우리와 의견을 달리할 때, 우리는 그 사람의 성격에 대해 부정적인 평가를 내리는 경향이 있다. 과거의 예로 보아 우리와 의견을 달리하는 사람들은 대개 다른 사람을 불쾌하게 하고, 비도덕적이며, 머리가 우매한 사람들이었다고 생각하는 것이다.

일반적으로 사람들의 의식 속에는 다른 사람과 같거나 다르다는 것을 '좋다–나쁘다'의 차원으로 해석하는 경향이 있다. 능력의 영역에서는 그렇지 않지만, 태도나 의견에서 남들과 다르면 때로 은근히 불안해지게 되는 것이다. 역시 이것도 자긍심이나 성격적 성숙도의 정도에 따라 다양하다. 특히 자기 자신에 대한 신뢰감이 약하거나 자긍심이 낮은 사람일수록 남들과 어떤 점에서 다르다는 사실을 못 견디기 마련이다. 따라서 자기와 다른 사람들을 보면 '자기가 틀렸다'고 생각되어 불안해지거나, '상대방이 틀렸다'고 생각되어 그를 공격(비난)하게 된다.

여기서 재미있는 것은, 어떤 주제에 대해 자기와 의견을 달리하는 사람을 설득하여 자기 의견에 찬성하게끔 전향시켰을 때, 사람들은 그 전향자를 처음부터 동의한 사람보다 더 좋아한다는 사실이다. 자기와 의견을 달리하는 사람을 설득해 자기편으로 전향시켰다는 것은 자신이 유능하다는 증거가 되므로, 이때 느끼는 감정은 상대방이 다른 의견을 가졌을 때 느끼는 싫어하는 감정을 압도하게 되는 것이다.

사람은 자기를 좋아하는 사람을 좋아한다

서로를 좋아하게 만드는 요인은 무엇인가? 한 사람이 다른 사람을 좋아하게 되는 가장 강력한 단일 결정요인은, 바로 '상대방이 자신을 좋아하는가'이다. 다른 사람이 나를 좋아하면 나도 그 사람을 좋아하게 된다. 더욱이 다른 사람이 나를 좋아한다고 내가 믿기만 해도, 두 사람 사이에 긍정적인 감정이 더욱 커지게 된다.

가령, 당신과 내가 친구의 소개로 서로 알게 되었다고 하자. 며칠 후 우리를 소개한 친구를 우연히 만난 나는 그에게 당신에 대해 인상이 매우 좋고 좋은 사람처럼 보이더라고 말했고, 그 말을 들은 친구가 당신에게 그 말을 전해주었다고 가정하자. 그 다음에 당신과 내가 다시 만나게 되었을 때, 당신은 나에게 어떻게 행동할 것이라고 생각하는가? 십중팔구 '내가 당신을 좋아한다는 감정'으로 인해 당신도 나를 좋아하게 되고 '당신도 나를 좋아한다는 사실'을 내가 알아차리도록 행동할 것이다. 그런 행동에는 전보다 다정한 미소를 보인다거나, 자신에 관한 이야기를 털어놓는다거나, 전보다 더 호의적이며 내가 좋아할 만한 행동들을 보여 주는 등, 여러 가지가 있을 수 있다. 당신의 이런 다정하고 호의적인 행동에 대해 나도 전보다 더 호의적인 반응을 나타내어 당신을 좋아하는 감정이 커질 뿐만 아니라, '당신이 더욱 좋아할 만한 사람'이 되도록 나를 변화시키게 된다. 이런 과정이 계속 될수록 서로 간에 좋아하는 마음이 깊어지게 되는 것이다.

이렇게 다른 사람들이 나를 좋아한다고 내가 생각하면(믿으면), 실제로 다른 사람들이 나를 좋아하고 있지 않더라도 그들이 나를 좋아하게끔 내가 행동하게 된다. 나의 이 같은 행동은 지금까지 나를 좋아하지 않던 사람들로 하여금 나를 좋아하게 만들 수도 있다. 반면에 다른 사람들이 나를 싫어한다고 내가 생각하면 나의 행동도 그 같은 생각과 일치하는 방향으로 나타나, 결국은 지금까지 나를 싫어하지 않던 사람들까지도 싫어하게끔 만들 수도 있는 것이다. 이렇게 본다면, 다른 사람들이 나를 좋아한다거나 싫어할 때 그 책임은 다분히 나에게 있다고 할 수 있다. 우리들의 행동은 자신이 어떻게 생각하는가(믿는가)에 따라 결정되며, 곧 그런 생각들이 '현실'을 결정하는 데 중요한 역할을 한다.

우리는 나를 좋아하는 사람을 좋아할 뿐만 아니라 특히 내가 마음이 불안정하거나 자신에 대한 의구심이 많을 때 누가 나를 좋아해 주면, 그것이 더욱 고맙고 기쁘며 그 사람을 더욱 좋아하게 된다. 마음이 안정되어 있는 사람은 남의 도움이 덜 필요하고 마음의 상처를 받더라도 충격이 덜하다. 그러나 마음이 불안정한 사람은 남이 베풀어 주는 관심이나 호의에 대해 매우 고맙게 느낄 뿐만 아니라, 상처를 받을 경우 충격이 매우 크기 때문에 남들로부터 거절당하는 것을 회피하기 위해 덜 매력적인 사람을 애정의 파트너로 택하려 한다.

실제로 경험을 통해 관찰한 결과, 자기 자신을 안정되게 느꼈던 피험자들은 '매력적인' 여학생에게 더 많은 로맨틱한 관심을 보였으나, 스스로 불안정하게 느꼈던 피험자들은 '매력 없는' 여학생에게 더 많은 관심을 보였다.[12] 여기서도 자긍심이 중요한 역할을 한다. 자긍심이 높은 사람은 실패에 대한 두려움이 적고 성공에 대한 자신감이 많으나, 자긍심이 부족한 사람은 실패에 대한 공포가 많은 반면 성공에 대한 자신감이 부족하기 때문에 그 만큼 성공을 위해 적극적으로 노력하지 않게 되어 실패를 자초하기도 한다. 앞에서도 언급한 바와 같이, 자신이 가지고 있는 생각(믿음)이 행동을 결정하는 매우 중요한 요인이 되는 것이다.

유사성과 호감

앞에서 우리는 의견이 서로 비슷할 때 호감을 느낀다는 사실을 알았다. 그런데 만일 어떤 사람이 나와 의견이 비슷할 뿐 아니라 그가 나를 좋아하기까지 한다는 것을 내가 알게 된다면, 나는 그 사람을 두 배로 더 좋아하게 될 것인가? 사실은 그렇지 않다. 연구결과에 의하면 이 두 가지 요인은 누가적(累加的)이지 않다.

존스Edward Jones와 벨Linda Bell, 애론슨E. Aronson의 실험을 보면,[13] 의견이나 가치관이 나와 같은 사람이 나를 좋아해 주면 기분 좋은 일이기는 하지만, 의견이나 가치관이 전혀 다른 사람이 나를 좋아할 때 기분이 더욱 좋아진다는 사실을 알 수 있다.

이 실험에서 피험자가 된 여자 대학생들은 각자 다른 여학생과 간단한 대화를 나누게 되었는데, 여러 가지 주제에 대해 일부는 동의하고 일부는 동의하지 않는다는 것을 알게 된다. 대화가 끝난 후 이 상대 여학생(실은 실험 조수)이 제3의 인물과 대화하는 것을 피험자가 엿듣도록 하였다.

이 대화에서 상대가 되었던 여학생은 한 조건에서는 그 피험자를 좋아한다고 말하고, 다른 조건에서는 그 피험자를 싫어한다고 말한다. 이런 대화를 엿들은 실험 조수에 대한 피험자의 감정은 어떠했을까? 그것을 알아본 결과, '태도는 다르지만 자기를 좋아한 사람'을 피험자들은 더 좋아하는 경향이 있는 것으로 나타났다.

비록 사람들은 일반적으로 자기와 비슷한 태도를 가진 사람을 좋아하지만, 의견이 다름에도 불구하고 자기를 좋아하는 사람을 만나게 되면, 자신에게 어떤 독특하고 특별한 무엇이 있기 때문에 그가 자신을 매력적으로 보는 것이라고 추론하는 경향이 있다. 다시 말하면, 의견이 다른 경우에는 '저 사람이 나의 의견 때문이 아니라 나의 성격이나 인간성 때문에 나를 좋아하는 것'이라고 생각하기 쉽다. 이렇게 생각하게 되면 우리는 자기 자신에게 특별한 만족감을 느낄 수 있으므로 그런 상대방을 더 좋아하게 되는 것이다.

반대 특성과 호감

대개의 경우 비슷한 사람들끼리 서로 좋아하게 되는데, 서로 태도가 다름에도 불구하고 좋아하는 관계에 대해 좀 더 자세히 알아보자. 로버트 윈취Robert Winch[14]에 의하면 '어떤 특정한 조건'에서는 서로 성격이 반대되는 사람들이 더 매력을 느낀다고 한다. 즉 사람들은 자기의 욕구나 성격 특성과 일치되는 사람보다는 상호 보완적인 욕구나 특성을 가진 사람을 때로는 더 좋아한다는 것이다. 이 같은 현상이 전형적으로 나타나는 경우가 바로 부부관계이다.

앞에서 말한 '어떤 특정한 조건'이란 무엇인가? 결혼한 부부들이 왜 서로 매력을 느끼는가에 대해 연구한 학자들이 때로는 상반되는 결과를 주장한다. 어떤 학자들은 부부는 상호 보완적인 욕구체계를 갖는다고 주장하는가 하면, 어떤 학자들은 상호 유사한 욕구체계를 가지고 있다고 주장한다. 이와 같이 서로 다른 주장이 나오게 된 이유는, 각자의 연구에서 고려의 대상이 된 성격 특성들이 달랐기 때문이다. 다시 말해서, 연구대상이 된 성격 특성이 무엇인지에 따라서 때로는 상호 보완적인 욕구체계가, 때로는 상호 유사한 욕구체계가 상호 매력의 동기가 될 수 있는 것이다.

가령, 어떤 사람이 깔끔하고 단정한 것을 좋아한다고 할 때, 그런 사람은 생활이 무질서하고 단정치 못한 사람과는 결혼하지 않으려 할 것이다. 반면에 수더분하고 아무렇게나 적당히 사는 사람은 너무 깔끔하고 까다로운 사람을 좋아하지 않을 것이다. 역시 깔끔한 사람은 깔끔한 사람끼리, 수더분한 사람은 수더분한 사람끼리 만나야만 서로 편하고 좋을 것이다. 같은 이유로 경제적 능력, 지능, 종교, 신체적 매력, 교육수준, 키(신장) 등이 비슷한 사람들끼리 잘 어울리고, 그 관계도 지속적이라는 것이 여러 심리학적 연구들의 결과이다.

반면에 양육동기nurturance나 의존성dependency의 경우에는 전혀 다른 양상이 나타난다. 양육동기가 높은 남자와 독립성이 강한 여자가 만나면 그 관계는 부조화를 이룰 가능성이 많지만, 양육동기가 높은 남자와 의존성이 강한 여자가 만나면 그 관계는 아주 조화로워진다. 이와 같은 상호 보완관계를 형성할 수 있는 특성으로는 남성다움–여성다움, 적극성-소극성, 지배성-복종성 등이 있다.

두 사람이 서로 매력을 느끼며 장기적인 관계를 유지하게 하는 데는 이와 같은 상호 보완적 욕구 외에 사회적 요인도 중요한 역할을 한다. 특히 부부관계에서는 사회가 일정한 역할규범 — 예를 들어 대부분의 사회에서는 남편은 비교적 지배적이고 아내는 비교적 복종적이 될 것을 기대하고 있다 — 을 설정하게 되는데, 만일 부부의 욕구체계가 상호 보완적으로 만족되고, 그것이 사회가 설정한 역할규범과도 일치한다면 결혼생활의 만족도는 더 높을 가능성이 많다.

상호 보완적 욕구를 가지고 있다는 것과 의견(태도)의 유사성이 반드시 서로 배타적인 것은 아니다. 어떤 상호 보완적인 성격 특성을 가진 사람들이 어떤 특정한 문제에 관해서는 완전한 의견의 일치를 보일 수도 있다. 가령, 지배적인 남자와 복종적인 여자가 결혼 후의 남녀 성역할 — 즉 남자는 지배적이고 여자는 복종적이어야 한다는 것 — 에 대해서는 의견의 일치를 볼 수도 있는 것이다. 또한 이러한 역할규범도 사회가 발전함에 따라 계속 변화하는데, 만일 그들이 비슷한 정도로 변화하는 역할규범에 잘 적응하고 수용적일 경우 부부관계는 더욱 만족스러울 것이다.

상이점과 변화에 대한 수용과 순응이 곧 성격적 성숙성의 중요한 한 측면임을 알아야 한다. 그것은 곧 성격적 유연성을 의미하며, 적응능력의 범위가 그만큼 넓고 다양함을 의미하는 것이다.

호감의 증가와 감소

우리는 누가 나를 좋아하면 나도 그 사람을 좋아하게 된다는 사실을 앞에서 확인한 바 있다. 어떤 회식석상에서 내가 잠깐 자리를 비운 사이에 누가 나를 칭찬하고 좋은 사람이라고 말하는 것을 내가 듣게 된다면, 틀림없이 나는 그에게 호감을 가질 것이다. 반대로 나에 대해 비방하고 헐뜯는 소리를 듣게 된다면 분명 그를 싫어하게 될 것이다. 그러나 인간관계를 그렇게 쉽게 처리할 수만은 없다. 그 사람이 과거에, 그리고 다른 장소에서는 나에 대해 뭐라고 말했는가? 만일 그 사람의 말에 변화가 있다면, 어떻게 변하였는가? 단 한 번의 그 사람의 말을 가지고 그 사람에 대한 나의 태도를 전적으로 결정할 수는 없지 않겠는가?

심리학자 애론슨E. Aronson과 린더Darwyn Linder는 다음과 같은 상황을 실험적으로 조작하여 그 결과를 알아보았다.[15] 당신이 동일한 사람들이 모이는 칵테일파티에 일곱 번 참석하게 되었는데, 그때마다 동일한 사람이 당신에 대해 말하는 것을 엿듣게 되었다고 할 때, 그 내용은 크게 다음과 같은 네 가지로 분류될 가능성이 있다. (1) 그 사람이 일곱 번 모두 당신에 대해 좋게 말하는 경우, (2) 그 사람이 일곱 번 모두 당신에 대해 나쁘게 말하는 경우, (3) 그 사람이 처음 몇 번은 당신을 부정적으로 평가하다가 점점 긍정적으로 바뀌어 나중에는 완전히 긍정적인 평가로 고정되는 경우, (4) 처음 몇 번은 당신에 대한 평가가 매우 긍정적이었으나 점점 부정적으로 바뀌어 나중에는 완전히 부정적인 것으로 결론이 나 버리는 경우 등이다. 이 네 가지 가운데 어느 상황에서 당신은 그 사람을 가장 좋아하게 될 것인가?

좋고 싫음에 관한 단순한 이익-대가관계에 따르면, 완전히 긍정적으로 평가한 첫 번째 상황에서 당신은 그 사람을 가장 좋아하게 되고, 완전히 부정적으로 평가한 두 번째 상황에서 가장 싫어하거나 덜 좋아하게 되는 것이 마땅하다. 그 주된 이유는 긍정적인 평가는 보답이 되어 많으면 많을수록 더 좋고, 부정적인 평가는 처벌이 되어 많으면 많을수록 더 나쁘기 때문이다.

그러나 대인관계 매력이 이익-대가관계로만 설명될 수 있는 것은 아니다. 애론슨과 린더는 '득실이론(得失理論)'을 주장했다. 이 학설에 의하면, 어떤 사람으로부터 긍정적이고 보답이 되는 행동이 '증가'하면 일정하고 변함없는 보답을 받을 때보다 영향이 더욱 크다는 것이다. 그러므로 남이 우리를 좋아하게 되는 것을 보답으로 간주한다면, 시간이 흐름에 따라 그 좋아하는 정도가 증가하는 경우에 '항상 우리를 좋아하는 사람'의 경우보다 그 사람을 더 좋아하게 되는 것이다. 긍정적 평가를 증가시켜 온 사람보다 '항상 우리를 좋아하는 사람'이 주는 보답의 수가 더 많다고 해도 마찬가지다.

이와 마찬가지로 타인으로부터 보답이 되는 행동이 감소하면 일정하게 가학적인 행동을 받을 때보다 오히려 충격이 더 크다. 따라서 우리에 대한 호감이 시간이 흐름에 따라 점점 더 감소해 가는 사람을 '언제나 우리를 싫어하던 사람'보다 더 싫어하게 되며, 그때 '항상 우리를 싫어하던 사람'이 주는 처벌의 수가 더 많다고 하더라도 결과는 마찬가지다.

앞에서 예를 든 칵테일파티에서 당신은 득gain을 얻는 상황(처음에 당신을 싫어하다가 점차로 좋아하는 정도가 증가하는 경우)에서 그를 가장 많이 좋아하게 되고, 실loss의 상황(처음에는 당신을 좋아하다가 점차로 좋아하는 정도가 감소하는 경우)에서 그를 가장 적게 좋아하게 되는 것이다. 이와 같은 결과는 예측한 대로 실험상황에서도 증명되었다.

득실(得失)의 효과가 작용하기 위해서는 반드시 다음과 같은 두 가지 조건이 만족되어야 한다.

첫째, 평가하는 사람에게 '마음의 변화'가 있었다는 사실이 외부로 나타났을 때에만 소득의 효과가 있다. 만일 당신이 나를 보고 처음에는 우매하고 진지하지 못하다고 말하다가 나중에 너그럽고 운동도 잘하는 사람으로 생각한다고 바꾸어 말한다면, 이것은 소득이 되지 않는다. 그러나 만일 당신이 나더러 우매하고 진지하지 못하다고 말했다가, 다음 번에는 당신의 마음을 바꾸어 내가 명석하고 진지한 사람이라고 생각한다면, 그것은 소득이 된다. 왜냐하면 이 경우에는 부정적 태도가 긍정적 태도로 바뀌는 가역현상이 작용했기 때문이다. 다시 말하면, 먼저 말한 부정적 평가의 내용과 정반대되는 긍정적 평가를 할 때만 소득이 되고,

부정적 평가의 내용과 다른 내용의 긍정적 평가를 나중에 할 때에는 전혀 소득이 되지 않는 것이다.

둘째, 태도의 변화는 점진적으로 일어나야 한다. 특별히 변할 만한 근거가 없는데도 갑자기 태도가 변할 경우, 그 대상 인물은 혼돈스럽고 의구심을 품게 되기 때문이다. 사람의 태도가 하루아침에 뚜렷한 이유도 없이 갑자기 변한다는 것은 누구에게나 납득이 잘 되지 않는 일이며, 이런 의구심을 일으키지 않는 점진적 태도 변화를 보일 때 사람들은 그 평가자를 더욱 좋아하게 되는 것이다.

호감의 보존을 위해

앞의 득실이론을 보면 사람의 호감이란 역동성(力動性)을 좋아하는 것 같다. 항상 좋아하는 사람보다는 안 좋아하다가 좋아하는 변화가 호감을 일으키는 힘이 더 크니까 말이다. 항상 좋아하는 관계에 있는 사람(친한 친구, 어머니, 형제, 배우자)으로부터 사랑이나 호의나 칭찬을 받으면 그것은 당연한 일이므로 자긍심을 높이는 효과가 별로 없고, 오히려 그들은 '잠재적으로 처벌하는 사람'이 될 가능성만 많다. 자긍심을 높여주는 힘은 항상 좋아하는 사람보다는 그렇지 않은 낯선 사람이 더 많이 가지고 있다는 것이 득실이론의 주장이다.

다음과 같은 경우를 생각해 보자. 결혼한 지 20년이 지났지만 아직도 서로 깊이 사랑하고 있는 부부가 어떤 모임에 참석하려고 옷을 차려 입었다. 남편이 아내의 아름다움에 감탄하여, "당신, 오늘은 더 예뻐 보이는구만!" 하고 찬사를 보냈다. 그러나 아내는 남편이 자기를 예쁘게 본다는 사실을 이미 알고 있는 터라 별로 크게 기뻐할 것도 없었다. 남편으로부터 이런 말을 수없이 들어 왔으므로 새삼스럽게 감동을 주지는 않는다. 그러나 만일 지금까지 자기를 그렇게 사랑하며 예쁘다고 칭찬하던 남편이, 오늘은 "당신도 이제 늙었구만, 전보다 덜 예뻐 보이는데!"라고 말했다면, 아내는 대단히 고통스러워하며 자존심의 상처를 입을 것이다.

만일 그 날 저녁 모임에서 처음 보는 남자가 그녀에게 다가와서 대단히 예쁘고 매력적이라고 말했다면, 그녀는 기분이 대단히 좋아지고 자존심이 상승되는 것을 느꼈을 것이며, 그 남자에 대한 호감도 증가했을 것이다. 처음 보는 남자가 예쁘다는 말을 하지 않았다 하더라도 남편의 경우처럼 크게 마음의 상처는 받지 않았을 것이다.

이런 현상들은 실험적 연구에서도 검증된 바 있다. 하베이O. J. Harvey[16]에 의하면, 낯선 사람과 친구가 모두 피험자에게 긍정적 평가를 했을 때, 피험자는 친구보다 낯선 사람에게 더 긍정적으로 반응하는 경향이 있었다. 또한 친구와 낯선 사람이 피험자에게 부정적인 평가를 했을 때, 피험자는 낯선 사람보다 친구에게 더 부정적으로 반응하는 경향을 보였다.

그러면 사람들은 자신에게 마음의 상처를 준 사람에게 어떻게 행동하는가? 여기에 대해서는 플로이드Joanne Floyd[17]가 어린이들을 대상으로 한 실험 예가 있다. 한 집단의 어린이들로 하여금 친한 친구 혹은 낯선 친구와 둘씩 짝짓게 하고, 각 쌍에서 한 아이가 게임을 하여 조그만 장식물을 따서 가지도록 하였다. 그러고 나서 이 아이에게 자기의 파트너와 나누어 가지도록 했는데, 나누어 주는 아이가 어느 정도 인색한가 하는 것을 실험자가 조작하였다. 어떤 피험자들은 친구(혹은 낯선 아이)가 그들을 아주 너그럽게 대우한다고 믿게 했고, 다른 아이에게는 친구(혹은 낯선 아이)가 아주 인색하게 자기를 대우한다고 믿도록 했다. 그러고 나서 각 피험자는 자기 자신이 장식물 몇 개를 따 가지도록 하고, 이제 그 장식물을 자기 파트너와 나누어 가지게 했다.

예상한 대로 피험자들은 너그러운 낯선 사람과 인색한 친구에게 가장 많이 주었다. 다시 말하면, 피험자들은 '인색한 낯선 사람'("인색하지 않을 이유가 없지! 낯선 사람들은 예상한 대로 행동했을 뿐이야!")과 '너그러운 친구'("그럼, 친구는 이미 나를 좋아하고 있으니, 뭐 새삼스러울 것도 없지 않아?")에게 비교적 인색하게 굴었다. 그러나 피험자들은 친구를 새로 얻는 듯이 보일 때(너그러운 낯선 사람에 대해) 너그럽게 행동했고, 친구를 잃어버리는 것처럼 보일 때(인색한 친구에 대해)도 역시 너그럽게 행동했다.

'사랑하는 사람에게 상처를 입힌다'는 것은 이렇게 쉬운 일이다. 그러나 상처를 받은 사람은 오히려 상처를 주는 행동이 아니라 더 친절히 행동함으로써, 과거에 있었던 인간관계의 긍정적 강도를 다시 회복하려는 태도를 보인다. 이와 같이 사람들에게는 타인과의 관계에서 안정성을 보존하는 방향으로 행동하는 경향이 있는 것이다. 앞에서 예로 들었던 중년 부부의 경우, 남편이 아내가 아름다움을 잃어 간다고 말함으로써 아내에게 상처를 주더라도, 아내는 그런 비판에 오히려 긍정적으로 반응하여 남편의 관심을 다시 끌려고 노력할 것이다. 남편 또한 만일 아내가 남편을 높이 평가하던 행동을 갑자기 멈춘다면, 남편은 아내의 인정을 다시 받으려고 새로이 노력할 것이다.

이렇게 인간관계는 쌍방이 서로 창의적인 방법으로 성장하고 변화시키려고 노력할 때 진정으로 발전하게 되며, 이 과정에서 가장 중요한 것은 바로 '솔직성'이다. 부부나 친구 간에 자존심의 증가를 가장 적게 주고받는 관계란, 두 사람 사이에 서로 마음을 터놓지 않고 솔직하지 못할 때이다. 흔히 친밀한 관계에 있는 사람들은 그들의 괴로움이나 부정적인 감정을 억제하고 자기 혼자만 간직하려는 경향이 있는데, 이것은 겉으로만 안정적일 뿐 실제는 살얼음판 같은 긍정적인 관계이며, 어느 순간에 기분이 변하면 완전히 깨어질 수도 있다. 개방적이고 솔직하며, 자기의 진정한 감정과 인상(설사 그것이 부정적인 것이라 하더라도)을 서로 털어놓을 수 있는 인간관계에서는 침체현상이 생기지 않는다.

최근의 심리학적 연구결과를 보면, 친밀하고 비공격적이면서 '갈등해결'에서 정면 대결적 방법을 사용하는 배우자들의 결혼만족도가 더 높은 것으로 나타났다. 이런 관계에 있는 배우자들은 득실 실험의 '득조건'에 있는 피험자들과 유사하였다. 특히 다른 모든 조건들이 동일하다면, 우리는 자기 자신의 중요한 면들 — 비록 그것이 불미스럽고 불쾌한 것이라도 — 을 털어놓은 대상이 된 인물을 더 좋아하는 것으로 나타났다. 이와 같은 행동은 자기의 '마음의 문을 열고 싶도록 만드는' 그 어떤 특별한 것이 상대방에게 있다는 것을 의미하기도 하는 것이다.

맺으면서

인간관계란 결국 어디까지나 주고받는 관계라 할 때 이성 간의 사랑 역시 이 같은 일반적인 인간관계의 범주를 벗어나지 못한다. 두 사람이 서로를 존중하고 좋아하는 마음의 기초 위에 심리학이 소개하는 호감의 방법을 시행한다면 사랑하는 관계가 더욱 돈독해지고 만족스러울 것이다. 특히 부부란 상대방에 마음의 상처를 줄 가능성은 늘고 호감을 일으킬 힘은 상대적으로 약하다는 사실은 어떤 의미에서는 부부 사이의 관계가 불안정함을 보여 주는 것이며, 이것은 결혼하지 않은 연인 사이에서도 마찬가지라 할 것이다.

각자가 가지고 있는 태도(특성)가 쉽게 바뀌지 않는다 해도 변화가 불가능한 것은 아니다. 바꾸려는 의지(동기)와 노력만 있으면 충분히 변화가 가능하다. "나는 이렇게 태어났으니까"라는 말은 변화를 거부하는 타당한 이유가 되지 못한다. 두 사람이 서로 상대방에 맞추려고 노력만 한다면 대부분의 차이는 극복할 수 있고, 극복할 수 없는 차이는 거기에서 긍정적인 요소를 발견하여 수용하고, 너그러운 마음으로 참아

주면 된다.

---

1. E. Aronson, 윤진 · 최상진 역, 『사회심리학』, 서울: 탐구당, 1990. 윤진과 최상진의 역서에서 많은 부분을 발췌 혹은 인용하였음.
2. D. Carnegie (1937), *How to Win Friends and Influence People*, New York: Simon & Schuster.
3. J. Berhm and A. Cole (1966), "Effect of a favor which reduces freedom," *Journal of Personality and Social Psychology* 3: 420-426.
4. E. Aronson, 윤진 · 최상진 역, 『사회심리학』, 서울: 탐구당, 1990.
5. J. Jecker and D. Landy (1969), "Liking a person as a function of doing him a favor," *Human Relations* 22: 371-378.
6. E. Aronson, B. Willerman and J. Floyd (1966), "The effect of a pratfall on increasing interpersonal attractiveness," *Psychonomic Science* 4: 227-228.
7. G. White (1980), "Physical attractiveness and courtship progress," *Journal of Personality and Social Psychology* 39: 660-668.
8. K. Dion, E. Berscheid and E. Walster (Hatfield) (1972), "What is beautiful is good," *Journal of Personality and Social Psychology* 24: 285-290.
9. H. Sigall and E. Aronson (1969), "Liking for an evaluator as a function of her physical attractiveness and nature of the evaluations," *Journal of Experimental and Social Psychology* 5: 93-100.
10. H. Sigall and N. Ostrove (1975), "Beautiful but dangerous: Effects of offender attractiveness and nature of the crime on juridic judgment," *Journal of Personality and Social Psychology* 31: 410-414.
11. H. Sigall and D. Landy (1973), "Radiating beauty: Effects of having a physically attractive partner on person perception," *Journal of Personality and Social Psychology* 28: 218-224.
12. S. B. Kiesler and R. L. Baral (1970), "The search for a romantic partner: the effects of self-esteem and physical attractiveness on romantic behavior," in K. J. Gergen and D. Marlowe (eds.), *Personality and Social Behavior, Reading*, MA: Addison- Wesley.
13. E. Jones, L. Bell and E. Aronson (1971), "The reciprocation of attraction from similar and dissimilar others: A study in person perception and evaluation," in *Experimental Social Psychology*, New York: Holt, Rinehart and Winston, pp.142-183.
14. R. Winch (1958), *Mate Selection: A study of Complementary Needs*, New York: Harper & Row.
15. E. Aronson and D. Linder (1965), "Gain and loss of esteem as determinants of interpersonal attractiveness," *Journal of Experimental and Social Psychology* 1: 156-171.
16. O. J. Harvey (1962), "Personality factors in resolution of conceptual incongruities," *Sociometry* 25: 336-352.
17. J. Floyd (1964), "Effects of Amount of Reward and Friendship Status of the Other on the Frequency of Sharing in Children," Unpublished doctoral dissertation, University of Minnesota.

12

사랑의 상처, 실연

증오가 사랑에 의해 완전히 극복되면 증오는 사랑이 되며,
그 사랑은 증오가 선행되지 않았을 때보다 더욱 커진다.
- Baruch Spinoza

이 세상에 영원히 변하지 않는 것은 아무것도 없다. 그렇게 열렬하던 사랑도 여름이 지나면 가을이 오듯이 시간이 지나면 변하는 법. 나의 사랑만은 영원히 변치 않을 것이라는 약속이나, 상대방의 나를 향한 마음만은 언제나 한결같을 것이라는 기대는 하나의 희망사항에 불과하다. 아무리 봄이 좋다 해도 일 년 내내 봄만 있으면 좋은 줄도 모를 것이며, 만일 우리가 항상 젊다거나 영원히 죽지 않는다면 오히려 젊음이 지겨워지고 사는 것이 고마운 줄 전혀 모르는지도 모른다. 늙음이 있고 죽음이 있기 때문에 청춘이 아름답고 살아 있다는 것이 축복이지 않겠는가?

사랑의 괴로움과 실연의 아픔을 겪지 않는 가장 좋은 방법은 아무도 사랑하지 않으면 된다. 만남은 이별을 전제로 하듯 사랑은 고통을 전제로 한다. 헤어져도 괴롭고, 헤어지지 않아도 아프다. 그것이 두려운 사람은 평생 사랑 같은 것은 하지 않고, 아무와도 인연을 맺지 않으면 그만이다. 그러나 지나고 나면 그 아픔도 행복이었음을 어찌 알 수 있었을까! 한 가지 경계해야 할 것은 그 고통이 너무 심하여 사람의 목숨을

위태롭게 한다거나 일상적인 기능을 못하게 되는 것이다. 그런 상태를 방지하고 치유하는 효과적인 방법은 주어진 상황에 대한 해석(생각하는 방법)을 달리함으로써 마음속에 생기는 감정반응(고통)을 변화시키는 일이다. 다시 말해, 부정적인 감정에서 긍정적인 감정으로, 대단히 고통스런 기분에서 견딜 만하게 덜 고통스런 기분으로 바꾸는 일이다.

실연이란 무엇인가? 그것은 당신의 사랑을 상대방이 받아 주지 않음으로써 생기는 마음의 큰 고통이며, 당신의 자긍심과 체면에 손상을 주는 불행한 사건이다. 그렇다면 그것이 당신을 당연히 우울하게 만드는가? 당신은 그 일 때문에 필연적으로 불행감에 깊이 빠지고 자책하며, 미래에 대해 절망적으로 느끼고, 삶의 의미를 상실하게 되는가? 당신의 모든 존재가치가 그(녀)의 사랑에 의해 결정되는가? 당신은 완전한 실패자인가? 그 모든 일이 당신이 못났기 때문이고, 당신은 어느 한 가지도 잘하는 일이 없는, 어느 한 곳도 잘난 데가 없는 별 볼 일 없는 사람인가? 그렇게 생각하는 이유는 무엇인가?

여기에서 한 가지 중요한 문제는 필연적으로 이와 같은 해석 혹은 감정반응에 도달할 수밖에 없다는 당신의 결론에 있다. 다른 해석, 다른 결론, 그리고 다른 감정반응은 있을 수 없는가? 그와 같은 결론에 도달하게 된 근거는 무엇인가? 그 근거가 과연 논리적이고 합리적인가?

그런 결론에 도달하게 된 근거를 논리성이나 합리성의 견지에서 분석해 보면, 대부분 거기에는 사고왜곡이나 비합리적 사고가 큰 역할을 하고 있음을 발견하게 된다. 그것들 때문에 사람들은 자긍심에 상처를 입고 우울한 기분에 빠지게 되며, 사람과 가까이하는 것을 두려워한다. 많은 사람을 이렇게 만드는 대표적인 사고왜곡 몇 가지를 알아보자.

실연의 고통과 사고왜곡

과잉일반화

우리 속담에 "자라 보고 놀란 가슴 솥뚜껑 보고도 놀란다"라는 말이 있듯이, 어느 한 여자에게 거절당하고 상처받은 남자가 앞으로 이 세상 모든 여자들이 자기를 거절할 것 같은 생각에 빠지게 되는 것이 과잉일반화이다. 자기를 좋아할 여자는 한 사람도 없을 것 같고, 앞으로 누구에게 사랑을 청하더라도 모두 거절당할 것만 같은 생각이 들며, 그래서 자기는 영원히 고독하고 비참한 인생을 살게 될는지도 모른다고 생각하는 것이다. 이것은 분명히 사실과 다르며, 왜곡된 사고이다. 왜냐하면, 이 세상 사람들의 취향은 사람마다 다르고, 아름다움이나 남자다움과 같은 심미적 기준이나 기호의 기준 역시 '제 눈에 안경'이기 때문이다. 이번에 그 여자는 당신을 좋아하지 않아서 거절했지만, 다음번에 다른 여자는 당신을 너무나 좋아하는 나머지 도대체 이런 남자를 세상 여자들이 여태껏 왜 그냥 두었는지 이해하지 못하겠다고 할는지도 모른다. 우람하고 근육질인 남자를 좋아하는 여자가 있는가 하면 싫어하는 여자도 있고, 통통한 여자가 아니면 장가들지 않겠다는 남자가 있는가 하면, 그런 여자는 쳐다보고 싶지도 않다는 남자도 있다. '모든' 사람이 좋아하는 남자나 여자는 이 세상에 존재하지 않는다.

또 한 가지 과잉일반화를 잘하게 되는 대상은 자기 자신의 성격 특성에 관한 것이다. 다른 사람이 자신이 어떤 한 가지 이유 마음에 들지 않는다고 하면 마치 자기에게는 좋은 점이란 한 가지도 없는 것처럼, 자신은 모든 측면에서 다 나쁜 사람인 것처럼 생각하는 사고방식이다. 머리가 다소 덜 좋지만 성격은 좋은 경우가 있고, 성격이 좀 까다롭고 신경질적인 사람이 예술적인 소질은 뛰어나 남들의 부러움을 사는 경우도 있다. 어떤 사람들은 사랑에 실패하거나 거절을 당하면 마치 자신의 모든 특성이나 자신의 본질이 근본적으로 나쁘기라도 한 것처럼 실의에 빠지며, 자기는 영원히 누구에게서도 사랑을 받지 못할 것처럼 생각한다. 이 세상에 본질적으로 나쁜 사람은 한 사람도 없으며, 누구나 그의 마음속 깊이에는 진실과 선(善)이 자리 잡고 있다. 세상에 존재할 가치가 없는 사람은 조물주가 처음부터 창조하지도 않았을 것이다. 창조되어 존재한다는 사실 자체가 존재의 이유가 되며 존재 가치를 인정받고 있는 증거가 되는 것이다.

사랑이란 혼자서 이루는 것이 아니라 두 사람이 함께 이루는 것이다. 따라서 사랑에 빠지는 사람은 모름지기 거절에 대처할 수 있는 방법을 어느 정도 터득하고 있어야 한다. 사랑을 잘 하려면 사랑 없이도 잘 살 수 있는 능력을 가지고 있어야 하기 때문이다. 한 번 사랑에 실패한 것을 모든 사랑의 실패로 생각한다거나 자기 인생 전부의 실패로 생각할 때 그는 비합리적 사고에 빠져 있는 사람이며 결과적으로 우울증을 면할 수 없다.

나는 과거에 자살할 목적으로 수면제 다량을 먹고 응급실에 입원한 이십 대 여자를 면담한 적이 있다. 그녀는 어느 지방 도시에서 미장원을 경영하며 혼자 살다가 어떤 젊은 남자와 사랑하게 되어 동거생활에 들어갔다. 그런데 하루는 젊은 부인이 아기를 업고 나타나서, 자기는 당신이 동거하고 있는 남자의 아내이며 이 아기는 그의 아들이라고 했다. 이 여자는 하늘이 무너져 내리는 것 같고 앞이 캄캄하여, 그 자리에서 정신을 잃고 말았다. 한참 뒤에 깨어나 정신을 차렸을 때도 역시 그것은 꿈이 아닌 현실이었다. 그녀는 자살을 결심하고 수면제를 다량 먹었고 병원 응급실로 실려 오게 되었다. 내가 그녀를 처음 만났을 때 그녀는 자신에게 사랑은 오직 한번뿐이며 앞으로 자기 인생에서 또 다른 사랑은 있을 수 없다고 말했다.

사랑은 생명과 같이 일회적인 것이고, 사랑의 실패는 전체 인생의 실패인가? 심리학적 견지에서 볼 때 그렇지 않다. 동일한 색깔의 사랑은 일회적일지 모르나, 사랑은 여러 색깔로, 그리고 때로는 여러 형태로 반복적일 수도 있는 것이다. 그것은 당위성의 문제가 아니라 현상적인 문제일 뿐이다. 사랑의 다양성과 반복성이 오히려 성격의 성숙도와 정비례할 수도 있으며, 그것은 환경적 · 시대적 요소 등과 함께 고려해 봐야 할 일이다.

자기 비난('모두 내 탓이오')

'내가 좀 더 잘났더라면' 혹은 '내가 좀 더 적극적이었더라면'과 같이 사랑이 원만하게 이루어지지 못한 것은 모두 자기 탓이고 자기에게 책임이 있는 것처럼 자책하는 것이다. 그러나 정말 그런가? 앞에서도 말했듯이 사랑이란 두 사람이 함께 이루는 것이며, 그것의 성공이나 실패의 책임은 어느 한쪽에만 있는 것이 아니라 양쪽에 공동으로 있다. 그런데 그 책임이 당신에게만 있다고 주장하는 것은 한편으로는 자기중심적 태도이며, 다른 한편으로는 과대망상적 사고라 할 수 있고 비현실적이다. 두 사람의 관계가 전적으로 당신의 책임하에만 있었다고 한다면, 상대방은 그때 무엇을 하고 있었는가? 상대방은 당신 자아의 연장에 불과하고 자기 나름대로의 자아나 독특성을 갖고 있지 않는 존재였는가? 그렇지는 않을 것이다.

상대방이 당신을 거부한 데는 그 나름대로의 이유가 있을 것이다. 당신의 용모, 나이, 성격 혹은 직업 같은 것이 마음에 들지 않았기 때문일 수도 있는데, 그건 당신만의 책임에 속하는 것들이 아니다. 나는 가끔 혼자 생각으로 얼굴이 미인이라고 뽐내려 하는 사람들에게 그게 뭐 당신 때문이냐고 말해 주고 싶을 때가 있다. 부모가 그렇게 낳아 주고 길러 준 결과이지, 그 사람의 노력의 결과는 아니지 않은가? 외모가 못났다면 그것이 왜 당신의 책임인가?

상대방이 당신을 거부한 이유가 친밀감에 대한 공포 때문일 수도 있다. 사람들 중에는 너무 가까워지면 그와 비례해 불안해지고 그것으로부터 도망치고 싶어지는 사람들이 있다. 그건 그 사람의 문제이지 결코 당신의 문제는 아니다. 일반적으로 사람들이 알고 있는 정도 이상으로, 실제로는 특히 이성과 가까워지는 것에 대해 불안을 느끼는 사람들이 많다. 그런 경우에 대부분 그 사람들은 어떤 구실이든 찾아내어 거부하는 이유를 상대방에게 돌리며, 마치 상대방의 결점 때문에 관계가 이루어지지 못한 것처럼 말한다. 솔직하지 못한 것이다. 솔직해지기에는 너무 불안하고, 솔직해졌을 때 나타나게 될 결과가 너무 두려운 것이다.

상대방이 당신을 거부한 이유가 당신의 어떤 결점 때문이 아니라 단순히 당신보다 더 좋은 다른 사람이 나타났기 때문일 수도 있다. 당신도 좋기는 한데 새로 나타난 사람이 당신보다 조금 더 좋은 것이다.

이것도 당신이 못났기 때문인가? 당신이 이 세상에서 제일 잘난 사람이 되기 전에는 이와 같은 상황을 막을 수는 없지 않는가? 그래도 당신 자신에게 못난 책임을 꼭 따지겠다면(자책하겠다면) 그때는 심리학자를 만나 심리치료를 받아 보는 도리밖에 없다.

무조건 자신을 비하하고 자책함으로써 얻어지는 것이 무엇인가? 보다 중요한 것은 두 사람의 관계가 잘못되어 가게 된 원인이 무엇인지를 구체적으로 밝히고, 그 원인 중에서 고칠 수 있는 것과 고칠 수 없는 것을 구별하고, 고칠 수 있는 것은 가장 효과적인 방법을 강구하고, 고칠 수 없는 것은 지그시 감수하는 마음 자세를 터득하는 일이다.

여기서 사고왜곡적 자책과 현실적 문제해결 행동을 구별할 필요가 있다. 현실적 문제해결 행동이란 무엇이 문제인가 확인하고, 그것을 해결하기 위한 여러 가지 대안적 방법을 생각해 내고, 그것들의 가능성 정도와 장단점을 평가하고, 끝으로 그중에서 가장 적절한 방법을 결정하여 행동으로 옮기는 일이다. 이 과정에서 자신의 결점이 드러나면 인정하나 그로 인해 자긍심을 손상시키지는 않으며, 그렇게 함으로써 자신의 변화와 성장을 도모하는 행동을 의미한다. 이 두 가지는 어떻게 서로 다른가?

첫째로, 사고왜곡적 자책을 하는 사람은 무조건 관계가 잘못된 것은 오로지 자기 자신의 내면적 결점 때문이라고 생각한다. 반면에 현실적으로 문제를 해결하는 사람은 그 원인이 쌍방에 있으며 갈등을 초래한

아무 판단도 하지 말고,
관찰하는 자아와 손을 잡고
마음속의 불안을 그대로 지켜보라.
자신의 생각과 감정, 행동을
다정하지만 너무 관심이 크지 않은
구경꾼처럼 관찰하라.
중요한 것은, 자신의 자아를
불안으로부터 떼어놓는 것,

불안상태에 있기는 하되
그것의 일부가 되지 않는 것이다.

과정에서 각자가 어떤 역할을 했는지를 이해하려고 노력한다.

둘째로, 사고왜곡적 자책을 하는 사람은 상대방의 거부행위를 자신에게 과잉일반화하여, 자신은 근본적으로 잘못되어 있고 사랑받을 자격이 없는 사람이라고 생각하며 우울해하고 절망한다. 반면에 현실적으로 문제를 해결하는 사람은 문제의 영역을 한정적으로 생각하며, 상대방의 거부행위로 자신의 전부를 평가하려 하지 않는다. 그는 자신의 단점을 감정이나 행위상의 어떤 문제점으로 받아들이며, 그것을 자긍심의 문제로까지 확대하지는 않는다. 오히려 이것을 통해 그는 앞으로 보다 건설적인 변화를 가져올 수 있는 계기를 마련한다.

셋째로, 사고왜곡적 자책을 하는 사람들은 상대방의 거부행위를 영구적이고 변화 불가능한 것으로 생각한다. 또한 앞으로도 보다 좋은 결과가 생길 희망은 없으며 자기의 문제는 해결이 불가능한 것이라고 생각한다. 그러나 현실적으로 문제를 해결하는 사람은 이번에 생긴 문제는 일시적인 것이며 고칠 수 있는 것이라 생각하고, 그것을 앞으로 보다 나은 관계를 형성할 수 있게 하는 성장의 기회라고 생각한다.

여기서 우리는 동일한 이성관계의 실패에 대해 그것을 해석하고 받아들이는 방식(태도)이 사람에 따라 대단히 다른 것을 볼 수 있다. 사고왜곡적 자책을 잘하는 사람은 우울증적 소질을 가지고 있는 사람이라 할 수 있다. 특히 이런 사람은 마음의 평화가 쉽게 손상될 수 있는 약점을 가지고 있다. 이렇게 어떤 잘못된 일에 대한 그 사람의 부정적 해석방식

(즉 자기 자신의 성격적 결함 때문이며, 전반적으로 잘못되어 있고 영속적이라는)이 미국 펜실베니아대학 교수인 애론 벡Aaron Beck이 말하는 '우울증을 일으키는 사고방식'이다. 우울증으로부터 벗어나는 한 가지 방법은 사고방식을 현실적 문제해결법으로 고치는 것이다. 즉 잘못된 일의 책임이나 자신보다 외부환경 혹은 타인에게도 있으며, 문제의 영역이 전반적이 아니고 한정적이며, 그것은 영속적이 아니라 일시적인 것이라고 생각하는 것이다.

중요한 것은 실패를 통해 교훈을 배우겠다는 태도이다. 이 세상에는 공짜란 없으며 대가 없이 얻어지는 것은 아무것도 없다. 우리는 죽는 날까지 배우고 또 배우는데 그때마다 적지 않은 수업료를 지불해야 한다. 그것이 때로는 현금일 수도 있고 때로는 체면의 손상일 수도 있으며, 때로는 가슴의 상처일 수도 있다. 사랑도 결코 예외는 아니다. 사랑의 파탄을 통해서 우리는 매우 귀중한 교훈을 얻기도 한다. 그렇다면 본전은 건진 것이 아닌가? 중요한 것은 실패했을 때 비합리적으로 자신을 책망하고 자기의 가치를 깎아내리며 자긍심에 상처를 주기보다는, 문제의 정체를 정확히 파악하고 그 실패를 통해 내가 무엇을 배웠는가를 챙기는 일이다.

이분법적 사고(흑백논리)

가령 어떤 사람과 헤어지게 되었을 때 그 관계(연애)는 '실패작'이라고 생각하는 것을 '이분법적 사고all-or-nothing thinking, dichotomous thinking'라고 한다. 그러나 엄밀히 따지고 보면 이와 같은 생각은 잘못된 것으로서, 실제로 세상에 실패한 관계 같은 것은 존재하지 않는다. 오히려 두 사람이 서로 충분히 잘 맞지 않음을 발견하는 데 성공했다고 말하는 것이 정확할 것이다. 두 사람이 서로 잘 맞는다는 것을 가늠할 수 있는 여러 방법을 한번 생각해 보자. 그 기준에는 성적 만족도, 자기 마음을 열어 보이는 솔직성, 같은 취미, 신뢰감, 충실함, 상호 존중심, 정직성, 함께 웃고 재미있게 지낼 수 있는 능력, 농담을 이해하는 능력 등 여러 가지가 있을 수 있다. 이것들을 각각 0점에서 10점에 이르는 범위로 평정(評定)해 보라. 그러면 어떤 것은 높은 점수가 나오고 어떤 것은 낮은 점수가 나오게 될 텐데, 그래도 대부분 중간 이상의 점수를 받을 것이다. 다시 말해, 공통점이 낮은 경우도 있지만 서로 잘 맞는 점이 더 많을 경우가 많다. 이렇게 평가해 본다면 어떤 관계도 '완전히 실패'라거나 '완전히 성공'이라고 말하기는 어려운 것이다.

이분법적 사고를 하게 되면 감정반응 역시 극단적으로 되기 쉽다. 상대방을 너무 좋아하거나(理想化), 극단적으로 미워하게 되며, 중용을 모르게 된다. 누군가 사랑은 햇볕과 같다고 한 적이 있다. 햇볕이 너무 뜨거우면 살갗이 데어 버리듯이 사랑도 너무 뜨거우면 상대방이 견디지 못한다. 그것까지는 그래도 덜 해롭다. 만일 상대방에 대한 미움이나 싫어하는 감정이 극에 달하게 되면 그때는 파괴적인 행동이 나타날 수 있고 살인도 저지를 수 있다.

이분법적 사고란 상대가 우군이 아니면 적군이라는 단순한 논리이므로 어제의 애인이 오늘은 원수가 될 수도 있는 것이다. 따라서 어제까지 무척 다정하던 사람이 오늘은 상대를 잔인하게 해치는 행위도 서슴없이 할 수 있다. 이것은 성격의 미성숙이며 감정조절의 부적절성으로 매우 바람직하지 못한 현상이다. 따지고 보면 세상에는 완전한 원수도 완전한 친구도 없는 것이다. 하물며 완전한 애인이 있을 리도 없다. 그럼에도 불구하고 완전한 것만을 추구한다면 그 사람은 언젠가는 배반의 쓴 잔을 면할 수 없을는지도 모른다. 흑과 백의 중간영역에 속하는 것을 ('완전히'가 아니라) 충분히 아끼고 사랑할 수 있는 것이 성격적으로 성숙된 사람의 사랑이라 할 수 있다.

어떻게 보면 성격적 성숙이란 현실을 현실적으로 이해하고 수용하며 즐길 줄 아는 심리적 태도라 할 수 있다. 그러면서 이상(理想)을 갖되 현실이 그 이상에 못 미친다 해서 현실을 부정하거나 미워하지 않는 사고의 탄력성을 의미한다.

이 세상에는 완전한 것은 없다. 완전하지 못하다고 해서 화를 내거나 슬퍼하거나 뿌리칠 때 오는 마지막 결과가 무엇인지를 한번 곰곰이 생각해 볼 필요가 있다. 결국은 세상에 있을 수 없는 것을 없다고 보채는 것밖에 안 되는 것이다. 만일 사랑이 뜻대로 이루어지지 않았을 때 이와 같은 논리로도 마음이 달래지지 않는다면, 그래도 화가 나고 슬퍼진다면, 그리고 아직도 당신 자신이나 다른 사람을 용서할 수 없다면, 또한 그런 감정이 너무 심해져 정상적인 생활을 할 수 없다면, 그때는 임상심리 전문가를 찾아가서 전문적인 도움을 청하는 수밖에 없다.

재앙화

재앙화catastrophizing란 어떤 일(결과)의 부정적 측면만을 극대화하여 생각함으로써 극단적인 불안감이나 우울감을 느끼는 것이다. 사랑의 실패는 한편으로는 대단히 우울하고, 다른 한편으로는 불안감을 불러일으킨다. 남들이 이 사실을 알면 뭐라고 할까? 부모나 형제들이 혹은 친구들이 내가 실연당했다는 사실을 알게 되면 내 체면이 어떻게 될까? 더욱이 우리 사회는 체면을 매우 중요하게 생각하므로, 부부가 한 집에서 이혼상태로 살면서도 외부에는 일체 숨기고 다정한 부부인 것처럼 보이기도 하는 사회이다. 서양에서는 이혼 같은 것이 체면상의 큰 오점이 안 되지만 우리나라에서는 아직도 때로 출세에 다소 지장을 줄 수도 있다. 연애든 결혼이든 그것의 파탄이 사회적 체면에 크게 보탬이 될 수는 없는 것이다.

또 한 가지 재앙화를 초래하는 것은 사랑하는 능력에 대한 불안이다. 우리는 이 책의 앞부분에서 사랑이란 선천적 소질이 아니라 배워서 얻어지는 능력임을 알았고, 그것의 적절한 발달은 원만한 성격적 성숙과 밀접한 관계가 있음을 살펴보았다. 그런데 만일 내가 연속적으로 연애관계에서 실패를 거듭하거나 결혼생활에서 파탄이 생겼다면, 그것이 나의 사랑하는 능력이나 본질적인 성격상의 어떤 결점 때문은 아닌가 하는 생각이 들 수도 있다. 이와 같은 불안감을 퇴치할 수 있는 몇 가지 방법을 소개해 보면 다음과 같다.

불안을 받아들이라

불안상태로부터 벗어나는 첫 번째 열쇠는 불안을 그대로 받아들이는 것이다. 현재 상태 그대로 있으면서 불안이 닥쳐오는 것을 지그시 받아들인다면 불안은 저절로 물러간다. 오히려 불안을 환영하고 "그래 어서 오너라" 하고 인사라도 하라. 나를 가르친 바 있는 어느 심리학 교수 한 분은 연세가 들어 몸 이곳저곳이 불편해지자 어느 한 곳이 불편하면, "그래 너 또 왔구나, 한꺼번에 너무 많이 오지만 말아다오"라고 스스로 타이르곤 했다고 한다. 이분은 불안을 극복하는 방법을 체험으로 알게 된 것이다.

불안을 그대로 체험하기로 결정하고, 불안과 절대 싸우지 말라. 불안을 거부한다거나, 화낸다거나, 미워하는 대신에 그냥 받아들이라. 불안에 저항함으로써 오히려 그것이 가져오는 불쾌한 경험을 더 연장시킬 수 있다. 그러지 말고 불안과 함께 흘러가라. 그리고 불안 때문에 당신의 사고나 감정이나 행동이 달라지지 않도록 최대한 노력하라.

불안을 관찰하라

아무 판단도 하지 말고, 좋다거나 나쁘다 하지 말고 그대로 지켜보라. 지켜보되 전혀 무관심한 사람처럼 보는 것이 아니라, 그것을 0점에서

10점에 이르는 척도로 점수를 매기라. 관찰하는 자아와 손잡고 불안의 봉우리와 골짜기를 관찰하면서 거기서 한 걸음 뒤로 물러나라. 이때 한 가지 기억할 것은, 자신은 자신의 불안 그 자체가 아니라는 사실이다. 자신의 생각과 감정, 행동을 다정하지만 너무 관심이 크지 않은 구경꾼처럼 관찰하라. 요점은 자신의 근본적인 자아를 불안으로부터 떼어놓는 것이다. 즉 불안상태에 있기는 하되, 그것의 일부가 되지는 않는 것이다.

불안과 더불어 행동하라

정상적으로 생활을 유지하라. 마치 전혀 불안하지 않는 것처럼 행동하라. 필요하다면 속도를 다소 늦출 수는 있으나, 계속해서 움직이며 호흡을 천천히 하는 것이 좋다. 만일 당신이 그 상황에서 도망치면 불안은 줄어들지만 공포심은 커진다. 그러나 도망가지 않고 그대로 있으면 불안과 공포심은 모두 가라앉게 된다.

그 일이 실제로 일어날 확률을 따져 보라

마음속에 불행한 일이나 창피스러운 일이 자꾸 떠오르거든, 그것들의 목록을 작성하고, 논리성과 실제로 일어날 확률을 근거로 그 타당성을 따져 보라. 그리고 가능한 최악의 사태를 생각해 보고, "그래서 어떻단 말인가? So what?"로 대처해 보라. 사실 그 최악의 경우가 실제로 일어날 확률은 매우 희박하다. 그리고 그것이 실제로 일어난다고 해도 나의 인생에 종말이 오는 것은 결코 아니다. 결국 나의 인생을 비참하게 만드는 것은 나 자신(의 생각)뿐이며, 남들의 판단이나 시선에 의해 나의 인생이 비참해지지는 않는다. 실제로 일어나는 일들의 비참하고 불행한 정도를 평가하는 과정은 앞에서 소개한 3단계 분석법을 적용하는 것이 좋다. 흔히 그와 같은 평가에는 비합리적 사고나 사고왜곡 현상이 깊이 관여할 수 있으므로, 합리적 사고로 대처함으로써 그에 수반하는 정서적 반응을 바로잡을 수 있다.

구조요인을 생각하라

구조요인rescue factors, 즉 자신의 성격상 장점과 과거에 성공한 일들, 아직도 자신을 사랑하고 있는 가족, 친척, 친구, 동료 및 선후배들을 생각하라. 그리하여 자신이 불행한 사태를 얼마나 잘 견디고 이겨내는지를 자기 자신에게 보여 주고 놀라게 해 주라. 사람이 일생을 살아가는 동안 불안을 일으키는 일들은 끊임없이 있게 된다. 한 번 불안을 퇴치했다고 해서 영원히 퇴치한 것은 결코 아니다. 그러나 그것에 대비할 방법을 안다면 다음에 다시 불안이 닥쳐오더라도 잘 이겨 낼 수 있을 것이다.

지금까지 실연의 고통을 더욱 아프게 하는 몇 가지 사고왜곡의 종류와 그 대처방법을 알아보았다. 사랑을 해 본 사람치고 실연의 경험이 없다면 그 사람은 대단한 행운아이거나 아니면 불행한 사람일는지도 모른다. 실연의 아픔도 성공적인 사랑의 희열과 더불어 인생의 깊은 한 모습이기 때문이다. 그러나 그 고통을 이겨내는 데는 사람에 따라 너무 힘들고,

때로는 목숨까지 버리는 경우도 있다.

실연의 아픔을 이겨내는 데 가장 중요한 것은 그로 인해 절망하지 않는 일이며, 절망하지 않는 가장 효과적인 방법은 사랑의 실패를 자기 가치의 부정으로 연계시키지 않는 일이다. 약하니까, 결함이 있으니까, 못난 곳이 있으니까, 불완전하니까, 때로 열등하니까, 그러니까 인간인 것이며, 그것들은 인간적인 특징일 뿐이다. 그렇기 때문에 그 사람이 인간으로서 덜 가치 있다거나, 덜 존엄하다거나, 덜 바람직한 것은 결코 아니라는 사실을 우리는 명심할 필요가 있다.

잘못은 솔직히 인정하고 고치는 것이 가장 좋은 방법이다. 그 과정에서 자존심의 상처나 수치심을 느끼지 않고 어디까지나 자기 사랑의 정신으로 그렇게 해야 한다. 사랑의 실패는 다만 성장의 한 과정(사다리의 한 단계)에 불과하며, 우리는 그것을 통해 배우고 성장해 간다. 아마 다음번에는 보다 성공적인 관계형성을 할 수 있을 것이다.

사람들 중에는 사람 사귀는 기술social skill이 부족한 사람들이 더러 있다. 심리학의 여러 가지 방법을 통해 훈련하면 많이 좋아질 수는 있다. 그러나 아주 매끄럽게 잘하는 사람처럼 되는 것이 때로 불가능한 경우도 있다. 내가 아는 어느 교수가 있는데, 대부분의 사람들이 그 사람과 만나고 나면 기분이 상한다고 말을 한다. 아마 본인도 자기가 어떻다는 것을 알고 있을 것이다. 그러나 잘 고쳐지지 않는 모양이다. 그렇다고 그 사람이 이등(二等) 인간은 아니며 남보다 열등할 이유는 하나도 없다.

그것은 인간으로서의 가치와는 전혀 관계가 없는 이야기이다. 다만 그런 문제가 자신에게 있다는 사실을 알고, 좋게 고치려고 노력하며, 그러면서 자기 사랑을 버리지 않는 태도가 중요하다.

맺으면서

우리는 왜 실연하는가? 왜냐하면 사랑 자체에 실연의 원인 요소가 잠재해 있기 때문이다. 우리는 어떤 사람을 사랑하는가? 어렸을 때 성장과정에서 내가 만족하지 못했던 욕구를 만족시켜 줄 사람을 사랑하게 되며, 이 과정에서 특히 부모의 모범이 중요한데 만일 부모가 성숙한 사랑의 전형을 보여 주었다면 그 만큼 우리도 성숙한 사랑을 할 가능성이 높아진다.

클라리사 핀콜라 에스테스Clarissa Pinkola Estés[1]는 "모든 여자와 남자는 사랑으로 맺어진 관계 속 어딘가에 죽음이 자리 잡고 있다는 사실을 알려고 하지 않는다. 우리는 사랑에 대한 우리의 환상이 영원히 죽지 않고 사랑할 것처럼 자부하며, 우리의 기대가 죽지 않고 언제까지나 지속될 것처럼 자부하며, 우리는 항상 이렇게 발전할 것이며 우리의 뜨거운 감정과 황홀감이 죽는 일이 결코 없을 것이라고 자부한다. 그러나 일단 사랑을 하다 보면 마음속에서 모든 것이 산산이 부서진다. 무엇이 죽는가? 환상과 기대, 모든 것을 갖고자 하는 욕망, 모든 것이 아름답기 원하는 욕망, 이 모두가 죽는다. 사랑이란 항상 그 자체가 죽음이라는 자연의 법칙 속으로 빠지는 원인을 제공하기 때문에 사랑을 온전히 지속하려면 풍부한 자아의 힘과 정성이 필요하다"라고 말한다.

무엇으로 이 숙명을 극복할 것인가? 너무 황홀한 사랑보다는 다소 미지근한 사랑이 결과적으로 더 지속적이고 만족스런 관계를 가져온다고 한다. 어렸을 때 충족되지 못한 욕구를 가지고 있는 사람이 비슷한 욕구를 가지고 있는 사람을 만나면 급격히 황홀감에 빠지나 서로의 충족되지 않은 욕구가 충돌하면서 결국 환멸을 느낀다.

감정에 대한 인지적 통제를 정서적 통합이라 하는데, 사랑도 감정이면서 개념(인지)이므로 생각을 합리적이고 현실적으로 함으로써 실연을 예방하고 실연의 아픔을 치유할 수 있다.

---

1. C. P. Estés (1992), *Women Who Run with the Wolves: Myths and Stories of the Wild Woman Archetype*, New York: Balantine.

13

다시, 사랑이란 무엇인가

사랑은 우리를 행복하게 하기 위해서가 아니라
우리가 고뇌와 인내에서 얼마만큼 강인할 수 있는지를
보여 주기 위해 존재한다.

- Herman Hesse

우리는 이론적으로 사랑이란 어떤 것인지를 알아보았다. 그러나 실제로 서로 사랑할 때 나타나는 행동이나 감정에 대한 구체적인 사실들이 더욱 중요하다고 할 수 있다. 저 사람 혹은 나는 지금 사랑을 하고 있는 것인지, 그리고 그것을 확인할 수 있는 방법이 무엇인지 모두 궁금해할 것이다.

사랑에 대한 잘못된 생각들

사랑만 있으면 된다(진실한 사랑은 모든 것을 극복한다) 사랑만 있으면 모든 문제들, 서로 가정 배경이 너무 다르다든가, 가족 간에 문제가 많다든가, 돈이 없다든가, 일자리가 없다든가 하는 모든 문제를 극복할 수 있다는 생각이다. 그들의 사랑은 슈퍼맨의 힘과 같아서 사랑이 모든 장애물을 제거할 수 있다고 생각한다. 물론 전혀 틀린 생각은 아니지만 현실은 연인들을 너무 지치고 힘들게 한다.

진실한 사랑은 오직 한 사람하고만 가능하다 그렇지는 않다. 실제로 나와 잘 맞는 상대가 이 세상에 한 사람만 있는 것이 아니라 여러 사람이 존재할 수 있다. 특히 사랑하는 사람을 잃은 사람들에게 이 말은 큰 도움이 될 수 있다. 이전 애인에 대한 배신이 아닌가? 이전 애인이 진실로 나를 사랑했다면, 그리고 성숙된 사람이라면 기꺼이 허락할 것이다.

진실한 사랑은 첫눈에 알아본다 물론 이런 경우가 없는 것은 아니다. 첫눈에 이 사람은 내 사람이라고 더 이상 의심의 여지가 없는 경우도 있으나, 실제로는 처음 볼 때는 전기가 일어나지 않았으나 서서히 강한 사랑이 싹트고, 그 같은 사랑이 더 오래 지속되는 경우도 많다.

성적으로 잘 맞으면 사랑이 틀림없다 반드시 그런 것은 아니다. 사랑하지 않으면서도 성적 흥분을 느낄 수 있다. 물론 가장 만족스런 성생활은 행복한 사랑과 더불어 이루어지는 것이지만 성적 만족감만으로 사랑이라 하기에는 부족하다.

이렇게 황홀해지는 것을 보니 사랑임에 틀림없다 애인에 대한 황홀한 감정이 일면 그를 위해 모든 것을 희생하고 싶어진다. 그리고 이것은 상대방에 대한 순수하고 진실한 사랑을 의미한다. 그러나 그렇게 황홀한 감정의 뿌리는 그 상대가 아니라 자신의 아동기에 충족되지 못했던 욕구라는 사실을 알아야 한다. 시간이 지나면 이 같은 황홀경에서 빠져나오게 되고 그로 인하여 더 지속적이며 만족스런 관계를 형성하기 위한 노력을 포기한다.

사랑만 있으면 우리는 영원히 행복할 것이다 두 사람이 행복하게 살기 위해 사랑이 필요한 건 사실이다. 그러나 사랑이 모든 문제를 저절로 해결해 주는 것은 아니다. 두 사람의 행복을 위해서는 성실하게 사랑을 키우며, 삶이 가져오는 여러 문제를 해결할 수 있는 현실적인 수단과 방법을 강구하고 끊임없이 노력해야 한다.

이런 생각들은 겉보기에는 그럴듯하지만 진실이 아니며 여러 함정들을 가지고 있다. 때로는 다른 여건들은 생각해 보지도 않고 첫눈에 반했다거나 성관계가 너무 좋았기 때문에 정직하지 못하다든가, 외도를 한다든가, 알코올중독이나 도박중독이 있다든가, 폭력을 쓴다든가 하는 문제들을 사랑의 힘이 해결해 줄 것이라고 착각하는 위험에 빠질 수 있다. 상대방은 나를 별로 사랑하지도 않는데 나 혼자 상대를 이상화하다가 시간과 에너지만 소비하는 실수를 범할 수도 있고, 사랑 자체에 대한 꿈에 몰두하다 가혹한 현실을 보지 못할 수도 있다.

진실한 사랑의 조건

나는 가끔 결혼을 생각하는 연인들로부터 사랑을 확인하는 방법이 무엇인가 하는 질문을 받는 때가 있다. 『행복한 관계A Healthy Relationship』라는 책을 쓴 임상심리학자 쿠리안스키Judy Kuriansky는 다음과 같은 다섯 가지 요건을 제시한다.[1] 첫째, 진실한 사랑은 상대방과 여러 번 만남으로써 생겨난다. 둘째, 진실한 사랑은 행복할 때나 슬플 때나 서로 도와주고 함께 나누어야 한다. 셋째, 진실한 사랑은 당신의 오른쪽 뇌(정서를 관장하는 부분)와 왼쪽 뇌(서로 잘 맞는지를 결정하는 논리적 사고를 하는 부분)를 함께 사용하고 서로의 매력, 서로 잘 맞는지를 느끼는 직관 등을 종합하여 판단해야 한다. 넷째, 진실한 사랑은 너무 성급한 기대나 황홀한 낭만적 환상을 자제해야 한다. 다섯째, 진실한 사랑은 서로 상대방의 생각이나 감정을 알아맞힐 수 있어야 하며, 상대방을 너무 이상화하고 열렬한 사랑에 빠지는 일이 없어야 한다.

이와 같은 사항을 현실적으로 확인하는 방법은 다음과 같다.

생각이 깊은가? 당신은 서로 상대방의 취미나 욕구가 무엇인지 알고 존중하는 의미에서 어떤 특별한 일(남자는 야구를 좋아하나 여자는 좋아하지 않을 때 여자가 야구 경기 티켓을 사거나 몇 번 함께 가주는 일 같은 것)을 하십니까?

무조건적 사랑인가? 무조건적 사랑이란 어떤 조건이나 변화 혹은 사건이 생겨도 서로 변함없이 사랑하는 것을 의미한다. "당신은 내가 돈이나 직업, 외모 혹은 건강을 잃는다 해도 나를 사랑하겠는가?"와 같은 질문을 의미하며, 이 같은 것을 물어봐야 한다.

안심할 수 있는가? 서로 떨어져 있을 때 당신은 상대방의 애정과 정직성을 신뢰할 수 있는가, 아니면 공포와 불안 속에서 사는가? 만일 후자라면 그것은 건강하지 못한 사랑이다.

어떤 기분을 느끼는가? 당신은 상대방과 함께 있으면 편안하고 서로 잘 통한다고 느끼는가, 아니면 걱정되고 우울하거나 트집잡힐 것처럼 느끼는가?

정직한가? 당신은 솔직하게 말할 수 있는가, 아니면 당신의 생각이나 행동을 상대방으로부터 숨기는가? 솔직하게 말할 수 있다는 것은 당신 자신이나 상대방에 대해서 긍정적이며 안전하고 개방적이고 서로 신뢰할 수 있음을 의미한다.

존중하는 태도인가? 당신에게는 매우 중요하나 상대방의 입장에서는 이해할 수 없음에도 불구하고 상대방이 당신의 요구에 따라주는가? 연인들은 때로 사랑받는다고 느끼고 신뢰를 유지하기 위해 상대방이 애정을 증명해 보이기를 원한다.

서로 잘 맞는가? 당신들은 인생과 사는 방식에 대해서, 혹은 가족이나 친구, 아이들, 일, 그리고 성sex의 중요성에 대해서 서로 비슷한 가치관을 가지고 있는가?

자유로운 의사소통을 할 수 있는가? 당신은 당신의 가장 깊은 두려움이나 꿈을 상대방에게 털어놓을 수 있고 상대방도 그것을 진지하게 들어주고 이해해 주었다고 느끼는가? 함께 이야기를 나눌 수 있다는 것은 원만한 관계를 형성하는 데 가장 중요한 것이다.

얼마나 확고한가? 당신들 두 사람은 살아가면서 여러 어려움과 고통이 닥치더라도 관계를 유지하고 생각의 차이를 해결하고자 하는 강한 의지를 가지고 있는가? 서로에게 충실할 수 있겠는가?

서로의 사랑에 대해서 의심이 가거나 불확실하다면 이상에서 소개한 항목들을 하나씩 확인해 보기 바란다. 그러면 사랑이 얼마나 확실한지, 얼마나 서로 믿고 미래를 설계할 수 있겠는지 답이 나올 것이다. 부부상담 전문가 캠벨Joseph Cambell은 "결혼이란 서로의 영적인 정체성을 확인하는 것이며, 좋은(맞는) 상대와 결혼함으로써 우리는 사람모습을 한 하느님의 모습을 재현하는 것이다"라고 말했다. 결국 사랑과 결혼은 두 영혼의 만남이며 영적으로 일체가 되는 것이다. 그것은 결코 어떤 쾌락을 추구하는 유희가 아니며 사람의 생명을 담보로 하는 신성한 투자라 할 것이다.

오래 지속되는 사랑을 하려면

우리는 앞에서 진실한 사랑이란 어떤 것인지 알아보았다. 그러면 그와 같은 사랑은 무조건 오래 지속되는가? 사랑은 변할 수 있다고 앞에서 언급한 적이 있다. 더 깊고 오래 지속되는 사랑의 모습은 어떤 것일까? 만일 당신이나 당신의 애인이 다음과 같은 자질을 가지고 있다면 그 사랑은 오랫동안 지속될 가능성이 많다.

감정이입 감정이입이란 상대방이 느끼는 감정을 나도 느끼고 그 원인이나 과정을 인지적으로 이해하는 것을 의미한다. 그 감정이입을 나도 할 수 있고 상대방도 할 수 있을 때 서로 간의 이해가 더 깊어질 수 있다. 이것은 서로 간에 심리적 보상이 되어 더 깊은 친밀감으로 이어질 것이다. 감정이입은 성격적 성숙도의 중요한 척도이다.

신뢰 서로 자신의 비밀을 털어놓으며 상대방도 이것을 아무에게나 누설하지 않을 것이라는 믿음이다. 사랑하는 사람 사이에 오갔던 이야기를 다른 사람에게 노출시키는 것은 배신행위나 마찬가지다. 그것은 관계

행복한 사랑을 하기 위해서는
내가 가지고 있던
사랑의 표현방법을 상대방의
사랑양식과 어울리게 바꾸려는
의지를 갖는 것이 필요하다.

의 약화를 의미할 수 있고, 이와 같은 관계의 파괴가 한 번 일어나면 원상태로 회복하는 것은 거의 불가능하다.

정직성 사랑하는 사람 사이의 거짓말은 관계에 매우 큰 상처를 줄 수 있다. 적어도 두 사람 사이에서는 사실대로 털어놓을 수 있어야 하고, 특히 성sex과 경제적인 상태에 대해서 그렇다. 그러나 이것은 말처럼 쉬운 것이 아니며 거기에는 상당한 용기가 필요하다.

용기 자기 방어기제를 해체하고, 편견을 버리고, 가장 두려워하는 것과 맞서며 감정의 영역을 함께 확인하여 진정으로 서로에게 닿으려는 것을 말한다. 그래야만 진실로 일체감을 느낄 수 있고 자유로워질 수 있다. 자기 구속에서 해방되는 것이다.

함께 나눔 함께 생활을 하면서도 자신의 인생을 각자가 살 수 있는 것을 의미한다. 이것은 서로에게 자신의 자아가 압도당하지 않을 수 있다는 자신감을 전제로 하며, 성격적 성숙도를 나타낸다. 친밀감이란 이런 것이며, 자신의 자아가 압도되어 상실할 것 같은 불안(공포)을 느끼는 사람은 이것이 어렵다. 진실한 친밀관계는 두 사람 각자가 자기의 겉모습이나 역할을 뛰어넘어 희망이나 상처, 꿈이나 실망을 서로에게 표현하는 것이라고 영적 상담가 루디 그린Ruth Green은 말한다.

맺으면서

사랑의 능력이란 이런 것들을 할 수 있는 능력을 의미한다. 사랑하는 사이에 있는 사람들은 먼저 나 자신부터 이런 능력이 충분히 있는지, 이 같은 일들을 내가 잘 할 수 있겠는지 깊이 생각해 볼 필요가 있고, 그리고 나의 파트너는 어떠한지 생각해 봐야 할 것이다.

연애와 결혼은 크게 다르다. 요즘도 연애와 결혼을 별개가 아니라고 생각하며 앞으로 결혼할 사람과만 연애를 하겠다는 젊은이들이 가끔 나를 찾아온다. 조금 놀랍기도 하다. 씨앗이 썩어 꽃이 피고 열매가 맺듯이 연애할 때 보았던 환상들이 죽어야 결혼의 꽃이 피는데 사람들은 이것을 '사랑의 무덤'이라고 착각한다. 연애할 때 경험했던 사랑이 죽고 나서 현실에 뿌리 내린 새로운 견고한 사랑이 결혼을 통해서 열매 맺는 것이다. 그것을 우리는 '성숙한 사랑'이라고 한다. 사랑에는 이렇게 죽음이 함께 있다.

---

1. J. Kuriansky (2002), *A Healthy Relationship*, 2nd ed., Indianapolis: Alpha.

참고문헌

Erikson, E. H. (1959), "The problem of ego identity," *Psychological Issues* 1: 101-164.

Adams, G. R. and R. M. Jones (1983), "Female adolescent's identity development: Age comparisons and perceived child-rearing experience," *Developmental Psychology* 19: 249-256.

Arnhoff, F. and E. Damianopoulos (1962), "Self-body recognition: An empirical approach to the body image," *Merrill-Palmer Quarterly* 8: 143-148.

Aronson, E. and D. Linder (1965), "Gain and loss of esteem as determinants of interpersonal attractiveness," *Journal of Experimental and Social Psychology* 1: 156-171.

Aronson, E., B. Willerman and J. Floyd (1966), "The effect of a pratfall on increasing interpersonal attractiveness," *Psychonomic Science* 4: 227- 228.

Beck, A. T. (1976), *Cognitive Therapy and the Emotional Disorders*, New York: New American Library.

Bedner, R. L., M. G. Wells and S. R. Peterson (1989), *Self Esteem, Paradoxes and Innovations in Clinical Theory and Practice*, Washington, D.C., American Psychological Association.

Berhm, J. and A. Cole (1966), "Effect of a favor which reduces freedom," *Journal of Personality and Social Psychology* 3: 420-426.

Bowerman, C. E. and S. J. Bahr (1973), "Conjugal power and adolescent identification with parents," *Sociometry* 36: 366-377.

Bowlby, J. (1969), *Attachment and Loss (Vol. 1): Attachment*, New York: Basic Books.

Bowlby, J. (1973), *Attachment and Loss (Vol. 2): Separation: Anxiety and Anger*, New York: Basic Books.

Bowlby, J. (1980) *Attachment and Loss (Vol. 3): Loss*, New York: Basic Books.

Broderick, C. (1979), *Couples: How to Confront Problems and Maintain Loving Relationships*, New York: Simon & Schuster.

Carnegie, D. (1937), *How to Win Friends and Influence People*, New York: Simon & Schuster.

Davis, K. E. (1985), "Near and dear: Friendship and love compared," *Psychology Today*, February, 22-31.

Dion, K., E. Berscheid and E. Walster (Hatfield) (1972), "What is beautiful is good," *Journal of Personality and Social Psychology* 24: 285-290.

Ellis, A. and R. A. Harper (1975), *New Guide to Rational Living*, North Hollywood: Wilshire Book Co.

Emmerich, W. (1973), "Socialization and sex role development," in P. Baltes and K. W. Schaie (eds.), *Life-Span Developmental Psychology: Personality and Socialization*, New York: Academic Press.

Estés, C. P. (1992), *Women Who Run with the Wolves: Myths and Stories of the will Woman Archetype*, New York: Balantine.

Feeney, J. A. and P. Noller (1990), "Attachment style as a predictor of adult romantic relationship," *Journal of Personality and Social Psychology* 58(2): 281-289.

Floyd, J. (1964), "Effects of Amount of Reward and Friendship Status of the Other on the Frequency of Sharing in Children," Unpublished doctoral dissertation, University of Minnesota.

Grotevant, H. D. and C. R. Cooper (1985), "Patterns of interaction in family relationships and the development of identity exploration in adolescence,"

Child Development 56: 415-428.

Guidano, V. F. and G. Liotti (1983), *Cognitive Processes and Emotional Disorders*, New York: Guilford Press.

Hamilton, M. L. (1977), "Ideal sex roles for children and acceptance of variation from stereotypic sex roles," *Adolescence* 12: 89-96.

Harlow, H. (1958), "The nature of love," *American Psychologist* 13: 673-685.

Harvey, O. J. (1962), "Personality factors in resolution of conceptual incongruities," *Sociometry* 25: 336-352.

Hauser, S. T., S. I. Powers, G. Noam, A. M. Jacobson, B. Weiss and D. J. Follansbee (1984), "Familial contexts of adolescent ego development," *Child Development* 55: 195-213.

Hazan, C. and P. Shaver (1987), "Romantic love conceptualized as an attachment process," *Journal of Personality and Social Psychology* 52(3): 511-524.

Jecker, J. and D. Landy (1969), "Liking a person as a function of doing him a favor," *Human Relations* 22: 371-378.

Jones, E. E., L. Bell and E. Aronson (1971), "The reciprocation of attraction from similar and dissimilar others: A study in person perception and evaluation," in *Experimental Social Psychology*, New York: Holt, Rinehart and Winston, pp. 142-183.

Kephart, W. M. (1967), "Some correlates of romantic love," *Journal of Marriage and the Family* 29: 3.

Kiesler, S. B. and R. L. Baral (1970), "The search for a romantic partner: the effects of self-esteem and physical attractiveness on romantic behavior," in K. J. Gergen and D. Marlowe (eds.), *Personality and Social Behavior, Reading*, MA: Addison-Wesley.

Kuriansky, J. (2002), *A Healthy Relationship*, 2nd ed., Indiana: Alpha.

Lasswell, M. and N. M. Lobsenz (1980), *Styles of Loving*, New York: Doubleday.

Lavoie, J. C. and W. R. Looft (1973), "Parental antecedents of resistance-to-temptation behavior in adolescent males," *Merrill-Palmer Quarterly* 19: 107-116.

Lee, J. A. (1975), *Colors of Love*, Toronto: New Press.

Marcia, J. E. (1966), "Development and validation of ego identity status," *Journal of Personality and Social Psychology* 3: 551-558.

Mathews, A. (1990), "Why worry? The cognitive function of anxiety," *Behavior Research and Therapy* 28(6): 455-468.

Newman, B. M. and P. R. Newman (1987), *Development Through Life: A Psychosocial Approach*, Chicago: Dorsey Press.

Peels, S. and A. Brodsky (1975), *Love and Addiction*, New York: Taplinger.

Rutter, M. (1972), *Maternal Deprivation Reassessed*, Harmond-sworth: Penguin Books.

Sigall, H. and D. Landy (1973), "Radiating beauty: Effects of having a physically attractive partner on person perception," *Journal of Personality and Social Psychology* 28: 218-224.

Sigall, H. and N. Ostrove (1975), "Beautiful but dangerous: Effects of offender attractiveness and nature of the crime on juridic judgment," *Journal of Personality and Social Psychology* 31: 410-414.

Sigall, H., and E. Aronson (1969), "Liking for an evaluator as a function of her physical attractiveness and nature of the evaluations," *Journal of Experimental and Social Psychology* 5: 93-100.

Sternberg, R. J. and S. Grajek (1984), "The nature of love," *Journal of Personality and Social Psychology* 47: 312-329.

Tracy, R. L. and M. D. S. Ainsworth (1981), "Maternal affectionate behavior and infant-mother attachment patterns," *Child Development* 52: 1341-1343.

White, G. (1980), "Physical attractiveness and courtship progress," *Journal of Personality and Social Psychology* 39: 660-668.

Winch, R. (1958), *Mate Selection: A study of Complementary Needs*, New York: Harper & Row.

박영주(2005), 「애착의 회피-불안 차원에 따른 우울양식과 대인관계 문제」, 가톨릭대학교 대학원 석사학위논문.

E. Aronson, 윤진 · 최상진 역, 『사회심리학』, 서울: 탐구당, 1990.

찾아보기

저자 약력

김중술

서울대학교 문리과대학 수학과 졸업

서울대학교 문리과대학 심리학과 졸업

서울대학교 대학원 심리학과 졸업(문학석사)

가톨릭대학교 대학원 의학부 졸업(의학박사)

미국 미네소타대학병원 임상심리학 인턴 수료

가톨릭의과대학 조교수(신경정신과)

서울대학교 의과대학 교수

서울대학교 의과대학 명예교수

저서: 『임상심리학』(공역)

『다면적 인성검사 – MMPI의 임상적 해석』

『사례로 읽는 임상심리학』

사랑의 의미

초판 1쇄 발행 2007년 11월 30일
초판 7쇄 발행 2019년 3월 20일

지은이 김중술
펴낸이 오세정
펴낸곳 서울대학교출판문화원

출판등록 제15-3호

주소 08826 서울 관악구 관악로 1
대표전화 02-880-5252 **팩스** 02-889-0785
홍보마케팅팀(주문 상담) 02-889-4424, 02-880-7995
이메일 snubook@snu.ac.kr
홈페이지 www.snupress.com

ISBN 978-89-521-1578-2 93180